北方高校体育与健康

李大威 主 编
戴显岩 王宇航 副主编

清华大学出版社
北京

内 容 简 介

本书针对大学生的身心发展特点和现代大众体育开展普及程度，把各项体育运动的基本知识和运动实践、竞技体育和休闲体育、技战术技巧和比赛欣赏有机结合起来，使体育运动生活化、科学化、适合健身，并增加了一些新兴的运动项目和具有地方特色的运动项目，突出了知识性、健身性、实用性、广泛性。

本书适用于普通高等院校的大学体育教学，尤其适用于应用型本科院校大学体育教学，同时也适用于各种自主学习和体育锻炼的人群。

本书封面贴有清华大学出版社防伪标签，无标签者不得销售。
版权所有，侵权必究。举报：010-62782989，beiqinquan@tup.tsinghua.edu.cn。

图书在版编目(CIP)数据

北方高校体育与健康 / 李大威 主编. —北京：清华大学出版社，2018（2020.10重印）
ISBN 978-7-302-51071-0

Ⅰ. ①北… Ⅱ. ①李… Ⅲ. ①体育－高等学校－教材 ②健康教育－高等学校－教材
Ⅳ. ①G807.4 ②G647.9

中国版本图书馆 CIP 数据核字(2018)第 195026 号

责任编辑：施 猛
封面设计：常雪影
版式设计：思创景点
责任校对：牛艳敏
责任印制：杨 艳

出版发行：清华大学出版社
    网 址：http://www.tup.com.cn，http://www.wqbook.com
    地 址：北京清华大学学研大厦 A 座 邮 编：100084
    社 总 机：010-62770175 邮 购：010-62786544
    投稿与读者服务：010-62776969，c-service@tup.tsinghua.edu.cn
    质 量 反 馈：010-62772015，zhiliang@tup.tsinghua.edu.cn
印 装 者：大厂回族自治县彩虹印刷有限公司
经 销：全国新华书店
开 本：185mm×260mm 印 张：15.25 字 数：333 千字
版 次：2018 年 8 月第 1 版 印 次：2020 年 10 月第 3 次印刷
定 价：49.00 元

产品编号：080066-01

前　言

　　21世纪是人才激烈竞争的时代，大学始终担负着培养高端知识人才的责任，大学体育对专业人才的全面发展、身心健康、社会适应及"终身体育"思想的树立和巩固都起着重要作用。健康是生命的基础，是个人发展和幸福生活的基本保证。现代大学体育教学的根本目的就是促进学生身心的健康发展，培养大学生适应现代化生产和生活的能力。通过大学体育开展的各种形式活动，根据学生的兴趣爱好和能力，使学生学会一至两项能够在社会生活中运用于健身的体育运动项目，从而养成良好的体育锻炼习惯。

　　本书由哈尔滨学院体育学院李大威、戴显岩、王宇航三位老师编写。在本书编写过程中，借鉴了一些体育专业书籍和体育教材，在此表示衷心的谢意！由于时间和水平的限制，本书难免存在不足之处，诚恳希望各位学者、体育爱好者和同学们提出宝贵意见，反馈邮箱：wkservice@vip.163.com。

编　者

2018年6月28日

目　　录

第1章　体育概述 ··········· 1
1.1　体育的起源与发展 ········ 1
1.1.1　体育的起源 ········· 1
1.1.2　中国体育的发展 ······ 2
1.2　体育的概念 ············ 3
1.2.1　体育概念的历史演变 ··· 3
1.2.2　体育的基本概念 ······ 4
1.3　大学体育教育 ··········· 5
1.3.1　大学体育的目标 ······ 5
1.3.2　大学体育的实施途径 ··· 6

第2章　健康概述 ··········· 9
2.1　了解健康 ·············· 9
2.1.1　健康的概念 ········· 9
2.1.2　影响健康的因素 ······ 10
2.1.3　健康寿命 ·········· 11
2.2　健康与生活方式 ········· 12
2.2.1　生活方式的概念 ······ 12
2.2.2　生活方式对健康的影响 ·· 12

第3章　体育运动损伤与保护 ···· 13
3.1　体育运动中常见的损伤与处理 ················· 13
3.1.1　肌肉拉伤 ·········· 13
3.1.2　踝关节外侧韧带损伤 ··· 14
3.2　体育运动的急救方法 ····· 15
3.2.1　运动损伤的急救 ······ 15
3.2.2　溺水及其急救 ······· 16
3.2.3　休克及其急救 ······· 17
3.2.4　骨折与脱臼的急救 ···· 18

第4章　篮球运动 ··········· 21
4.1　篮球运动概述 ··········· 21
4.1.1　篮球运动的概念 ······ 21
4.1.2　篮球运动的起源 ······ 21
4.1.3　中国的篮球运动 ······ 21
4.1.4　篮球运动的特点与作用 ·· 23
4.2　篮球运动基本技术 ········ 23
4.2.1　进攻技术 ·········· 23
4.2.2　防守技术 ·········· 24
4.3　篮球实战攻略指导 ········ 25
4.3.1　篮球战术概念 ······· 25
4.3.2　进攻战术基础配合 ···· 25
4.3.3　防守战术基础配合 ···· 26

第5章　排球运动 ··········· 27
5.1　排球运动概述 ··········· 27
5.1.1　世界排球运动的起源与发展 ················ 27
5.1.2　我国排球运动的发展 ··· 27
5.1.3　排球运动的特点 ······ 28
5.1.4　排球运动的锻炼价值 ··· 29
5.1.5　排球练习中运动损伤的预防 ················ 29
5.1.6　排球运动的延伸——沙滩排球 ················ 29
5.2　排球运动基本技术及其动作要领 ················· 30
5.2.1　排球的基本技术 ······ 30
5.2.2　排球基本技术的动作要领 ·· 31
5.3　排球技战术的发展及实用战术介绍 ················· 35
5.3.1　技战术向攻守平衡发展 ·· 35

5.3.2 技战术向全面、高度、
　　　快速、多变方向发展 …… 36
5.3.3 排球实用战术介绍 ………… 37

第6章 足球运动 ……………………… 39
6.1 足球运动概述 ……………………… 39
6.1.1 足球运动的起源与发展 …… 39
6.1.2 我国古代足球运动的发展
　　　概况 ………………………… 40
6.1.3 足球运动的特点 …………… 40
6.1.4 足球运动的作用 …………… 41
6.2 足球实战攻略指导 ………………… 42
6.2.1 常规阵型 …………………… 42
6.2.2 比赛战术 …………………… 45

第7章 跑步运动 ……………………… 47
7.1 跑步运动基本技术 ………………… 47
7.1.1 短跑基本技术 ……………… 47
7.1.2 接力跑基本技术 …………… 48
7.1.3 跨栏跑基本技术 …………… 49
7.1.4 中长距离跑基本技术 ……… 52
7.2 跑步运动的练习方法 ……………… 53
7.2.1 短跑练习方法 ……………… 53
7.2.2 接力跑练习方法 …………… 54
7.2.3 跨栏跑练习方法 …………… 54
7.2.4 中长距离跑练习方法 ……… 55

第8章 投掷运动 ……………………… 57
8.1 投掷运动概述 ……………………… 57
8.2 投掷运动基本技术 ………………… 57
8.2.1 投掷运动技术阶段的划分与
　　　结构特点 …………………… 57
8.2.2 合理的出手角度 …………… 58
8.3 投掷运动规则介绍 ………………… 58
8.3.1 铅球、铁饼、链球规则
　　　介绍 ………………………… 58
8.3.2 标枪规则介绍 ……………… 59

8.4 投掷运动员介绍 …………………… 60
8.4.1 铁饼运动员 ………………… 60
8.4.2 标枪运动员 ………………… 60
8.4.3 铅球运动员 ………………… 61
8.4.4 链球运动员 ………………… 62

第9章 瑜伽运动 ……………………… 63
9.1 瑜伽运动概述 ……………………… 63
9.1.1 瑜伽运动的起源 …………… 63
9.1.2 瑜伽运动的种类 …………… 63
9.2 瑜伽动作技术指导 ………………… 64
9.2.1 坐姿 ………………………… 65
9.2.2 跪姿 ………………………… 65
9.2.3 站姿 ………………………… 65
9.2.4 俯卧 ………………………… 66
9.2.5 仰卧 ………………………… 66
9.3 部分瑜伽项目简介与动作造型
　　　欣赏 ………………………………… 66
9.3.1 坐姿 ………………………… 66
9.3.2 跪姿 ………………………… 67
9.3.3 站姿 ………………………… 67
9.3.4 俯卧 ………………………… 68
9.3.5 仰卧 ………………………… 69

第10章 网球运动 ……………………… 71
10.1 网球运动概述 …………………… 71
10.2 网球运动基本技术 ……………… 71
10.2.1 握拍法 …………………… 71
10.2.2 击球法 …………………… 74
10.2.3 发球 ……………………… 75
10.2.4 截击球 …………………… 77
10.2.5 高压球 …………………… 77
10.3 网球实战攻略指导 ……………… 78
10.3.1 进攻性战术 ……………… 78
10.3.2 防守性战术 ……………… 80

第11章 羽毛球运动 …………………… 83
11.1 羽毛球运动概述 ………………… 83

11.1.1 羽毛球运动的起源 ……… 83
11.1.2 中国的羽毛球运动 ……… 83
11.2 羽毛球运动基本技术 ……… 84
　11.2.1 手法 ……………………… 85
　11.2.2 步法 ……………………… 90
11.3 羽毛球实战攻略指导 ……… 91
　11.3.1 单打战术 ………………… 91
　11.3.2 双打战术 ………………… 94

第12章 乒乓球运动 ……………… 99
12.1 乒乓球运动概述 …………… 99
12.2 乒乓球运动基本技术 ……… 99
12.3 乒乓球实战攻略指导 …… 101
　12.3.1 判断来球 ……………… 101
　12.3.2 击球位置的控制 ……… 102

第13章 跆拳道运动 …………… 103
13.1 跆拳道运动概述 ………… 103
13.2 跆拳道运动基本技术与实战
　　　攻略指导 ………………… 104
　13.2.1 进入跆拳道馆训练时的
　　　　 礼节 ……………………… 104
　13.2.2 跆拳道实战姿势 ……… 104
　13.2.3 跆拳道基本步法 ……… 104

第14章 速度滑冰运动 ………… 111
14.1 速度滑冰运动概述 ………… 111
14.2 速度滑冰运动基本技术 … 112
　14.2.1 陆地准备阶段基本技术
　　　　 的练习 …………………… 112
　14.2.2 冰上准备阶段基本技术
　　　　 的练习 …………………… 115
　14.2.3 起跑练习 ……………… 116
14.3 速度滑冰实战攻略指导 … 117

第15章 滑雪运动 ……………… 119
15.1 滑雪运动基本技术与实战
　　　攻略指导 ………………… 119

　15.1.1 滑降技术及其练习 …… 119
　15.1.2 转弯技术及其练习 …… 122
15.2 滑雪运动比赛常识 ……… 126

第16章 冰球运动 ……………… 129
16.1 冰球运动基本技术与实战
　　　攻略指导 ………………… 129
　16.1.1 滑行技术 ……………… 129
　16.1.2 运球技术 ……………… 130
　16.1.3 传接球技术 …………… 130
　16.1.4 射门技术 ……………… 131
　16.1.5 阻截技术 ……………… 132
　16.1.6 跪挡技术 ……………… 132
　16.1.7 守门员技术 …………… 133
16.2 冰球名将介绍与比赛常识 … 134
　16.2.1 冰球名将 ……………… 134
　16.2.2 比赛常识 ……………… 134

第17章 冰壶运动 ……………… 137
17.1 冰壶运动概述 …………… 137
　17.1.1 冰壶运动发展历史 …… 137
　17.1.2 中国的冰壶运动 ……… 137
17.2 冰壶运动基本技术 ……… 137
　17.2.1 握法 …………………… 137
　17.2.2 投掷方法 ……………… 138
17.3 中国女子冰壶队介绍 …… 138
　17.3.1 中国女子冰壶队 ……… 138
　17.3.2 女子冰壶运动员 ……… 139

第18章 游泳运动 ……………… 141
18.1 游泳运动概述 …………… 141
18.2 游泳运动的分类及
　　　技术指导 ………………… 141
　18.2.1 游泳运动的分类 ……… 141
　18.2.2 蛙泳技术动作指导 …… 142
　18.2.3 自由泳技术动作指导 … 143

第 19 章　体育舞蹈 ……………… 145
- 19.1　体育舞蹈概述 ……………… 145
- 19.2　体育舞蹈的基本分类 ……… 146
- 19.3　体育舞蹈的风格特点 ……… 146
  - 19.3.1　华尔兹舞 ……………… 146
  - 19.3.2　探戈 …………………… 147
  - 19.3.3　狐步舞 ……………… 147
  - 19.3.4　快步舞 ……………… 147
  - 19.3.5　维也纳华尔兹舞 …… 147
  - 19.3.6　伦巴舞 ……………… 148
  - 19.3.7　桑巴舞 ……………… 148
  - 19.3.8　恰恰恰舞 …………… 148
  - 19.3.9　斗牛舞 …………… 149
  - 19.3.10　牛仔舞 …………… 149

第 20 章　轮滑运动 ……………… 151
- 20.1　轮滑运动概述 ……………… 151
- 20.2　轮滑运动基本技术 ………… 152
  - 20.2.1　基础练习 …………… 152
  - 20.2.2　滑行技巧 …………… 154
- 20.3　轮滑球运动 ………………… 155
  - 20.3.1　轮滑球运动的发展 … 155
  - 20.3.2　轮滑球运动基本技术与实战攻略指导 ………… 156
- 20.4　我国轮滑运动的现状 ……… 158

第 21 章　慢投垒球运动 ………… 159
- 21.1　慢投垒球运动概述 ………… 159
  - 21.1.1　慢投垒球运动的起源与发展 ………………… 159
  - 21.1.2　慢投垒球运动的特点及锻炼价值 …………… 159
- 21.2　慢投垒球比赛中的位置介绍 ………………………… 160
  - 21.2.1　防守位置及职责 …… 160
  - 21.2.2　进攻位置及职责 …… 162
- 21.3　慢投垒球基本技术 ………… 162
  - 21.3.1　投球基本技术及练习方法 …………………… 162
  - 21.3.2　传球、接球基本技术及练习方法 …………… 163
  - 21.3.3　击球基本技术及练习方法 …………………… 171
- 21.4　慢投垒球好球区、竞赛规则 ………………………… 175
  - 21.4.1　好球区范围 ………… 175
  - 21.4.2　竞赛规则 …………… 175

第 22 章　街舞 …………………… 177
- 22.1　街舞概述 …………………… 177
  - 22.1.1　街舞的起源与发展 … 177
  - 22.1.2　街舞在中国的发展 … 177
  - 22.1.3　街舞的基本特征 …… 178
- 22.2　街舞基本技术 ……………… 179
  - 22.2.1　流行街舞基本技术 … 179
  - 22.2.2　健身街舞基本技术 … 180

第 23 章　健美运动 ……………… 183
- 23.1　健美运动概述 ……………… 183
  - 23.1.1　健美运动发展简介 … 183
  - 23.1.2　健美运动的作用 …… 183
- 23.2　健美基本练习动作 ………… 183
  - 23.2.1　杠铃平板卧推 ……… 183
  - 23.2.2　杠铃划船 …………… 184
  - 23.2.3　杠铃直立划船 ……… 185
  - 23.2.4　立姿直杠弯举 ……… 186
  - 23.2.5　杠铃深蹲 …………… 187
  - 23.2.6　杠铃站姿负重提踵 … 188
  - 23.2.7　下斜卷腹 …………… 189
- 23.3　健美明星与比赛常识 ……… 190
  - 23.3.1　健美名将介绍 ……… 190
  - 23.3.2　比赛常识 …………… 190

第24章 户外运动 …………………… 193
24.1 户外运动概念 ………………… 193
24.2 拓展训练 ……………………… 193
24.2.1 拓展训练概念 …………… 193
24.2.2 拓展训练的起源 ………… 193
24.2.3 拓展课程开展的意义 …… 194
24.2.4 拓展训练课程的分类 …… 195
24.2.5 拓展训练的相关项目 …… 195
24.3 定向运动 ……………………… 199
24.3.1 定向运动概述 …………… 199
24.3.2 定向运动的特点 ………… 200
24.3.3 定向运动器材及场地 …… 200

第25章 体育机器人马球运动 ……… 205
25.1 体育机器人马球运动的起源 …………………………… 205
25.2 体育机器人马球运动简介 … 206
25.3 体育机器人马球运动的竞赛规则 …………………… 206
25.3.1 体育机器人马球运动的比赛设置 ………………… 206
25.3.2 体育机器人马球运动的基本规定 ………………… 207
25.4 体育机器人马球运动国内发展大事记 ………………… 210

第26章 击剑运动 …………………… 211
26.1 击剑运动简介 ………………… 211
26.2 击剑的种类及介绍 …………… 211
26.3 击剑运动基本技术动作 …… 213
26.3.1 击剑运动的基本站姿 …… 213
26.3.2 击剑运动的两大步法 …… 214

第27章 体适能 ……………………… 215
27.1 体适能概述 …………………… 215
27.1.1 体适能的起源与概念 …… 215
27.1.2 我国体适能的发展现状 …………………… 216
27.1.3 体适能与生活方式的关系 …………………… 217
27.2 体适能的分类 ………………… 217
27.2.1 健康体适能 ……………… 217
27.2.2 竞技体适能 ……………… 219
27.2.3 代谢体适能 ……………… 219

第28章 避险训练 …………………… 221
28.1 突发自然灾害的应急与逃生 …………………………… 221
28.1.1 台风 ……………………… 221
28.1.2 泥石流 …………………… 222
28.1.3 地震 ……………………… 222
28.1.4 雷电 ……………………… 223
28.2 常见灾害与事故的预防与避险 …………………………… 224
28.2.1 水灾 ……………………… 224
28.2.2 火灾 ……………………… 225
28.2.3 煤气中毒 ………………… 226
28.2.4 踩踏 ……………………… 227
28.2.5 交通事故 ………………… 228

参考文献 ……………………………… 231

第 1 章 体育概述

1.1 体育的起源与发展

体育是一种社会现象,是一种有目的、有意识的社会活动。它随着人类社会的产生和发展而萌生、演变和不断完善,与社会的发展息息相关。

1.1.1 体育的起源

对于体育的起源,以往的教材如《体育史》和《体育理论》一般主张"劳动产生体育说",认为生产劳动是体育产生的唯一源泉。因为生产劳动是人类赖以生存的基础,是人类最早的实践活动。从猿到人,劳动起决定性作用。从某种意义上讲,劳动创造了人本身。所以,一些学者认为体育产生于劳动。

近年来,随着体育科学研究的深入以及各学科互相渗透和借鉴,一些学者认为"劳动产生体育说"不够全面,认为体育的产生不是单一的,而是多源的,并提出了"体育产生多源论""需要产生体育论"等观点。这些观点的提出无疑是一种进步和突破。

从需要的理论分析体育的产生,我们发现原始人类的身体活动有如下几种:一种是为谋生而进行的身体活动,如狩猎、捕鱼、农耕等;一种是为安全防御而进行的武力活动,如攻、防、格斗等;一种是日常生活必需的活动,如走、跑、跳、投、攀、爬等。此外,很多古书上记载了原始人为了抒发欢娱之情、满足生理和心理需要而进行的一些身体活动,如游泳、竞技、舞蹈、娱乐等。《史记·乐书》中有这样一段话:"长言之不足,故嗟叹之;嗟叹之不足,故不知手之舞之足之蹈之。"阴康氏发明的"消肿舞",是为了治疗因皮肤下面血脉不通而导致的肿腿病而创造的一种舞蹈形式。在原始人较低的需要结构中,他们有生存需要、安全防卫需要,他们通过强身健体的活动来适应生存环境;他们还有思想感情的需要,他们通过交往来进行精神调节,这些需要就构成了体育产生的动因。为了满足这些需要而进行的各种身体活动也就成了体育的早期萌芽。

综上所述,体育作为一种社会活动,它是人类为适应社会生产和生活的需要,以及人本身的生理和心理需要而产生的。

1.1.2 中国体育的发展

我国体育的发展与社会的兴衰有着密切的联系。体育随着我国几千年古老文化的发展而演进。

在夏、商、周、春秋时代，历时上千年的奴隶社会中，由于奴隶主阶级的需要和频繁的战争，刺激了军事武艺的发展，促进了对军队士兵的身体训练，一些与军事有关的体育项目盛行，如射、御、角力、拳博、奔跑、跳跃、武术等。随着社会经济文化的不断发展，尤其在文字出现以后，产生了学校教育，一些体育的内容也被列入教育中。奴隶社会教育的内容主要有礼、乐、射、御、书、数，其中，射、御和礼、乐中的舞蹈都与体育有关。当时，奴隶主为了自己享乐，还发展了泛舟、打猎等一些娱乐性体育项目。

春秋时期出现了许多思想家、政治家、军事家，他们的思想理论与实践对这一时期的体育活动有很大的推动作用。如孙武的《孙子兵法》中有不少有关身体技能和训练的内容；孔子除主张"六艺"教育外，还主张学生郊游和游水；孔子本身也爱好射箭、打猎、钓鱼、登山等活动，并注意保健。

战国时期，各诸侯国采取变法进行"改革"，推动了社会进步。变法中，各国诸侯都注重尚武之风，提倡结合军事训练开展体育活动。当时诸子百家也提倡讲武，如墨子主张以射、御为选拔贤士的标准；韩非子也认为"习礼不如讲武"。《史记·苏秦列传》记载："临淄甚富而实，其民无不吹竽鼓瑟，弹琴击筑，斗鸡走狗，六博蹋鞠者。"此记载说明当时人民生活富裕，各种民间体育娱乐活动盛行；同时，说明了中国当时已经有了足球。《西洋体育史》也记载："早在耶稣出生前，中国便有了足球。"

汉朝时期，政治巩固，经济文化迅速发展，军事强大，在先秦的基础上，体育获得很大的发展。以训练士兵为主的军事体育，如骑射、刀术等武艺及蹴鞠运动发展迅速。以健身为主要目的的医疗体育开始出现，如导引养生功、汉代名医华佗创编的"五禽戏"等。另外，汉朝宫廷和民间的娱乐性体育项目也有很多，如角抵、杂技、舞蹈、秋千、舞龙、耍狮、高跷等，这些活动有的在后世发展成竞技项目，有的至今仍是人们喜闻乐见的传统娱乐项目。

两晋、南北朝时期，社会出现混乱、分裂的局面。统治阶级争权夺利，人民生活困苦。人们受到当时唯心主义的神学、玄学的影响，迷信仙丹仙药，不重视体育运动，废除了角抵、蹴鞠等强身祛病的体育活动，提倡歌舞、百戏、投壶、弈棋等活动，体育发展缓慢。但是，这也促进了娱乐性体育和导引养生的发展。

隋唐时期，体育的发展出现了空前的繁荣。统治阶级兼重文武，规定"凡民二十为兵，六十而免"，通过练兵活动，使一般男性农民受到军事训练。在考试制度上，武则天首创了武举制度，提倡考武状元，促进了体育的发展，使体育活动开展的范围更广、规模更大。在唐代，已经出现充气的足球和球门，用油料浇筑的球场。体育项目繁多，如球类运动就有马球、蹴鞠、步打球、十五棍球、踏球、抛球等。拔河、秋千、竞渡、滑雪、滑冰、登高、郊游、射鸭、棋类等体育活动在民间盛行。骑射、剑术、硬气功等军事武艺活动比汉朝进步很多。唐代的医学和养生术也有很大发展,医学家孙思邈(公元581—682年)的著作中关于养生、导引、按摩的理论,对后世体育保健的发展有很大贡献。

宋、元、明、清时期,体育随着社会的变革而变化、发展。例如,毕昇活字印刷的出现,促进了体育养生资料的挖掘、整理、研究和著述;北宋沿袭了武举制,王安石变法,提倡富国强兵,刺激了体育的发展,但后来王安石新法被否定,宋朝对外投降、对内控制,禁民习武;宋朝朱熹的"天命论"哲学思想,把人的寿命看作"天所命",否定了体育锻炼的必要性,阻碍了体育的发展;明朝的朱元璋设武举,立武学,寓兵于农,主张"农时则耕,闲时练习",从而促进武艺发展;清朝的康熙、乾隆时期沿袭了武举制,甚至文科也要先考骑射,不合格者不准参加笔试,民间涌现出了许多武艺高强的名人壮士,中国武术的发展出现了一个新的高潮。之后,封建社会走向崩溃,大量鸦片输入中国,毒害了国民的身体,国民体质日益衰弱,体育也由此一蹶不振。

1949年,中国进入了新的历史时期,由于社会性质的变化,体育的性质和社会地位也发生根本的改变。体育成了为人民服务、增强人民体质、丰富人民精神文化生活的全民事业。从城市到农村,从机关到企业,体育蓬勃发展,人民体质逐步提高,人口平均寿命由1949年的35岁提高到1957年的57岁,1980年人口平均寿命达到69岁,世界卫生组织统计报告称中国2011年人口平均寿命达到76岁。另外,竞技运动的发展也突飞猛进。中华人民共和国成立前,我国虽然几次参加奥运会,奖牌数均为零,但截至2018年平昌冬奥会,中国在奥运会一共获得240枚金牌,其中在夏季奥运会上一共获得227枚金牌,在冬奥会上一共获得13枚金牌。近年来,随着政治经济的稳定繁荣,国家、社会双轨制体育迅速兴起和发展,体育社会化、体育商业化互相渗透,竞技运动水平不断提高。另外,体育俱乐部、各种联赛的经营与运作,亚运会、奥运会等国际体育赛事的承办,也极大地鼓舞了体育工作者和爱好者,开拓了体育事业蓬勃发展的新时代。

1.2 体育的概念

1.2.1 体育概念的历史演变

体育虽然有悠久的历史,然而"体育"一词出现得较晚。在"体育"一词出现前,世界各国对体育这一活动过程的称谓各不相同。在古希腊时期,体育活动往往用"体操"表示。在我国古代,类似体育活动的事物用"养生""引导""武术"等名词标记。

据史料记载,"体育"一词最早出现在1760年法国的报刊上,主要用来论述儿童的身体教育问题,即儿童身体的养护、培养和训练。1762年,卢梭在法国出版了《爱弥尔》一书,大量使用了"体育"一词,他通过爱弥尔的身体教育过程,以文学形式指出了培养资产阶级新人的道路,批判了当时封建制度下的教会教育理念,在世界引起很大反响,"体育"一词也流传开来。

19世纪中叶以后，清朝洋务派发起洋务运动，德国和瑞典体操传入我国，随后清朝在兴办的"洋学堂"中设置了"体操科"。19世纪后半叶，外国传教士进入我国，建立教会，并且开办了很多学校。20世纪初，基督教青年会为提高学校声誉，灌输宗教意识，广泛开展体育活动和竞赛，宣传西洋体育，这时"体育"一词在我国开始流行。当时"体操"与"体育"两个词在一段时间内并用。1923年，北洋政府教育部在颁布的《中小学课程纲要草案》中，正式把"体操科"改为"体育科"。从此，"体育"一词成了标记学校中身体教育的专门术语。

20世纪50年代以后，随着世界各国经济、文化、科学技术的迅速发展和人民生活水平的日益提高，体育也得到了很大发展，而且逐渐深入到社会的各个角落，成为人们日常生活不可缺少的组成部分。体育的内容、形式，以及它的影响和作用已远远超过原来作为学校身体教育的范畴。如果还用原来表示青少年身体养护、培养和训练的体育去描述如此广泛的社会活动，就会出现许多矛盾和混乱。之所以如此，是因为体育最初只是标记教育过程中一个专门领域的名词，而现在要用它同时去标记教育范围以外的事物，就要扩大原来的体育概念。所以，体育的概念也曾出现"广义体育"和"狭义体育"之分。

围绕"体育是什么""竞技体育(Sport)与一系列有关的体育概念是什么"的讨论，引起体育工作者的注意，自20世纪60年代起，许多国家的学者从不同角度来阐述各自观点。但仁者见仁，智者见智，至今仍没有完全统一的看法。

1.2.2 体育的基本概念

当今世界上许多知名学者都试图从体育的"育人机制"来探求其概念。日本学者前川峰雄认为："体育是通过可视为手段和媒介的身体活动而进行的教育。"阿布忍认为："体育是以身体活动作为媒介，并同时以培养健康的身体和良好的社会性格为目标的一种教育。"美国学者布切尔认为："体育是完整的教育过程中不可缺少的部分，这个领域的发展目的是以身体活动作为媒介去培养在身体、精神、情操等方面与社会相适应的公民。"纳西认为："体育是整个教育过程的一个方面，它是通过一定的活动，使身体器官的适应能力，神经肌肉的支配能力和情绪的控制能力得到发展。"苏联教育科学研究所出版的《教育科学辞典》中，对"体育"一词作如下定义："体育是以增进人体健康和达到身体正常发育为目的的一种教育。"《不列颠百科全书》关于"体育"一词的解释："体育是关于人体构造身体发展的教育。它包括人体生理功能、力学原理及其运用的研究。"

体育能提高生活质量与改善生活方式，这在现代文明社会已得到广泛共识。《国际体育运动宪章》第二条明确指出："体育运动作为教育与文化的一个基本方面，必须培养每个人作为与社会完全结合的成员所应具备的能力、意志力和自律能力……就个人来说，体育运动有助于维持和增进健康，提供一种有益的消遣，使人能克服现代生活的弊病。就社会来说，体育运动能丰富社会交往和培养公正的精神，这种精神不但对运动本身是必要的，而且对社会生活也是必要的。"体育不仅需要从教育的角度思考，更要从文化的高度来认识。体育能够促进身体发展，"身体"一词在这里已经远远超出生物学的限定，其含义用辩证唯物主义的"身心一元论"来解释，应该是灵魂和肉体的相互作用和相互影响的统一体。现代人在参与体育活动过程中越来越追求体育的文化性，包括精神方面和物质方面。所以，我们对"体育"的概念作如下定义："体育是以身体活动为基本手段促进身心健康发展的文化活动。"

1.3 大学体育教育

1.3.1 大学体育的目标

随着社会的进步与发展，现代社会对人的健康与体质提出越来越高的要求。高等教育担负着培养有理想、有道德、有文化、守纪律、身体健康的合格人才的艰巨任务。大学体育作为高等教育重要组成部分，必须与德育、智育紧密结合，在培养全面发展的新世纪人才方面做出应有贡献。大学体育的目标主要有：通过大学体育教育实践增强学生体质，培养体育能力，促进良好思想品德和意志品质的形成。具体表现在以下几个方面。

1. 增强体质，促进健康

目前，我国大学生体质状况与世界发达国家相比还有一定的差距，所以，促进大学生身心自我完善，提高大学生身体素质，是大学体育首要任务。科技飞速发展，社会需要的合格人才不仅要有渊博的知识，更要有良好的体力和智力，否则难以适应快节奏、高强度的工作、学习和生活。因此，大学体育要为国家培养高素质的全面发展的合格人才做好准备。

2. 学习体育卫生保健知识和技能

学习体育卫生保健知识和技能，使学生懂得运动与健康的关系和意义，能运用所学的理论知识指导自己开展科学的体育锻炼，能够自我监督、监测，评价心理和生理变化，激发体育锻炼的兴趣和自我锻炼的意识，进一步为终身体育夯实基础；培养学生认识和理解体育的多种功能，全面发展身心。

3. 提高心理健康水平

人的心理活动是客观存在的，是人脑对社会客观现实的反映。人的健康状态和疾病的产生与心理因素作用有密切的关系。从事体育运动能增加与人交流、合作的机会，使人心情舒畅，精神愉快，调节不良情绪和心理。积极的情绪对健康有良好的促进作用，有利于大脑功能得到改善，增强机体免疫力，提高机体防病治病的能力。

4. 培养良好的思想品德，促进学生个性全面发展

大学体育不仅要育体，还要育心。通过大学体育教育，使学生树立健康意识，树立为现代化建设而锻炼身体的思想，培养学生朝气蓬勃、遵纪守法、团结友爱、勇敢顽强等良好品质；把锻炼身体与社会责任和个人理想联系起来，培养奋发向上的进取精神、拼搏精神、集体主义精神，提高抗挫折能力，增强自尊心和自信心；培养学生鉴赏美、表达美的情感和能力，丰富精神生活，促进学生个性全面发展。

1.3.2 大学体育的实施途径

1. 体育课教学

"大学体育"课程是高等学校教学计划课程体系的重要组成部分，大学体育教学是高等学校体育工作的中心环节。《中华人民共和国体育法》(以下简称《体育法》)第十八条规定："学校必须开设体育课，并将体育课列为考核学生学业成绩的科目。"《学校体育工作条例》规定："普通高等学校一、二年级必须开设体育课，普通高等学校对三年级以上学生开设体育选修课。"普通高等学校通过体育课教学，使学生懂得健身的重要意义，学习和掌握体育理论知识和运动技能，评价自身的心理、生理变化，指导自己进行科学的体育锻炼，培养并激发参加体育的兴趣和自我锻炼的意识；教育学生认识和理解体育的多种功能，全面发展身心，增强体质，增进健康；结合体育的特点，促进智力发展，并进行思想品德和美学方面的教育，促进学生个性全面发展。

大学体育一般都以选项课的形式出现。选项课主要是以某一专项作为载体来实施体育教育教学，认知范围具有一定的局限性，所以教学过程必须利用各个环节，采取有效的方法来提高认知水平。第一，要利用专门的理论课向学生传授基础性的、普适性的体育知识。在此基础上与学生共同探讨体育对于健康、对于人的全面发展的作用，从而提升对体育的认识，树立正确的体育价值观。第二，要在各个教学环节中，充分利用学生已有的知识经验，适时地分析和总结概念、原理及科学的体育锻炼方法、手段，了解动作技能之间的内在联系，提高学生体育学习的积极性和体育锻炼的科学性。第三，要引导学生理论与实践相结合，强化相关知识，敢于创新，充分发挥学生主体作用，能够运用知识的积极转移，寻求最适合自己的体育锻炼方法和手段，提高学习效率。

在大学体育选项课教学中必须区别对待，避免"一刀切"，要根据学生的特点进行分类指导和教学。运动项目的选择要在教师指导下按照学生个人能力和需求进行，教学过程中要扬长避短，要引导学生发现自己的长处，认识自己的需要，掌握适合自己的体育学习和锻炼的方法，养成自觉锻炼的习惯，不断提高自己的运动能力。学生拥有较高的运动技术和身体素质水平固然重要，但更重要的是增进健康，掌握和运用运动技能，为终身体育奠定基础。因此，体育选项课必须以选项教材为主线，辅以其他教材内容，让学生得到全面锻炼，掌握更多的运动技能和练习方法，获得更强的运动能力。

2. 课外体育活动

课外体育活动是指学生参加的体育课以外的，以增强体质、提高运动技术水平、丰富业余文化生活为目的的体育活动。课外体育活动既是大学体育课程的延续和补充，也是实现大学体育目的的重要组成部分，具有一定的独立性。学校应结合各自特点广泛开展多种多样的课外体育活动。课外体育活动主要包括以下几种形式。

1) 早操

早操是在起床后或上午第一节课前进行的体育锻炼，是大学生作息制度中的重要组成部分。早操是一种良好的健身手段，做早操不仅能锻炼意志，养成良好的卫生习惯，促进身体健康，还能使处在睡眠状态的神经细胞逐渐兴奋起来，使学生精神振奋，头脑清醒，以饱满的精神状态开始一天的学习和生活，有助于提高学习、工作效率。但早操活动的负荷不宜过大，否则会造成过分兴奋，脉搏过高，这样反而会影响一天的学习和生活。

2) 课间活动

课间活动(课间操)是指在两节课中间的休息时间进行的轻微活动，或在上午第一、二节课休息时间后安排的体育活动。其目的是活动身体，进行积极性休息，消除大脑疲劳，调节情绪，为下一堂课的学习注入更充沛的精力。

3) 课外自我锻炼

课外自我锻炼是指学生利用课余时间或节假日在学校内外自发进行的体育锻炼活动。课外自我锻炼可以使大学生有效增强体质，增进健康，陶冶情操，丰富知识，结交朋友，增进同学感情，提高社会适应能力。它是大学体育教育的重要组成部分，是增加课余活动时间、丰富校园文化生活、促进精神文明建设的重要手段。

3. 课余体育训练与体育竞赛

课余体育训练与体育竞赛是对部分在体育方面有一定才能和爱好的学生，利用课余时间组织开展的系统训练和竞赛的专门的体育教育过程。它是实现高校体育目的的重要组织形式，有助于提高我国大学生运动能力和技术水平，为国家培养体育后备人才。参加不同层次的体育竞赛，还能为学校培养一支体育骨干队伍，有利于推动学校群众性体育活动的普及和提高。

第 2 章 健康概述

2.1 了解健康

健康是人类生命存在的正常状态。世界卫生组织(World Health Organization，WHO)提出 21 世纪"人人享有健康"，把健康作为基本的人权，全世界都把"防止衰老，健康长寿"列为 21 世纪奋斗的目标。当今，越来越多的人开始意识到健康的重要性，特别是现在的"三个提前"(提前衰老、提前疾病、提前死亡)的现象，与不断发展的医学技术相背离，让人们意识到环境污染、生活方式改变、饮食结构改变是威胁健康的"真正元凶"，提示人们更加注重健康。

2.1.1 健康的概念

随着时代的发展，人们对健康的认识不断地深入和变化。在过去的医学模式中，健康就是没有疾病的状态，这显然不符合时代发展的要求，现代生物、心理、社会模式下，1948年世界卫生组织在宪章中指出："健康不仅是免于疾病和虚弱，还是保持身体上、精神上和社会适应方面的完美状态。"良好的健康不再只是没有疾病而已。因此，1989年世界卫生组织提出："一个人只有在躯体健康、心理健康、社会适应良好和道德健康等 4 个方面皆健全，才可被认作健康。"

20 世纪 40 年代以前，人们广泛接受的"健康"概念为："健康是一种能够维持平衡生活方式的能力。在此生活方式下，人没有疼痛感、没有不适感、不存在残障且行动自如。"这一概念主要是受传统医学的影响，其核心是没有疾病、没有任何不适症状。

20 世纪 40 年代后，世界卫生组织提出了一个相对比较全面的"健康"概念："健康表现为身体、情绪和社交的良好状态，同时没有疾病或残疾。"这一概念把人们对健康的认识提高到一个崭新的水平。目前，世界各国学者公认它是一个全面的、明确的、广泛适用的科学概念。

有史以来，健康是人类最基本的要求，是一个永恒的主题。现代社会的人类对健康的认识逐渐加深，21 世纪将是生命科学获得最大突破的世纪，人们追求高质量的健康生活是历史发展的必然，对健康的认识将更加全面、准确、深刻，更加符合客观和自身规律。

现代的"健康"概念为:"身体、情绪、社会交往、精神状态的良好平衡,并因此对生活产生满足感。"现代的健康概念与以往概念的最大区别在于:它倡导一种积极的态度,倡导在个体的自身条件下,努力获得更佳状态;它把健康看作一个动态过程,而不是一种静止的、不能改变的状态。对于健康的人而言,健康只有更好,没有最好;对于病人而言,健康也可以通过自身的努力去获得。

健康与疾病之间没有明确的界限,躯体上的疾病虽然比较容易被确认,而精神上的疾病则不容易被确认,社会交往过程中的健康与否则更加难以判断。健康应涵盖以下4方面内容:保持安宁状态,可以正常的生活、工作;自我感觉良好;具备对环境中各种因素调节与适应能力;高效率地从事各项工作。

2.1.2 影响健康的因素

影响健康的因素,又称健康决定因素,是指影响和决定个人与人群健康状态的各种条件变化。影响健康的因素主要包括以下几种。

1. 人类生物学因素

人类生物学因素包括遗传、病原微生物和个人生物学特征等。其中,遗传因素是影响人类健康的基本因素。

2. 环境因素

环境因素包括自然环境和社会环境,对人类健康的影响极大。

3. 生活方式因素

生活方式因素又称行为与生活方式因素,特指人类个体或群体长期受一定文化、民族、社会、经济、风俗等因素影响而形成的一系列生活观念、生活态度、生活习惯和生活制度等,给个人、群体乃至社会的健康带来直接或间接的危害,它对机体产生累积性和广泛性等影响。不良生活方式是影响健康的重要因素之一,而良好的生活方式则是长寿的重要保证。

4. 医疗卫生服务因素

医疗卫生服务是指为了防治疾病和增进健康,卫生机构和卫生专业人员运用卫生资源和各种手段,有计划、有目的地向个人、群体和社会提供必要服务的活动过程。健全的医疗卫生机构、完备的服务网络、一定的卫生经济投入以及合理的卫生资源配置,都对人群健康有促进作用。

除此之外,包括个人收入和社会地位等在内的社会经济环境、婴儿早期生长发育状态、个人卫生习惯、个人健康生活能力和技能也被看作是影响健康的主要因素。

2.1.3 健康寿命

随着人口迅速老龄化，一些国家出现了在平均预期寿命提高的同时，人口健康状况下降的情况，即人活得长，并不一定活得健康。人们也开始认识到：健康才能长寿，但长寿不一定就健康。因此，在测量生命长度(即数量)的同时，还要测量生命质量。健康正是这样一个既可以测量生命数量也可以测量生命质量的指标。

健康寿命指标可以测量人们功能的完好状态，以及生命质量的状况，并能够客观地反映人口的健康状况和健康水平。在世界卫生组织1997年世界健康报告的引言中就明确强调："单纯寿命的增加而不是生命质量的提高，是没有价值的，即健康寿命比寿命更重要。"在世界卫生组织雅加达宣言中也进一步强调："我们的最终目的是提高人口的健康寿命，缩小国家或各组织间人口健康寿命的差距。"为此，世界卫生组织已经开始用健康寿命这一指标，而不是单纯用平均寿命的指标，来反映各国人口的健康状况。因此，我们应该有"不仅要活得长，更要活得健康"的理念。

世界卫生组织于2000年第一次打破传统，评估191个国家的预期健康寿命，预期健康寿命计算方法为总平均寿命减掉生病时的年数。美国的预期健康寿命为70岁，排名第24名；日本的预期健康寿命排名第一，平均74.5岁。

2011年，中国人的平均预期寿命约为73.5岁较之前略有增长，如表2-1所示。

表2-1　不同时期中国人平均预期寿命

年代	平均预期寿命/岁	年代	平均预期寿命/岁	年代	平均预期寿命/岁
清代	33	1957年	57	2000年	71.4
民国	35	1981年	67.77	2005年	73
1949年	37	1997年	61	2011年	73.5

世界卫生组织2011年公布的《世界卫生统计资料》显示，日本人的平均寿命继续保持83岁，与欧洲小国圣马力诺并列世界第一。澳大利亚位居两国之后，平均寿命82岁。这份2011年的统计数据是根据2009年的调查得出的结果。数据显示，日本女性平均寿命为86岁，超过西班牙和法国等国的85岁，高居第一位。而日本男性平均寿命为80岁，低于圣马力诺的82岁，与瑞士、以色列、冰岛等国并列第二。平均寿命最短的国家是非洲的马拉维，仅47岁，其中，男性平均寿命只有44岁。在2010年的报告中垫底的阿富汗和津巴布韦的平均寿命则大幅延长，由42岁分别增加到48岁和49岁。而作为全球最发达国家的美国，其国人的平均寿命为78岁(其中男性平均寿命为75.7岁，女性平均寿命为80.6岁)，比排名首位的日本和圣马力诺两国低了不少。从全球范围看，2000年至2009年，世界男性平均寿命从64岁增长至66岁；女性平均寿命从68岁增长至71岁。

2.2 健康与生活方式

2.2.1 生活方式的概念

生活方式的概念有广义和狭义之分：广义的生活方式是指人类社会生存活动的方式；狭义的生活方式是指个人日常生活活动的方式。

2.2.2 生活方式对健康的影响

在影响人类健康的主要因素中，人们的生活条件和生活方式占影响因素的50%～55%。20世纪80年代，我国曾对心脏病、脑血管病、恶性肿瘤、意外死亡等占据死因前8位的疾病做过调查，发现引起心脏病的病因中，有47.6%与不良生活方式有关；引起脑血管病的病因中，也有43.2%与不良生活方式有关；引起恶性肿瘤的病因中，也有45.2%与不良生活方式有关。心脏病、脑血管病和恶性肿瘤这3类疾病占全死因50%以上。据世界卫生组织1992年颁布文件显示：全球死亡原因中，不良生活方式和行为在发达国家占70%～80%，在发展中国家占40%～50%。此外，在1993年，世界卫生组织总干事中岛宏警告说："大约在2015年，发达国家和发展中国家的死亡原因大致相同——生活方式疾病将成为世界头号杀手。"另据报道，在我国，每100万元医疗费中，有99%用于治疗，只有1%用于预防；而在发达国家，其比例为7∶3，这表明国人健康意识与发达国家还有很大差距。体育社会学的理论认为，意识主导理念，理念主导行为，对健康观念的认识及认知水平的程度，决定着人们的生活方式和行为习惯。正确的生活方式和行为习惯对人的健康起着重要的作用。

在日常生活中，对保持和增进健康的方法与途径的认知程度，是人们健康观念正确与否的客观反映。可见，健康的意识、知识和行为三者是紧密相关的。许多不良的生活方式和习惯的形成，往往是健康意识不强，进而导致健康知识匮乏，正如那句"人类不是死于疾病，而是死于无知"。长寿三角论认为：健康长寿好比一个三角形，其面积即寿命的长短，取决于三条边的长度，底边为遗传，两条侧边分别为生活方式和环境，其中，最主要的因素为生活方式。

生活方式是影响人类健康最重要的因素。的确，有的人能长寿是由于遗传的关系，但在中年及黄金岁月的阶段是否拥有健康的身体，完全看年轻时是否有明智的选择以及后续是否持之以恒。可以说，今日的生活行为习惯将会支配着明日的健康状况与幸福安宁。

第 3 章　体育运动损伤与保护

3.1　体育运动中常见的损伤与处理

3.1.1　肌肉拉伤

肌肉拉伤是指由于肌肉突然猛烈收缩或被动牵伸,超过肌肉本身所能承担的限度而引起的肌肉组织损伤。体育运动中常见的肌肉拉伤部位有股后肌群、大腿内收肌、腰背肌和小腿三头肌等。

1. 原因

在运动中,当准备活动不充分,某部分肌肉还没有充分活动,没有达到运动所需的状态,或在肌肉疲劳、机能下降、动作错误、动作粗暴、温度过低时都可导致肌肉拉伤。

2. 症状与检查

(1) 有受伤史。有典型的受伤动作,多数在损伤时局部会有撕裂感或可听到撕裂声。

(2) 疼痛。疼痛是肌肉拉伤的主要症状。轻者休息状态下疼痛不明显,只在重复损伤动作时才出现疼痛,可行走;严重者休息状态下也会有明显的胀痛感,局部运动时疼痛加剧,出现某种强迫体位或跛行。

(3) 肿胀。由于损伤过程中伴随着血管破裂,损伤局部会出现肿胀,出血较多时,还会出现大面积血肿,有些肌肉拉伤后,还会出现皮下瘀斑。

(4) 压痛。早期压痛多数比较局限,肿胀后可出现广泛压痛。同时可出现肌张力增高,有时可出现肌肉痉挛。

(5) 肌肉等长抗阻。检查时,伤者做受伤肌肉的抗阻力收缩,其损伤部位出现疼痛。

(6) 肌肉收缩畸形。肌肉收缩畸形表现为肌腹中间全断裂则出现"双驼峰"畸形;一端断裂则肌肉收缩成球状;部分断裂则只见凹陷。在肌肉受伤的早期由于剧烈疼痛伤者不敢用力,这种收缩畸形容易漏诊,应仔细观察。

3. 处理及预防

1) 处理

一般肌肉拉伤的处理方法有以下几种。

(1) 制动：立即停止运动，让受伤的肌肉休息，避免加重损伤。

(2) 冷敷：把冰袋放在受伤部位，注意不要冻伤，也可用冰块直接在受伤部位摩擦。如果没有冰袋，可将冷毛巾敷在患处，或用冷水直接浸泡。每2~3小时冷敷一次，每次10~15分钟。

(3) 包扎：对拉伤的肌肉局部加压包扎，但要注意不要过紧，以包扎处以下部位无发紫、发麻、发凉为宜。

(4) 拉伤早期处理：拉伤早期(24小时内)不要进行热敷或者局部按压、揉捏，以免加重肿胀和出血。

(5) 就医处理：若肌肉拉伤严重，导致肌肉断裂，就要及时去医院做相应的处理。

2) 预防

为了减少肌肉拉伤的发生，在剧烈运动前，要做好充分的准备活动，同时要注意主要运动肌肉的拉伸练习；正确掌握跑、跳、投的技术要领；遵循体育运动的基本原则，防止局部肌肉过度疲劳；注意锻炼环境的温度、湿度和运动场地情况，运动间隙要注意身体的保暖。另外，运动后合理进行肌肉放松对预防肌肉急性拉伤也有重要意义。

3.1.2 踝关节外侧韧带损伤

在各种急性损伤中，踝关节损伤的发生率最高。无论是在体育运动中，还是在日常生活中都会发生。由于踝关节的解剖特点，踝关节易发生旋后损伤和内翻损伤。

1. 原因

在运动中，身体因各种原因失去重心，在跳起后踩在别人脚面上或在运动中脚被踩或被绊等都可产生足旋后或内翻的动作，造成踝关节的外侧韧带损伤。当足跖屈再旋后时距腓前韧带最易受伤；力量过大则发生跟腓韧带损伤。

2. 症状与检查

(1) 有明显的足突然旋后或内翻受伤史。

(2) 疼痛。损伤后踝关节外侧疼痛，走路或活动关节时疼痛明显。

(3) 肿胀。伤后如不及时压迫，踝关节外侧会迅速肿胀，并逐渐延至踝关节前部。

(4) 皮下瘀血。损伤造成毛细血管破裂，引起皮下出血，伤后2~3天瘀血青紫最明显。

(5) 跛行。出血积聚于关节间隙或软组织，特别是断裂的韧带嵌入关节内，致使走路疼痛，足部不敢着地，勉强行走也只能用足的外缘着地。

(6) 压痛。压痛点主要在踝关节外侧的距腓前韧带及跟腓韧带部位。

(7) 足强迫旋后疼痛。检查时，重复受伤动作，在外侧相应的损伤部位出现疼痛。如果同时脚踝的内侧也痛，则应考虑是否有足舟骨损伤或距胫韧带损伤。

(8) 进行抽屉试验检查。检查者一手握小腿，另一手握足跟，在踝跖屈位，使距骨向前或向后错动。两踝对比，如患侧活动范围较大即属阳性，说明踝关节外侧韧带完全断裂。

(9) 踝关节强迫内翻检查。两侧对比，如果伤侧距上关节在外侧"开口"较大，即为踝外侧距腓前韧带断裂，或与跟腓韧带同时断裂。

(10) X 光或核磁共振检查。

3. 处理

一般在没有发生骨折的情况下，在踝关节外侧韧带损伤的急性期(24～72 小时)内，主要目的是消肿、止痛。受伤后千万不要揉捏、按摩等，更不要热敷或擦抹发热的药水或贴热性的膏药。脚扭伤后立即进行的以下"四步"行之有效的处理方法。

(1) 制动。立即停止行走、运动或者劳动等。

(2) 冷敷。冷敷温度最好在 15 摄氏度以下，最好在 11 摄氏度左右。一般将扭伤的脚踝浸泡在凉水中或用碎冰块、雪等使受伤的局部毛细血管收缩较少出血或者渗出，每 3～4 小时做一次冰敷，每次 10～15 分钟。

(3) 加压包扎。用纱布、毛巾、衣服等放在扭伤部位，用弹力绷带紧紧包扎，包扎力度要适中，一般以脚趾不发紫、发麻、发凉为宜。

(4) 抬高受伤肢体。一般将受伤的肢体抬高，以高出心脏 15 度为宜。使毛细血管收缩以减少出血或渗出。在急性期不要做脚踝的内外翻动作，可以做屈伸动作，每天做两组，每组 20 次。还可以做牵拉跟腱练习，每天 3 次，每次 30 秒。在受伤后的 3～10 天，还可以做站立练习，练习时，手要有所支撑，可以轮换踮起脚尖或脚跟。在伤后 5 天，可以做内翻练习。

3.2 体育运动的急救方法

3.2.1 运动损伤的急救

急救是指在运动中对突然发生的运动损伤进行紧急和合理处理，并为转送医院进一步诊治创造条件。

1. 急救原则

(1) 抓住主要矛盾进行急救。急救比较复杂，有时同时会出现多种损伤，此时急救者必须抓住主要矛盾进行急救。如果发现休克，应先进行抗休克措施；如伴有出血时，应同时实施止血。然后再进行其他的损伤处理。

(2) 准确判断。急救者要准确地判断损伤的性质、部位和程度，并实施正确的抢救技术。

(3) 分工明确，临危不惧。急救人员既要有高度的责任感和救死扶伤的崇高品质，又具有临危不惧的心理素质，能分工明确、有条不紊地进行抢救，并具有熟练的技术和丰富的临场经验。

(4) 快抢、快救、快运送。抢救必须分秒必争，当机立断，且勿延误时机。在得到初步处理后，尽快转送医院进一步治疗。

2. 急救方法

(1) 止血法。①冷敷法：常用于闭合性软组织损伤。最简便的方法是用冷水冲洗或冷毛巾敷于患处。②抬高伤肢法：将出血的伤肢抬高超过心脏水平。③压迫法：常用于动脉出血。方法是在出血部位的上端用手指、止血带或包扎加压，切断血流渠道。

(2) 搬运法。伤员经过现场急救后，应迅速安全的转移到安全区域休息或直接送医院诊治。①扶持法：此法适用于神志清醒、伤势较轻、自己基本能步行的伤者。施救时应挽住伤员的腰部，并让伤员一手搭在自己的肩上。②托抱法：三人同站在一侧，将伤员托抱起来，并协调地行走。此法适用于体力严重衰弱和神志不清的伤员。

(3) 人工呼吸法。人工呼吸法有举臂压胸法、胸外心脏按压法、俯卧压背法、口对口呼吸法。其中以胸外心脏按压法和口对口人工呼吸法效果最好。心脏胸外按压法是将患者仰卧，急救者两手上下重叠，用掌根置于患者胸骨的下半段处，借助于体重和肩臂力量，均匀而有节奏地向下施加压力，将胸骨下压3~4厘米为度，然后迅速将手提起，患者胸骨也自然地弹回，如此反复进行，每分钟以60~80次的节律进行，直至患者心脏恢复跳动为止。口对口人工呼吸法是将患者平卧，头部后仰，拖住下颚，捏住鼻孔，压住环状软骨，防止空气吹入胃里。急救者深吸口气，两口相对，将气流大口吹入患者口中，吹气后将捏鼻子的手松开，如此反复进行，直至患者恢复自主呼吸为止。如患者牙关扣紧，一时撬不开，则采取口对鼻吹气法。

3.2.2 溺水及其急救

1. 原因

因技术错误或发生肌肉抽筋等各种原因，使身体坠入水下，随后水经口、鼻进入肺内而造成呼吸道阻塞；同时又因水的刺激引起咽喉痉挛而导致窒息；由于患者的不断挣扎，反使窒息加重，最终导致缺氧，造成昏迷，如果时间稍长，则会危及生命。

2. 症状

脸色苍白而肿胀，双眼充血，口鼻充满泡沫，肢体冰冷，又因胃内充水，而上腹部肿大，甚至出现呼吸、心跳停止。

3. 急救处置

第一步：就地立即进行抢救，清除患者口腔中分泌物和其他异物，并迅速进行倒水。第二步：如心跳已经停止，应同时实施胸外心脏按压或口对口人工呼吸。急救者之间应互相协调配合，积极、耐心地进行抢救，直至患者恢复自主呼吸为止。第三步：患者苏醒后立即送护医院，作进一步检查和治疗。在运送途中，必要时继续进行人工呼吸。

4. 预防

下水前要做充分的准备活动，如先活动活动身体，在浅水处用水淋洗身体，待适应水温后再下水游泳；镶有假牙的同学应将假牙取下，以防呛水时假牙落入食管或气管引发危险。对自己的水性要有自知之明，下水后不能逞能，不要贸然跳水和潜泳，更不能互相打闹。不要在急流和漩涡处游泳，更不要酒后游泳。在游泳过程中如果感觉身体不舒服，如眩晕、恶心、心慌、气短等，要立即上岸休息或呼救。若小腿或脚部抽筋，千万不要惊慌，用力扳脚掌或做跳跃动作，用力按摩、拉扯抽筋部位可迅速缓解。

3.2.3 休克及其急救

休克是人体遭受体内外各种强烈刺激后所发生的严重的全身性综合征，临床上以急性周围循环衰竭为特征，有效循环血量锐减是复杂综合征中的主要矛盾。

1. 休克的分类

休克按发生的病因分为低血容量性休克、感染性休克、心源性休克、过敏性休克和神经性休克。

2. 休克的症状

休克的特征为迅速发生的精神呆滞或烦躁不安、体力软弱、四肢发冷、皮肤潮湿而苍白或有轻度发绀、脉细弱而快速、血压下降，收缩压在10.7千帕(80毫米汞柱)以下，若不及时抢救常常危及生命。

3. 休克的急救处理

(1) 处于平卧位，下肢可略抬高，以利于静脉血回流。呼吸困难者可将头部和躯干抬高一点，以利于呼吸。

(2) 保持呼吸道通畅，尤其是休克伴昏迷者。方法是将病人颈部垫高，下颌抬起，使头部最大限度的后仰，同时头偏向一侧，以防呕吐物和分泌物误吸入呼吸道。

(3) 注意给体温过低的休克病人保暖，盖上被、毯。但伴有发高烧的感染性休克病人应给予降温。

(4) 必要的初步治疗。因创伤骨折所致的休克给予患者止痛，骨折固定；烦躁不安者可给予适当的镇静剂；心源性休克给予患者吸氧等。

(5) 注意病人的运送。事发地抢救条件有限，需尽快送往有条件的医院抢救。对休克病人搬运越轻越少越好，以送到离事发地最近的医院为宜。在运送途中，应有专人护理，随时观察病情变化，最好在运送中给病人采取吸氧和静脉输液等急救措施。

3.2.4 骨折与脱臼的急救

1. 骨折的急救

对于骨折患者的急救以抢救生命、保护患肢、迅速转移为宗旨，以简单有效的方法妥善处理。首先检查病人全身情况，如处于休克状态，应注意保暖，尽量减少搬动，有条件应立即输液、输血；如合并颅脑损伤处于昏迷状态，应注意保持呼吸道通畅。骨折的急救有以下几个注意事项。

(1) 当骨折发生后，应迅速使用夹板固定患处。如果不固定，有可能损伤骨折部位神经血管。

(2) 固定方法。可以用木板附在患肢一侧，在木板和肢体之间垫上棉花或毛巾等松软物品，再用带子绑好。木板要长出骨折部位上下两个关节，做超过关节固定，这样才能彻底固定患肢。如果家中没有木板可用树枝、擀面杖、雨伞、报纸卷等物品代替。捆绑时，松紧要适度，由于局部有内出血而不断肿胀，不应固定过紧，不然会压迫血管引起瘀血，严重者甚至会导致骨筋膜室综合征。

(3) 皮肤或黏膜有破口的开放性骨折，由于出血严重，可用干净消毒纱布包扎，在纱布外面再用夹板固定。包扎止不住血时，可用止血带，并在止血带上标明止血的时间，按时放松止血带。

(4) 股骨骨折时，内出血可达2000毫升(人体总血量大约4800毫升)，包扎固定过紧也能引起神经麻痹，铸成不可挽回的后果。当用夹板、绷带固定后，每隔一定时间(大约是30分钟)用手指插进去查看，以确认是否松紧适当。

(5) 安全转运。经过现场紧急处理后，应将伤者迅速、安全地转运到最近的医院进一步救治。转运伤者过程中，要注意动作轻稳，防止震动和碰撞伤处，以减少伤者的疼痛。同时还要注意伤者的保暖和适当的体位，昏迷伤者要保持呼吸道畅通。在搬运伤者时，不可采取一人抱头、一人抱脚的抬法，也不应让伤者屈身侧卧，以防骨折处错移、摩擦而引起疼痛或损伤周围的血管、神经及重要器官。抬运伤者时，要多人同时缓缓用力平托；运送时，必须用木板或硬材料，不能用布担架或绳床。木板上可垫棉被，但不能用枕头。

(6) 椎骨骨折伤者的头须放正，两旁用沙袋将头夹住，不能让头随便晃动，也不能搬动头部，以免损伤生命中枢系统。脊柱骨折或颈部骨折时，除非是特殊情况，如室内失火，否则应让伤者留在原地，等待携有医疗器材的医护人员来搬动。

2. 脱臼的急救

一般在关节发生脱臼时，可能会发生突然的声音，出现关节部变形，不能活动或感到疼痛等自觉症状。脱臼的时间越长就越难医治，有时指关节脱臼时，大力地拉紧脱臼的指关节可能会恢复原状，但如果患者对骨骼组织不大熟悉，不要随意地自己整复脱臼部位，以免引起血管或神经线的损伤。脱臼的急救方法有以下几个步骤。

(1) 使患处安静地固定成最舒适的位置。

(2) 在患处敷上冷湿布，不要自行强硬地将脱出的部位整复原状。

(3) 脱臼有可能会连带关节部的血管或韧带损伤、骨折等情况，应及早接受医生的治疗，整复原状。

第 4 章　篮球运动

4.1　篮球运动概述

4.1.1　篮球运动的概念

篮球运动是一项以篮球为竞赛工具，在特定条件(规则、场地、器材、设备等)限制下，比赛双方各出 5 名队员，参加比赛的个人和集体以一定的身体素质为基础，以掌握特定的专门技术和战术方法为手段，在比赛中争夺球权，力争在攻守交替和对抗中获得球和展开投篮得分，并以得分多少决定胜负的集体球类运动项目。

4.1.2　篮球运动的起源

近代篮球运动 1891 年起源于美国东部地区的马萨诸塞州(Massachusetts，也译为麻省)，是由该州的斯普林·菲尔德尔市基督教青年会学校教师詹姆士·奈·史密斯博士设计和发明的。

4.1.3　中国的篮球运动

1. 篮球运动传入中国

现代篮球运动于 1895 年由美国国际基督教青年会派往中国天津基督教青年会就职的第一任总干事来会理(David Willard Lyon)介绍传入我国天津市，因此，天津市是我国篮球运动的发源地。1896 年，天津基督教青年会举行了我国第一次篮球比赛，此后篮球运动逐步发展到北京、保定等华北地区，上海、南京、苏州、杭州等沿海沿江的华东地区，广州、香港等华南地区，武汉、重庆等华中地区，并在内地其他省市的青年会组织、教会学校流行与传播，最后推向社会。篮球运动在我国已有一百余年的历史，成为广大人民群众喜闻乐见的体育运动项目之一。

2. 我国篮球运动的简况

1974 年，国际篮联和亚洲篮联先后恢复我国的合法席位后，我国篮球运动的训练水平和实战能力恢复很快。1975 年和 1976 年，中国男、女篮球队分别参加亚洲篮球锦标赛，双双获得冠军。

1983年，我国女篮在第9届世界女篮锦标赛中，不畏强手获得第3名，从而跻身于世界强队行列。1984年的第23届奥运会上我国女篮又获得铜牌。

1986年，我国男篮在第10届世界男篮锦标赛中，取得了第9名的好成绩，在1994年第12届世界男篮锦标赛上闯入八强，并在第26届奥运会上取得第8名的好成绩，取得了历史性的突破。

我国女篮1992年在第25届奥运会上获得亚军，1993年在世界大学生运动会上获得女篮冠军，1994年在第12届世界女篮锦标赛上，夺取第2名。中国女篮已经成为世界强队之一。

3. 中国大学生篮球联赛

(1) 中国大学生篮球联赛(简称"CUBA")。CUBA是在国家教育部全国大学生体育联合会领导下、在中国篮球协会指导下进行的赛事活动，该联赛创办于1996年，具有以下特点：其一，挖掘高校篮球潜力；其二，丰富校园文化生活；其三，拓宽与普及高等院校群众性篮球活动，提高篮球运动的文化氛围；其四，促进相关篮球产业市场在高等院校的开发。

大学生篮球联赛的竞赛组织编排体现了"一赛三阶段"和"一赛多方法"的特点。预选赛于每年的9～11月进行，基层预选赛必须以学校为单位进行，各省市根据不同的情况、不同的条件，可以采取不同竞赛方法。分区赛于每年的12月进行，分为东南区、西南区、西北区、东北区4个赛区进行角逐。决赛阶段，于翌年4～5月进行男八强、女四强半决赛。男子大学生篮球联赛：4个赛区每区各取前两名，共8支球队，定为CUBA男八强，进行淘汰赛；女子大学生篮球联赛：4个赛区每区各取第1名，共4支球队，定为CUBA女四强，进行淘汰赛。总决赛，男、女组冠亚军总决赛采用主客场赛制，比赛胜场出现1:1，则在2二场结束后进行5分钟的决胜期比赛，直至决出胜负。

(2) 大学生超级篮球联赛。自2003年开始，篮球运动管理中心便开始与教育部全国学生体育联合秘书处共同协商、酝酿合作办赛的具体事宜，在经过周密的商讨与细致的准备后，2004年6月1日，一项新的篮球赛事"大学生超级篮球联赛"(简称"大超"联赛)诞生。大学生超级篮球联赛创办的主要特色为：其一，强强联手，打造高水平联赛；其二，高校互动，促进校园篮球文化的发展；其三，专业化运作，提高"大超"联赛的商业空间。

于2004年10月拉开战幕的首届大学生超级篮球联赛，由全国16支高校男子篮球代表队分为南北两个赛区进行主客场比赛。各赛区前4名的队伍于2005年3月起进行交叉淘汰赛，最终选出参加决赛的队伍。

4. 我国篮球运动的差距与努力方向

(1) 我国篮球运动不足之处。个人基本功和攻守能力不强，技术运用失误过多；身体体能与素质和对抗力量差；心理训练水平不高；内线攻守能力差；抢夺篮板球的意识技能与能力差；攻守转换速度慢，节奏控制不好；俱乐部组织管理体制与法规机制欠规范；篮球市场的培育与开发力度欠佳；高水平的教练员的数量少。

(2) 努力方向。明确训练指导思想；必须苦练基本功；狠抓训练作风的培养；抓好后备队伍的科学化训练；抓好教练员队伍的培养与建设；抓好裁判员队伍的培养与建设；抓好俱乐部的建设与发展。

4.1.4 篮球运动的特点与作用

1. 篮球运动的特点

篮球运动具有集体性特点、综合性特点、对抗性特点、健身性特点、增智性特点、商业性特点。

2. 篮球运动的作用

篮球运动具有培养团队精神的作用、具有提高国民体质的作用、具有推动社会发展的作用、具有促进国际交往和增进友谊的作用。

4.2 篮球运动基本技术

篮球技术是在篮球比赛中所运用的各种专门动作方法的总称。篮球技术分为进攻技术和防守技术两大部分。

4.2.1 进攻技术

1. 移动技术

移动技术作为攻防技术的基础，实用性强，其在篮球比赛中被广泛运用。移动技术包括走、跑、跳、急停、转身、跨步和滑步等各种脚步动作。

(1) 起动。起动是队员在篮球场上由静止状态变为运动状态时的一种脚步移动的方法。

(2) 跑。跑是队员在球场上为改变位置、争取时间完成攻防任务的脚步移动方法，具有快速、灵活、突然、多变的特点。篮球场上常用的跑步方式有侧身跑、变速跑、变向跑、后退跑等。

(3) 跳。跳是队员争取高度、控制空间优势的方法。

(4) 急停。急停是队员在跑动或移动时，突然制动的方法。

(5) 转身。转身是以一脚为中枢脚，另一脚向不同方向跨出后，使身体方向改变的一种转向方法。

(6) 跨步。跨步是以一脚为中枢脚，另一脚向前方或侧前方跨出，但不改变身体方向的步法。

(7) 滑步。滑步是防守的主要移动步法。特点是移动速度快，重心转移快，易控制身体平衡，可向不同方向移动，堵截进攻或移动路线。根据滑步时移动的方向，滑步可分为侧(横)滑步、前滑步和后滑步三种。

(8) 后撤步。后撤步是前脚变后脚的一种移动步法。

(9) 攻击步。攻击步是防守时队员突然向前跨步，伺机抢断球或阻挠进攻的一种移动步法。

(10) 绕步。绕步是防守时常用的移动步法。

(11) 碎步(滑跳步)。碎步是防守移动步法，平步防守时运用较多。特点是步幅小、频率快、易控制防守面积。

2. 运球

运球是指持球队员在原地或移动中，用手连续按拍使球借助地面反弹起来的动作。运球技术动作是由身体姿势、手按拍球的动作、脚步动作的合理运用三个环节组成。运球技术的关键是运球队员手对球的控制能力、支配能力、脚步动作的熟练程度以及手、脚、躯干的协调配合。

3. 传接球

传接球是篮球比赛中进攻队员有目的地转移球的方法，是进攻队员之间相互联系和组织进攻的纽带，是实现战术配合的桥梁。

4. 投篮

投篮是在篮球比赛中，持球队员将球从篮圈上方投进球篮所采用的专门技术动作方法的总称。

5. 持球突破

持球突破是持球队员合理运用脚步动作与运球技术快速超越防守者的一项攻击性进攻技术。

持球突破是一项应用普遍、攻击性强的进攻技术。根据其动作结构，持球突破可分为交叉步突破和同侧步(顺步)突破两种；根据运用形式，持球突破可分为跳步急停突破、跨步急停突破、前转身突破和后转身突破。

4.2.2 防守技术

1. 个人防守技术

个人防守技术是指防守队员为阻挠和破坏对手进攻、合理运用脚步移动、手臂动作和身体姿势，积极抢占有利位置以达到控球目的所采用的各种专门动作的总称。

2．抢篮板球

抢篮板球是指比赛双方在空间争抢投篮未中的球。进攻队员在空中争抢到投篮未中的球，称之为前场篮板球或进攻篮板球；防守队员在空中争抢到投篮未中的球，称之为后场篮板球或防守篮板球。

4.3 篮球实战攻略指导

4.3.1 篮球战术概念

篮球战术是指在比赛中队员之间有策略、有组织、有意识地协同运用战术进行攻守对抗的布阵行动，是以篮球技术为基础，在战术指导思想和战术意识支配下的集体攻守方法。

4.3.2 进攻战术基础配合

进攻战术基础配合是指在篮球竞赛中进攻队员两三人之间所组成的简单配合方法，以快攻为主。快攻是由守转攻时，在对方尚未组织好防守阵形之前，以最快的速度将球推进至前场，争取造成人数上和位置上的优势，主动而合理地进行攻击的一种快速进攻战术。

1．发动快攻的时机

发动快攻的时机有三种：抢获后场篮板球后，抢、打、断球成功后，跳球得手后。抢获后场篮板球发动快攻的机会最多；抢、打、断球发动快攻的成功率最高；跳球发动快攻的机会最少。

2．组织快攻战术的形式与结构

1）形式

组织快攻战术的形式有长传快攻、短传快攻、运球突破快攻三种。

2）结构

快攻是由发动与接应、推进、结束三个阶段组成。若是长传快攻，则由发动与接应和结束两个阶段组成。

(1) 发动与接应阶段是组织快攻的首要阶段，是形成快攻的前提。由守转攻后，队员及时按照战术行动路线分散，持球队员及时准确的一传和接应队员积极主动地接应一传，是发动阶段的重要环节。接应队员的任务是保证将球迅速地转入推进阶段。

(2) 推进阶段是快攻战术中承前启后的衔接阶段，无论传球推进或是运球推进都要体现一个"快"字,确保及时将球推进至前场转入结束阶段。

(3) 结束阶段是快攻最后的攻击阶段,进攻队员利用人数和位置优势,快速、果断地进攻得分,以达到快攻的最终目的。

3. 快攻战术配合方法

快攻战术配合方法有长传快攻、短传快攻和运球突破快攻三种。

4. 防守快攻战术

防守快攻是由攻转守的瞬间组织起来阻止和破坏对方快攻的防守战术。

防守快攻主要从以下几个方面着手:提高进攻成功率、拼抢前场篮板球、封一传、堵接应、防前锋、提高以少防多的质量。

4.3.3 防守战术基础配合

防守战术基础配合是指在篮球竞赛中防守队员两三人之间所采用的协同防守配合的方法。

1. 半场人盯人防守战术

半场人盯人防守战术是由攻转守时,全队有组织地迅速退到后场,在半场范围内,每个防守队员负责盯住一个进攻队员的整体防守战术。

2. 全场紧逼人盯人防守战术

全场紧逼人盯人防守战术是由攻转守时每个队员立即在全场范围内根据分工,负责紧逼防守自己的对手而展开的一种攻击性很强的防守战术。

3. 区域联防战术

区域联防战术是由攻转守时,防守队员迅速退回后场,每一个队员分工负责防守一定的区域,随着球的转移而积极地调整自己的位置,并与同伴密切合作,严密防守进入该区域的进攻队员,用一定的队形把每一个防区有机地结合在一起所组成的全队防守战术。

第 5 章　排球运动

5.1　排球运动概述

5.1.1　世界排球运动的起源与发展

据史料记载，排球运动始于 19 世纪末的美国。1895 年，美国马萨诸塞州霍利奥克市基督教男子青年会体育干事威廉摩根(Willian Morgan)认为当时流行的篮球运动过于激烈，于是创造了这种比较温和的、老幼皆宜的室内游戏。1896 年，美国普林菲尔德市立学校的艾特哈尔斯戴特博士把摩根游戏起名为"volleyball"，并沿用至今。1896 年在斯普林费尔德体育专科学校举行了世界上最早的排球比赛。1897 年，摩根制定了排球比赛规则，这有力地推动了排球运动的发展。1905 年排球传入中国，1906 年一名美国军官约克把排球带到了古巴，1908 年排球传入日本，1910 年排球传入菲律宾。亚洲最早的排球比赛是 1913 年在菲律宾马尼拉举行的。1947 年，排球运动世界性组织——国际排球联合会成立。随着排球技术水平的不断提高，比赛规则也逐步完善。1964 年排球被列为奥运会正式比赛项目。

5.1.2　我国排球运动的发展

排球运动在 20 世纪初传入我国广东等地。1913 年排球运动作为第 1 届远东运动会比赛项目；1914 年排球运动列为全国性比赛项目。1921 年女子排球在广东运动会上出现。中华人民共和国成立以后，排球运动和其他运动项目一样，有了较快发展。下面按排球运动发展的情况和规则演变的规律，把 20 世纪的我国排球运动分为 6 个阶段加以叙述。

第一，继承学习阶段(1951—1956 年)。主要是继承我国 9 人排球的技战术打法，特别是继承了 9 人排球的上手传球、大力勾手发球、正面及勾手扣球、快球和快攻等技战术。1950 年我国男排学习了苏联的高打强攻、倒地防守等技术和"两次球"进攻战术。

第二、探索发展阶段(1957—1965 年)。各省、市、自治区队，根据各自的特点，开始发展各自不同的风格和打法。在 1959 年的第 1 届全运会上，广东男排发展了快攻技术，上海男排体现了战术的灵活多变，解放军女排发扬了勇敢顽强的作风，北方各队发展了高打强攻。20 世纪 60 年代初，我国排球运动学习了日本队的训练经验，提出了"三从一大"(从难、从严、从实战出发，坚持大运动量训练)等号召。我国男排创造了"盖帽"拦网的技术和"平拉开快球"扣球的技术，推动了我国排球运动的发展。

第三，低潮阶段(1966—1972年)。这个阶段由于我国的排球运动受到社会现状的干扰，运动技术水平普遍下降，运动队伍出现了"青黄不接"的现象。

第四，恢复阶段(1972—1978年)，1972年恢复了排球比赛，我国建立了漳州排球基地。男排创造了前飞，背飞，拉三拉四的打法；女排发展了快速反击，运动水平有了进一步的提高。

第五，高峰阶段(1979—1988年)，1979年底，我国男、女队双获亚洲冠军，并取得了参加奥运会的资格。1981年至1986年，我国女排5次荣获世界冠军，实现了中国运动员的愿望。

第六，坦途曲折阶段(1988—1996年)，1988年，男排未进入决赛，失去了参加汉城奥运会的资格，失利之后，比赛成绩大不如以前。

5.1.3 排球运动的特点

1. 广泛的群众性

排球场地设备简单，比赛规则容易掌握。既可在球场上比赛和训练，也可以在一般空地上活动，运动量可大可小，适合于不同年龄、不同性别、不同体质、不同训练程度的人。

2. 技术的全面性

规则规定，每个队员都要进行位置轮转，既要到前排扣球与拦网，也要轮到后排防守与接应。要求每个队员必须全面地掌握各项技术，能在各个位置上比赛。

3. 高度的技巧性

规则规定，比赛中球不能落地，不得持球、连击。击球时间的短暂、击球空间的多变，决定了排球的高度技巧性。

4. 激烈的对抗性

排球比赛中，双方的攻防转换始终是在激烈的对抗中进行。高水平比赛中，对抗的焦点在网上的扣拦上。在一场比赛中，一次得分往往需要经过六七个回合的交锋。水平越高的比赛，对抗争夺也越激烈。

5. 攻防技术的两重性

排球是多种技术可能得分，也可能失分的项目，这种情况在决胜局比赛中更加突出，所以说每项技术都具有攻防的两重性，因此，要求技术既要有攻击性，又要有准确性。

6. 严密的集体性

排球比赛是集体比赛项目，除发球外，都是在集体配合中进行的。没有严密的集体配合，再好的个人技术也难以发挥，更无法发挥战术的作用。水平越高的球队，集体配合就越严密。

5.1.4 排球运动的锻炼价值

根据排球运动的特点，参加排球运动不仅能提高人们的力量、速度、灵活、耐力、弹跳、反应等身体素质和运动能力，改善身体各器官、系统的机能状况，还能培养机智、果断、沉着、冷静等心理素质。排球运动也是建设精神文明的一种良好手段，通过排球比赛和训练，可以培养队员团结战斗的集体主义精神；可以锻炼胜不骄、败不馁，勇敢顽强，克服困难，坚持到底的良好品质。

5.1.5 排球练习中运动损伤的预防

排球虽然是隔网对抗项目，不像足球、篮球、手球等直接对抗球类项目那样存在身体冲撞受伤的危险，但排球运动的特点决定了参加排球运动的练习者仍然会遭遇劳损、挫伤、意外受伤的危险。我们主要从以下几个方面预防排球练习中的运动损伤。

(1) 加强预防运动损伤意识。向队员开展宣传教育工作，使他们了解排球运动的特点以及易发生损伤的部位和情境，从而在思想上对可能产生的损伤有所准备。

(2) 加强身体全面训练，提高机体对运动的适应能力，是预防运动损伤的一种积极手段，特别要注意加强膝关节，肩关节、手指、手腕关节等相对薄弱部位的训练。

(3) 教练员(教师)认真钻研教材，了解每次教学训练课及练习中易发生损伤的技术动作，事先做好准备及采取相应措施，合理安排教学、训练和比赛。

(4) 要认真做好准备活动，准备活动的内容和量应根据所要进行练习的活动性质、队员的个别情况及气象条件而定。如扣球、拦网等跳跃练习前应多做一些下肢的准备活动；发球、扣球前多做一些肩关节的准备活动。准备活动结束与正式运动的间隔时间以 1~4 分钟为宜，一般做到身体发热，微微出汗即可，冬天运动量可加大。

5.1.6 排球运动的延伸——沙滩排球

沙滩排球在 20 世纪 20 年代初在加利福尼亚州圣莫尼卡海滩兴起。在 1930 年，圣莫尼卡举行了第一场双人配合的沙滩排球赛，这种阵型成为现在最普及的打法。1996 年沙滩排球首次成为奥运会的比赛项目。

5.2 排球运动基本技术及其动作要领

5.2.1 排球的基本技术

排球的基本技术分为六大项：准备姿势和移动、垫球、发球、传球、扣球、拦网。

1. 准备姿势和移动

准备姿势就是准备迎接各种来球的身体姿势。在排球比赛中攻防的多数技术都是在准备姿势或快速移动后完成的，因此它是完成各项基本技术的基础。移动的作用是为了接近球，找到人与球的最佳位置，以保证击球动作的合理。在排球比赛中常用的移动步法有滑步、交叉步、跨步和跑步。

2. 垫球

垫球是在距腹前一臂距离处借助蹬地、抬臂动作，用双手前臂的前部，利用来球的反弹力将球击出的技术动作。垫球在比赛中多用于接发球、接扣球和接拦回球，是比赛中争取多得分、少失分，由被动变主动的重要技术。

3. 发球

发球是由队员自己抛球，用一只手将球从网上空两标志杆内击入对方场区的技术动作。发球是比赛和进攻的开始，是排球技术中唯一不受别人制约的技术动作。攻击性强的发球不仅可以直接得分，还能破坏和削弱对方的进攻，打乱对方的部署，在心理上给对方造成威胁。

4. 传球

传球是在额前上方用双手(或单手)借助蹬地、伸臂动作，通过手腕和手指的弹击力量来完成的击球技术动作。传球的主要作用是把接起的球传给前排队员进攻。一个队的进攻能力能否充分发挥，在很大程度上取决于该队的传球水平。为了争夺网上优势，使进攻战术快速多变，二传手起着核心作用。

5. 扣球

扣球是跳起在空中用一只手臂作弧形挥动，用手将本方场区上空的球，从两标志杆内的球网上空击入对方场区的技术动作。扣球在比赛中是进攻最积极、最有效的武器，因此是得分、得权的主要手段。

6. 拦网

拦网是队员在网前以腰部以上身体任何部位(主要是手臂、手掌)，在球网上沿阻挡对方击球过网的技术动作。拦网是防守的第一道防线,是反攻的重要环节。拦网可将对方有力的扣杀拦起,减轻后排防守的压力,为本方组织反攻创造条件。拦网能把对方的扣球直接拦回、拦死,在比赛中是得分、得权的重要手段之一。

5.2.2 排球基本技术的动作要领

1. 垫球技术

1) 垫球的准备姿势

比赛中应根据不同情况采用相应的准备姿势。初学垫球时,由于是垫击一般的轻球,故可采取一般准备姿势。动作要领:上体稍前倾,两脚开立,两脚间的距离稍宽于肩,两臂微屈置于腹前,两肘稍内收,两眼注视来球。

2) 击球手型、击球点和击球部位

① 垫击手型目前常用的方法有叠指法和包拳法两种(见图 5-1)。

图 5-1 垫击手型

叠指法:两手手指上下相叠,两拇指对齐平行相靠压在上面一手的中指第二指节上,掌根紧靠,两臂伸直相夹。注意手掌部分不能相叠。

包拳法:两手抱拳互握,两拇指平行放于上面,两掌根和两小臂外旋紧靠,手腕下压,使前臂形成一个垫击平面。

② 击球点、击球部位

正面双手垫球的击球点,一般应尽量保持在腹前约一臂距离的位置。用腕上 10 厘米左右的两小臂桡骨内侧所构成平面击球。

3) 垫球的动作要领

插:及时移动取位,降低重心,两臂前伸插至球下,使两前臂的垫击面对准来球,并初步取好手臂的角度。

夹:两手掌根紧靠,手臂夹紧,手腕下压,用平整而稳定的击球面去迎击球。

提:以下肢蹬地、提肩、顶肘、压腕的动作去迎击米球,身体重心要随球前移,两臂在全身协调动作的配合下伴送球。

2. 发球技术

发球技术是排球运动基本技术之一。比赛总是以发球开始的，有威力的发球可以直接得分或破坏对方的一传，起到先发制人、争取主动的作用，能在心理上给对方以威胁。发球失误或发球后对方能很容易地组织进攻，就会直接失去发球权或给本方防守带来困难。因此，发球既要有攻击性，又要有准确性。发球时队员应位于发球区内，不得踏及端线和踏过发球区的短线及延长线。一只手平稳地将球向上抛起，用另一只手或手臂的任何部位将球击入对方场区，触球的一刹那即为完成发球。如球没抛好，允许抛球后球自由落地，只要不触及身体任何部位，可重新发球，但不得借此拖延比赛时间。第一裁判员鸣哨后5秒钟内必须将球发出，否则判发球违例。

排球发球分为正面上手发球和正面下手发球。

(1) 正面上手发球的动作要领(见图 5-2)。面对球网，两脚自然开立，左脚在前，左手托球于身前。用抬臂和手掌的平托把球向上送，将球平稳地垂直抛向右肩的前上方，高度适中。在左手抛球同时，右臂抬起，屈肘后引与肩平，上体稍向右侧转动。在右肩前上方伸直手臂最高点，用整个手掌击球中后部。击球时，手指自然张开与球吻合，手腕迅速做出推压动作，使球呈上旋飞行。击球后，随着重心前移，迅速回到场内。

图 5-2　正面上手发球

(2) 正面下手发球的动作要领(见图 5-3)。一只手将球向上抛起，另一只手摆臂向上将球击出。

图 5-3　正面下手发球

侧面下手发球相对较复杂些,球向侧面跑出,转体击球。由于下手发球威胁较小,所以在实战中运用较少。

3. 传球技术

传球技术是排球运球基本技术之一。有正传、背传、侧传和跳传 4 种。这 4 种传球技术的传球手形基本相似,都是在额前上方击球。主要运用于二传,有顺网正面二传、调整二传、背二传、侧二传、跳二传、倒地二传、传快球、传平快球、二传吊球等。当一传来球较高时,二传手常跳起在空中作第二传。起跳后两手放在脸前,当跳至最高点时,两手伸至额上方击球,主要靠手臂和手腕的力量将球传出(见图 5-4)。

图 5-4　传球技术的动作要领

下面主要介绍背传。背传是传球技术的一种，用力方向与正传相反，击球点比正传偏后，用力蹬腿、展腹、抬臂、伸肘，通过指腕弹力把球向后上方传出。背传动作比较隐蔽，能出其不意，迷惑对方，增加战术的变化。

4. 扣球技术

扣球技术是排球运动基本技术之一，是进攻的最有效方法，是得分和得到发球权的重要手段。一个队攻击力的强弱，往往取决于该队的扣球技术水平。

扣球技术的动作要领有以下几个方面。

(1) 准备姿势。站在离网 3 米左右处，两脚自然开立，两膝微屈，上体稍前倾，两臂自然下垂，观察二传来球，随时准备向各个方向助跑起跳。

(2) 助跑。助跑是为了获得一定的水平速度，增加弹跳高度，并且选择适当的起跳点。助跑的时机、方向、步法、速度、节奏是根据来球的方向、速度和弧线来决定的。因此，要全面熟练掌握一步、两步、三步及多步助跑的步法。

以两步助跑为例：助跑时，左脚先向前迈出一步，接着右脚再迅速跨出一大步，左脚及时并上，落在右脚侧前方，两脚尖稍内收准备起跳。助跑的第一步要小，目的是对正上步的方向，使身体获得向前的水平速度，第二步要大，目的是接近球和提高助跑的速度，右脚落地支撑点在身体重心之前，有利于制动。

(3) 起跳。在助跑跨出最后一步的同时，两臂绕体侧向后引，左脚在落地制动的过程中，两臂自后积极向前摆动，随着双腿蹬地向上起跳，两臂配合起跳用力上摆。

(4) 空中击球。起跳后，挺胸展腹，上体稍向右转，右臂向后上方抬起，身体成反弓形。挥臂时，以迅速转体、收腹动作发力，依次带动肩、肘、腕各部位关节成鞭甩动作向前上方挥动。击球时，五指微张成勺形并保持紧张，用全手掌包满球，以掌心为击球中心，击球的后中部，同时主动用力屈腕屈指向前推压，使扣出的球加速上旋。击球点在起跳和手臂伸直最高点的前上方。

(5) 落地。空中完成击球动作后，身体自然下落，为了避免腿部负担过重，应尽量用双脚的前脚掌先着地，同时顺势屈膝，缓冲身体下落的力量。

5. 拦网技术

拦网技术是排球运动基本技术之一，是防守的第一道防线，是得分、得发球权的重要手段，是反攻的重要环节。

拦网技术的动作结构分为准确姿势、移动、起跳、空中动作和落地 5 个互相衔接的部分(见图 5-5)。

(1) 准备姿势。队员面对球网，两脚左右开立，约与肩同宽，距网 30～40 厘米。两膝微屈，两臂屈肘置于胸前。

(2) 移动。常用的步法有一步、并步、交叉步、跑步等。无论采用哪种移动步法，都要做好制动动作，以保证向上起跳，避免触网和冲撞同队队员。

图 5-5　拦网技术的动作要领

(3) 起跳。原地起跳时，两腿屈膝，重心降低，随即用力蹬地，两臂以肩发力，在体侧近身处，划弧做前后摆动，帮助身体迅速跳起。移动后的起跳动作与原地起跳一样，但要注意制动并使移动与起跳动作紧密衔接。

(4) 空中动作。起跳时，两手从额前沿球网向上方伸出，两臂伸直并保持平行，两肩上提。拦网时，两臂应伸过网去接近球。两手自然张开，屈指屈腕成半球状。当手触球时，两手要突然紧张，手腕下压盖在球的前上方。

(5) 落地。拦球后，要做含胸动作，以保持身体平衡。手臂要先后摆或上提，从网上收回至本方上空，再屈肘向下收臂，以免触网。与此同时屈膝缓冲，双脚落地，随即转身面向后场，准备接应来球或做下一个动作准备。

5.3　排球技战术的发展及实用战术介绍

5.3.1　技战术向攻守平衡发展

在排球发展过程中，攻强守弱的状态已持续了很长时间，国际排联为了扭转这种局面，对排球规则作了几次重大修改。例如，每球得分制的使用、自由人的出现、发球区的扩大、允许身体任何部位击球等，这都进一步促使排球技战术的创新，充实排球运动的内涵，丰富排球运动的表现形式。排球技战术的不断丰富和发展与排球竞赛规则的不断修改和完善是互为因果的。在这里必须重视两个带有规律性的问题：一是除发球和扣探头球外，排球的一切进攻都是从接球和防守开始，没有良好的接球和防守作基础，一切进攻无从实现；二是每球得分制要求运动员的攻防技术更加全面、准确和有效，进攻与防守互相依存、互相制约，规则的修改不能改变排球比赛的这一基本规律。

纵观世界排球技战术的发展历程，可以看出，进攻与防守对抗始终贯穿于排球运动发展的整个过程。例如，扣球技术的产生，导致了拦网的出现；勾手飘球技术的发明，刺激了垫球技术的发展；网前跑动换位、交叉重叠掩护等快攻战术的运用，与此相对抗出现了重叠、换位等拦网战术；拦网技术的提高，推动了后排进攻战术的运用，进攻与防守战术的相互对抗又相互联系，相互制约又相互促进是排球运动技战术发展的主要动力。进攻技战术的提高带动了防守技战术的进步，而防守技战术的加强，又反过来促进进攻技战术的发展，形成了排球技战术发展螺旋式递进的特征。

5.3.2 技战术向全面、高度、快速、多变方向发展

排球运动要求运动员技术全面，能攻能守，进攻上既能强攻又能快攻，既能前排攻又能后排攻，使前后排融为一体。根据运动员不同特长，有效地组合不同的战术，使战术组合更加具有个性化，发挥出整体优势。

随着运动员身高和弹跳力的不断增长，后排扣球技术的应用日益普遍，成为当今高水平排球比赛的主要进攻手段。高快结合，前后排结合，进攻向着立体、全面型方向发展。运动员凭借身高、弹跳力强、爆发力好、力量大和挥臂速度快等优势，跳发球技术被大量运用，采用跳发平飘，跳发侧旋、下旋，轻发落点等多样化跳发球技术，以达到先发制人、争取主动的目的。发球技术正向着发球高点、大力、快速方向发展。四号位平拉开后结合二、三号位的跑动进攻战术，降低后攻的弧度，增加反攻的进攻点等，都是为了争取时间，夺得空间，加快进攻的速度，突破对方拦网。速度在不断加快，采用的手法是降低弧度，加快传出球的速度等。

世界男排各队的集体配合战术更加丰富，战术有新的发展，四号位平拉开，三号位远网快球，远网短平快球被普遍采用。重视集体配合和快攻战术，技术全面、攻守兼备、快速灵活，自身失误少。一攻水平高，防守能力强的队代表着当今世界排球的最高水平。过去日本女排的勾飘和垫球，中国女排的背飞，波兰男排的后攻，日本男排的短平快球，美国男排的两人接发球，确实在夺冠中发挥了作用，但最后的胜出，依靠的还是整体攻防的技术实力。实践证明：技术不全面，就不能保证战术的组织与变化；排球运动的全面内涵是在全攻全守基础上突出自己特长，各单项技术的运用从较单调打法向多样化、全面化的方向发展。当今排坛世界各强队在注重高度和速度的同时，还注重每名运动员的技术是否全面，全队的串联技术是否合理、娴熟，这是衡量一支球队成熟与否的标志。攻守不平衡，就无法夺取比赛的主动权；没有高度，必然削弱网上扣拦抗争的实力；个人没有特长，球队也必然没有特点；没有集体配合，也就谈不上更好地发挥个人的特长；不必要的失误，就会不攻自破；没有拼搏精神和勇猛顽强的战斗作风，就缺少取得胜利的可靠保证等。

经过100多年的发展与变革，排球战术体系的构建和发展经历了"点——线——面——体"

的演变过程，对战术的运用趋向合理，简练和实效。国际排球运动的发展已经进入一个新的时期，在发展速度、提高力量、增加变化、全面发展、有所特长的基础上向更高层次、更高水平迈进，具体表现在力量、速度、高度和技巧紧密结合，攻守技术全面，战术风格独特，球队有特点，队员有特长，身体素质好，心理素质高，在技术、战术、身体、心理层次全面发展。当代排球运动技战术向全面、高度、快速、多变的更高层次上不断深化和发展。

5.3.3 排球实用战术介绍

排球战术可分为个人战术和集体战术两大类。个人战术即个人根据场上情况有目的地运用技术的过程，分为发球、一传、二传、扣球、拦网、后排防守6项个人战术。集体战术是指两个或两个以上队员之间有组织、有目的的集体协同配合。集体战术包括进攻战术和防守战术。进攻战术是指在接对方发、扣、拦、传、垫过来的球后，全队所采取的有目的、有组织的进攻行动。进攻形式包括强攻、快攻、两次球及其转移。强攻是指在没有同伴掩护的情况下，强行突破对方拦防的进攻。快攻是指扣击二传传出的各种平、快球，以及用这些平、快球作掩护所组成的各种战术配合。两次球及其转移是指当一传来球较高，又在网前适合扣球的位置，前排队员可跳起直接进行扣球，如对方拦网严密，可在空中把球转移给其他队员的进攻打法。

第6章 足球运动

6.1 足球运动概述

足球有"世界第一运动"的美誉，是全球体育界最具影响力的单项体育运动。标准的足球比赛由两队各派10名球员与1名守门员，共22人组成，在长方形的草地球场上对抗、进攻。比赛目的是尽量将足球射入对方的球门内，每射入一球就可以得到一分，当比赛完毕后，得分最多的一队则胜出。如果在比赛规定时间内得分相同，则须看比赛章则而定，以抽签、加时再赛或互射点球(十二步)等形式，再分高下。足球比赛中除了守门员可以在己方禁区内利用手部接触足球外，球场上每名球员只可以利用手以外的身体其他部分控制足球。

6.1.1 足球运动的起源与发展

现代足球起源地是英国。传说在11世纪，英格兰与丹麦之间有过一场战争，战争结束后，英国人在清理战争废墟时发现一个丹麦入侵者的头骨，出于愤恨，他们便用脚去踢这个头骨，一群小孩见了也来踢，不过他们发现头骨踢起来脚痛，于是用牛膀胱吹气来代替它——这就是现代足球的诞生。

12世纪初，英国开始有了足球赛。比赛是娱乐活动，一年两次，一般在两个城市之间举行。主持人把球往空中一抛，比赛就算开始。双方就会一拥而上，大叫大喊，又踢又抱，哪一方能将球踢进对方的闹市区，哪一方就算胜利。如果球中途窜入居民屋里，运动员会一窝蜂地冲进去乱打乱踢，常常把屋里的东西砸得稀巴烂，房主只好自叹倒霉。路上行人碰到球滚来，就会遭受一场飞来的横祸。因此在当时，球赛一开始，人们就得躲避灾难，关门闭户，一直到球赛结束，才恢复正常。这样的球赛遭到市民的强烈反对，英国政府便下了一道禁令：规定足球比赛要在空地上进行，进入闹市区者重罚，于是就出现了专门的足球场。19世纪初期，足球运动在欧洲及拉美一些国家特别是在资本主义的英国已经相当盛行。

1848年，足球运动的第一个文字形式的规则《剑桥规则》诞生了。所谓的《剑桥规则》，即是19世纪早期的英国伦敦在牛津和剑桥之间进行比赛时制定的一些规则。当时学校的每套宿舍住有10个学生和1位教师，因此双方各11人进行宿舍之间的比赛，当前的11人足球比赛就是从那时开始的。

1862 年，英国诺丁汉郡成立了世界上第一个足球俱乐部。1863 年 10 月 26 日，英国成立了第一个足球协会(英足总)，并统一了足球规则，人们称这一天为现代足球的诞生日。这次制定的足球规则共 14 条，它是现今足球规则的基础。从 1900 年的第 2 届奥运会开始，足球被列为奥运会正式比赛项目，但它不允许职业运动员参加。1904 年 5 月 21 日，英国、法国、荷兰、比利时、西班牙、瑞典和瑞士 7 个国家的足球协会在法国巴黎成立了国际足球联合会。1930 年起，每 4 年举办一次世界足球锦标赛(又称世界杯足球赛)，比赛取消了对职业运动员的限制。

6.1.2 我国古代足球运动的发展概况

汉代蹴鞠是训练士兵的手段，有较为完善的体制。如专门设置了球场，规定为东西方向的长方形，两端各设 6 个对称的"鞠域"也称"鞠室"，各由一人把守。场地四周设有围墙。比赛分为两队，互有攻守，以踢进对方鞠室的次数决定胜负。

经过汉代的流行，蹴鞠活动唐宋时期达到顶峰，甚至出现了按照场上位置分工的踢法。唐代蹴鞠已有多种方式，有比赛颠球次数的"打鞠"，有场地中间挂网、类似网式足球的"白打"，有多人参与拼抢的"跃鞠"，还有了设立球门的比赛，这种方式每队有一定人数和固定位置，规定队员只能在自己的位置上踢，不能移动。同时蹴鞠和佛教一起传到了日本，日语及韩语中仍可见的称足球为"蹴球"的用法便是受到了中国的影响。

南宋《武林旧事》曾列出了"筑球三十二人"竞赛时两队的名单与位置："左军一十六人：球头张俊、跷球王怜、正挟朱选、头挟施泽、左竿网丁诠、右竿网张林、散立胡椿等；右军一十六人：球头李正、跷球朱珍、正挟朱选、副挟张宁、左竿网徐宾、右竿网王用、散立陈俊等"。这被认为是历史上的第一份足球"首发名单"。

从春秋时期到元明时代，蹴鞠经历了从发展到高潮的过程，但到了清代，这项活动却走向了衰落。

6.1.3 足球运动的特点

1. 整体性

足球比赛每队由 11 人上场参赛。场上的 11 人思想要统一，行动要一致，攻则全动，守则全防，整体参战的意识要强。只有形成整体的攻守，才能取得比赛的主动权及良好的比赛结果。

2. 对抗性

足球运动是一项竞争激烈的对抗性项目，比赛中双方为争夺控制权，达到将球攻进对方球门而又不让球进入本方球门的目的，展开争夺，尤其是在两个罚球区附近时间、空间的争夺更是异常凶猛，扣人心弦。一场高水平的比赛，双方因争夺和冲撞倒地次数超过 200

次，可见对抗之激烈。

3. 多变性

足球运动是一项技术上多彩多姿、战术上变幻莫测、胜负结局难以预测的非周期性运动项目，比赛中运用技战术时受到对方直接的干扰、限制和抵抗。技战术依照临场的具体情况而灵活机动地加以运用和发挥。

4. 艰辛性

足球比赛中，运动员要在近 8000 平方米的场上奔跑 90 分钟，跑动距离少则 6000 米，多则超过 10 000 米，而且还要伴随完成上百个有球和无球的技术动作，若平局后需决定胜负的比赛则要加时 30 分钟，如仍无结果，还需以踢点球决定胜负，因而运动员的能量消耗是很大的。一名运动员在一场激烈的比赛后体重可下降 2～5 公斤。

6.1.4 足球运动的作用

1. 有利于良好的心理品质及思想品德的形成

经常从事足球运动，不仅对自身良好性格的形成能产生巨大的影响，还可以培养人的意志、自制力、责任感及勇敢顽强、机智果断、坚韧不拔、勇于克服困难、团结协作、密切配合、集体荣誉感、守纪律等思想品质。

2. 有利于增强体质、促进健康

足球运动是全面锻炼和健全体魄的良好手段，是全民健身活动中一项行之有效的体育运动项目。经常从事足球运动，可以提高人们的力量、速度、灵敏、耐力、柔韧等身体素质，并能使人的高级神经活动得到改善，尤其能增强人体的心血管系统、呼吸系统等内脏器官的功能，从而促进人体的健康。据测定，一名优秀足球运动员的肺活量比正常人要多 2000～3500 毫升，安静时的心律要比正常人低 15～22 次/分。

3. 有利于精神文明建设

在改革开放的今天，足球已成为我国许多城市中人们生活的一部分。人们从踢足球中得到情绪体验、从看足球中得到艺术享受、从谈论足球中交流思想，足球运动丰富了人们的业余文化活动，提高了人们的生活质量。足球已成为一些城市的政治、经济、文化、生活的重要组成部分。它吸引着千千万万个市民，反映了城市的精神面貌，是城市形象的标志之一，是精神文明建设的载体。

4. 有利于振奋民族精神

重大国际足球比赛能激发人民团结拼搏、进取向上的精神和爱国主义热情。如喀麦隆足球队进入第14届世界杯前8名时，总统比亚授予守门员恩科诺和前锋米拉最高公民爵位——"勇敢勋爵"，对全体队员及教练也授予"勇敢勋章"。他在讲话中称赞他们为整个非洲提供了一个经验，即"团结一致，为争取胜利而奋斗"。再如，1981年1月，当中国队在中国香港战胜朝鲜等足球队，获得第12届世界杯亚洲区小组冠军时；1986年10月，当中国队在东京战胜日本队获得进军汉城奥运会的资格时，神州大地一片欢腾的景象，极大地鼓舞了为"四化"建设的中国人民，振奋了民族精神。

5. 有利于人际交往与国际交往

随着全民健身运动的推进，各种各样的足球赛事可以发展社会交往，协调人际关系，形成一个单位或社会的凝聚力，有利于创造一个安定团结、民主和谐、健康文明、生动活泼的社会环境。在国际上，足球运动已成为各国之间政治、经济、文化交流的一种重要工具。它可以加强各国人民的相互了解，扩大文化交流，增进友好团结，促进世界和平，为争取良好的国际环境起到巨大的作用，所以现代足球运动的作用和影响，已远远地超出了足球运动本身的范围。

6. 有利于国家税收

足球运动造就了一大批狂热的足球球迷，球迷市场的广阔空间被厂家、商家开拓。从显而易见的球票、球场广告、电视广告、电视转播权，到球衫、球帽、球具和球迷借以表达情感的喇叭、小哨之类的"加油"工具，以及众多深为球迷喜爱的球队和球员的照片、广告画等，凡是由厂家开拓出来用于球场内外宣泄和表现球迷们情感的产品都是球迷所需要的。这些东西在市场上的走俏，不仅活跃了市场，增加了国家的财政税收，还促进了足球运动的发展。如欧洲和南美多数国家的足协，通过职业足球活动的收入，不仅完全可以保证这些国家发展足球事业的需要，还向国家缴纳可观的税金。又如中国足球走向市场后，国家投入的经费从改革前的1200万，下降为现在的630万。改革前基本上无创收，现在的年收入超过亿元，足球已经从过去的事业型向产业型转化，并且必将最终成为体育界的纳税大户。

6.2 足球实战攻略指导

6.2.1 常规阵型

(1) 4-4-2阵型(见图6-1)，由4名后卫4名中场2名前锋组成。由于使用了4名后卫，这种阵型在中场4名球员的配置上富有变化，可以为2名边前卫2名后腰、2名边前卫2名中前卫、2名边前卫1名前腰1名后腰(即4-3-1-2阵型)、4名中前卫等。

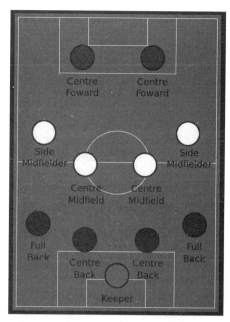

图 6-1 4-4-2 阵型

(2) 5-3-2 阵型(见图 6-2)，由 5 名后卫 3 名中场 2 名前锋组成。

图 6-2 5-3-2 阵型

(3) 4-3-3 阵型(见图 6-3)，由 4 名后卫 3 名中场 3 前锋组成。这是一种倾向于进攻的阵型。3 名前锋使得球队进攻力大幅提升，但是中场的控制相对较弱。其中，3 名前锋和 3 名中场的配置决定了球队的进攻倾向，常见的配置有 1 名中锋 2 名边锋和 2 名后腰 1 名前腰，这种阵型配置较倾向于从边路进攻(前腰往往也可向边路运动)，也有较少见的 3 中锋强打中路的阵型。

图 6-3　4-3-3 阵型

(4) 4-2-3-1 阵型(见图 6-4)。这种阵型其实就是由 4-5-1 阵型演变而来,其最大的变革在于出现双后腰,这能增强球队的防守。此外,在进攻上,这套阵型存在很大的变化。如 3 名负责进攻的前卫,可以平行站位,也可以与前锋形成菱形。

图 6-4　4-2-3-1 阵型

6.2.2 比赛战术

在足球运动比赛中,比赛战术有多种,下面简要介绍 14 种。

(1) 弧线球,足球运动技术名词,是指使球呈弧线运行的踢球技术。足球在运行中,由于强烈旋转,使两侧的空气产生压强差而形成弧线运动。由于球呈弧线形运行,故俗称"香蕉球"。踢弧线球时,脚击球的部位应偏离球的重心。常用于绕过位于传球路线中间的防守队员,或射门中迷惑守门员,使之产生错误判断。罚直接任意球时,用弧线球射门已是得分的一种重要方法。

(2) 鱼跃扑球,足球技术名词,是一种难度较高的守门员扑球技术。以与球同侧的一脚用力蹬地,异侧腿屈膝提摆,使身体跃出腾空扑球。因是腾身侧面跃出,增大了控制的范围,故能扑出用其他动作难以扑到的球。

(3) 全攻全守,荷兰足球的代表战术,是足球运动战术之一。一个队除守门员之外的 10 名队员都在进攻和防守的职责,称为"全攻全守"。根据比赛中攻与守的需要,每个队员都可到任何一个位置上发挥这一位置队员的作用。这一战术打破了阵式对队员的束缚,能充分调动和发挥队员的积极性,同时,对队员的身体素质、技术、战术、意志品质和战斗作风诸方面提出了更高的要求,被誉为国际足球史上的第三次变革。1964 年第 10 届世界足球锦标赛中,米歇尔斯带领的荷兰队使用这种打法,拿到了亚军的位置。

(4) 下底传中,足球运动进攻战术之一。是边线进攻中,通过个人带球突破,或集体配合把球推到对方端线附近,然后长传至对方球门前的战术方法。攻方在快速推进中,常趁对方防线阵脚未稳时,采用此法中间包抄以射门得分。

(5) 外围传中,也称"45 度角传中",足球运动进攻战术之一。当攻方有队员在边线附近与对方球门约成 45 度角的地区时,用过顶长传把球传向处于对方罚球区附近的同伴,供同伴用头顶球连续进攻,称为"外围传中"。尤其在守方队员已及时退回,且密集在球门前 30~40 米的地区,通向对方球门的路已被封住,或攻方有身材高大、争顶球能力强的前锋队员时,运用这种打法可取得较好的效果。

(6) 交叉换位,足球运动战术之一,是比赛中进攻队员为了摆脱对方的防守,在跑动中左右换位的战术配合方法。最常见的交叉换位是:左侧的队员疾跑至右侧的队员前接球,右侧队员传球后,交叉跑到左侧位置。这一战术配合改变了队员只在本位置范围内活动的踢法,使足球比赛的战术更变化多端。

(7) 长传突破,足球运动进攻战术之一,是运用远距离传球突破对方防线的战术方法,多在快速反击时运用。防守队员在本方球门前抢截得球,利用对方压上进攻后不及回防的时机,长传给前面的同伴,以突破对方的防线。

(8) 插上进攻,足球运动进攻战术之一,是指位于第二、三线的前卫、后卫队员,插入第一线参加进攻的战术方法。因有纵深距离,故容易摆脱对方的防守,且第二、三线队员的插上具有较大的隐蔽性和突然性,更具威胁性。后卫插入前锋线直接参加进攻是全攻全守战术的一个重要标志。

(9) 补位，足球运动战术术语，是比赛中集体防守的一种配合方法，是指防守中本队一个队员被对手突破时，另一个队员前去封堵。两人补位是集体防守配合的基础。防守队员相互间保持适当的距离和角度，是进行及时补位的前提。过去主要指后卫线队员防守时的配合。当代足球采用全攻全守战术，补位的内容也有了相应的发展。担任"锋"与"卫"的队员之间在一次进攻中互换位置，也成为补位的重要内容之一，从而对补位队员的技术战术意识提出了更高的要求。

(10) 密集防守，防守战术之一。球门前的 30 米区域常被称为"危险地带"，比赛中双方为了稳固防守，往往组织相当多的人把守这一区域，形成密集状态，以加强保护，减少空隙，阻止对方的突破，称为密集防守战术。

(11) 造越位，一种防守战术。足球规则规定：进攻队员在传球时，接球队员如与对方端线之间防守队不足 2 人时则为越位。防守队员利用这一规定，在对方传球之前的极短的时间内，突然向前一跑，造成对方接球队员与本方端线之间有一个防守队员的局面，使对方越位犯规。

(12) 反越位战术，针对对方"造越位"战术而采取的一种进攻战术。当进攻队员觉察到防守者用制造越位的战术破坏本方的进攻时，及时改变传球方向，让在后面的队员插上接球或自己直接带球快速推进射门，从而使对方退防不及。

(13) 篱笆战术，也称人墙战术。在自己门前危险区域内，当对方罚任意球时，几个防守队员并排成"人篱笆"，以帮助守门员封住对方射门的部分角度。

(14) 撞墙式二过一。比赛进攻时的一种过人战术，即形成两人过一人局面时，两人一传一切，接球者接球后再迅速将球传到跑位接应的队员脚下。因第一持球人传来的球像撞在墙上一样，故名"撞墙式"。其特点是快速过人。

第 7 章　跑步运动

7.1　跑步运动基本技术

跑步运动包括短跑、接力跑、跨栏跑和中长距离跑。下面对其基本技术加以分析。

7.1.1　短跑基本技术

短跑(又称短距离跑)是田径径赛项目中距离短、速度快、人体运动器官在大量缺氧情况下完成极限强度的周期性运动项目。短跑技术可分为起跑技术、起跑后的加速跑技术、途中跑技术和终点跑技术 4 个部分。

1. 起跑技术

起跑的任务是使身体迅速摆脱静止状态，获得最大的向前冲力，为起跑后的加速跑创造有利条件。

短跑起跑，一般都采用蹲踞式起跑，并使用起跑器。常采用的起跑器安装方法有"拉长式"和"普通式"两种。前后起跑器的支撑面与地面的角度分别成 40~50 度和 70~80 度。

起跑器应根据自己的身高、体型、训练程度、技术水平、个人习惯等具体条件安装，使之符合下列要求：①在预备姿势时，身体感到舒适而放松；②在蹬离起跑器时，能充分发挥腿部肌肉的最大力量；③起跑后身体能保持较大的前倾。起跑动作包括"各就位""预备""鸣枪"三个过程。在所有国际运动会中，400 米以下(包括 4×200 米、4×400 米)的各项径赛，发令员应用本国语言或英语和法语中的一种语言发令。

(1)"各就位"：听到"各就位"口令后，走到起跑器前，两脚依次踏在起跑器的抵足板上，后膝跪地，两手四指并拢，与拇指成八字形，靠在起跑线后沿撑地，两臂伸直，与肩同宽或略宽于肩，两脚依次踏在起跑器上，颈与躯干保持放松姿势，两眼视前下方 40~50 厘米处，调整呼吸，注意听"预备"口令。

(2)"预备"：听到"预备"口令时，臀部从容抬起，稍高于肩，两肩与起跑线齐平或稍前，前膝角为 90~100 度，后膝角为 110~130 度。颈部自然放松，两脚掌紧贴起跑器静听枪声。

(3) 鸣枪：听到枪声，两手迅速离地，两臂积极有力地前后摆动，两脚用力蹬离起跑器，后腿蹬离起跑器后，以膝领先迅速向前摆出(脚的移动接近地面)，前腿充分蹬直，上体保持较大前倾向前跑出。此时，前腿的后蹬角度为42～45度，上体前倾与地面的夹角为15～20度。

2. 起跑后的加速跑技术

起跑后的加速跑是从后腿蹬离起跑器，到途中跑开始的一个跑段，其任务是在最短时间内发挥出最大的速度。起跑时，前脚蹬离起跑器即转入加速跑阶段，躯干有较大的前倾，两臂用力前后摆动，摆动腿迅速向前摆出，支撑腿积极蹬伸，前脚掌积极扒地、蹬地。随着步幅的增加，上体逐渐抬起，当身体达到正常姿势并发挥到最大速度时，即转入途中跑。

3. 途中跑技术

途中跑是短跑全程中距离最长，速度最快的阶段，也是短跑最重要的部分。其任务是继续发挥和保持最高速度跑向终点。

(1) 上体姿势。在摆臂时，两手半握拳，肘关节自然弯曲约成90度。后摆时，肘关节稍向外，大臂不超过肩。摆臂动作与腿部动作应相适应。

(2) 下肢动作。①前摆与后蹬：当身体重心移过支撑点垂直面后，即开始了摆动腿的前摆和支撑腿的后蹬。摆动腿大腿摆至最高时，大腿与水平面平行。支撑腿在摆动腿快速有力的前摆配合下，迅速地伸展髋、膝、踝三个部位的关节，最后用脚趾末节用力蹬地，形成支撑腿与摆动腿协调配合的蹬摆动作。②腾空与着地缓冲：支撑脚离开地面进入腾空阶段。腾空后，原摆动腿以髋关节为轴，大腿积极下压，膝关节放松，小腿随摆动腿大腿下压的惯性自然向前下伸展，准备着地。当脚掌着地瞬间，迅速向后下方做扒地动作。支撑腿蹬离地面后，小腿随惯性向大腿靠拢，形成边折叠边向前摆动的动作，直至摆过支撑腿的膝关节稍前部位，后摆结束，此时，大小腿折叠角度最小，脚跟几乎触及臀部。

4. 终点跑技术

终点跑的任务是尽力保持途中跑的正确技术，以高速度跑过终点。终点跑包括终点跑技术和撞线技术。它一般始于距终点15～20米处。其技术基本上与途中跑相似，但要加快两臂的摆动速度和蹬地力量，并尽量高抬大腿。接近终点线前的几步，身体逐渐前倾，在距离终点线一步时，上体急速前倾，两臂后伸，维持身体平衡，用胸部和肩部撞终点线，并跑过终点。

7.1.2 接力跑基本技术

接力跑是田径径赛项目中以规定人数、限定距离、并以接力棒(公路接力跑以接力带)为传接工具的集体项目。正式的接力比赛项目有4×100米和4×400米接力跑。接力跑要求各棒之间协调配合，保证在快速跑进行中完成传递动作。接力跑技术包括起跑技术和传接棒技术。

1. 起跑技术

(1) 持棒人起跑。采用蹲踞式起跑，其技术与弯道起跑技术相同。运动员用右手的中指、无名指和小指握住棒的末端，第一棒用大拇指和食指分开撑地，接力棒不得触及起跑线或起跑线前的地面。

(2) 接棒人起跑。第二、三、四棒的起跑常采用站立或半蹲踞式。起跑时，站在接力区后端或预跑线内，两脚前后开立，两膝弯曲，身体前倾。由于第二、四棒运动员站在跑道外侧，所以都把左腿放在前面，右手撑地，身体重心稍向右偏，头转向左后方，目视跑来的同队队员和启动标志线。第三棒运动员站在跑道的内侧，右脚在前，左手撑地，身体重心稍左偏，头转向右后方，注视跑来的同队队员和启动标志线，当传棒人到启动标志线时，接棒人迅速跑。

2. 传接棒的技术

传接棒的方法一般采用以下两种：上挑式、下压式。

(1) 上挑式。接棒人的手臂自然向后下方伸出，四指并拢，拇指分开，掌心向下，传棒人将棒由下向上挑送至接棒人手中。这种方法的优点是接棒人向后伸手的动作比较自然，缺点是接棒后，手已握在接力棒的中部，如不换手再传给下一棒时，则只能握住接力棒的前部，因而影响动作的协调性和跑的速度，容易掉棒。

(2) 下压式。接棒人的手臂后伸，掌心向上，虎口张开朝后，拇指向内，其余四指并拢向外，传棒人将棒的前端由上向前下方递入接棒人手中。这种方法的优点是接棒后不换手，接棒人握住棒的一端，在下一次传棒时，就便于把棒的另一端送到接棒人的手中，缺点是接棒人的手腕动作紧张。

传接棒时还要掌握下面两点技术。

① 传接棒的位置时机。接棒人一般站在预跑线内或接力区后端，当传棒人跑到起动标志线时，开始迅速起动加速，当离接棒人1.5~2米处时，传棒人发出"接"的信号，接棒人迅速后伸手臂，共同完成传接棒。

② 接力跑战术。一般是将起跑好的、变道技术好的队员安排在第一棒。二棒应由速度耐力好和传接棒技术好的队员担任。三棒除了具备二棒的条件外，还要善于跑弯道。第四棒要安排速度好，意志顽强，冲线好的队员。

7.1.3 跨栏跑基本技术

跨栏跑是在快速奔跑中连续跨过按规定距离设置的固定数量和固定高度栏架的径赛项目。国际田联规定的正式跨栏跑比赛项目有：男子110米栏，女子100米栏，男、女400

米栏。本书将对直道跨栏跑技术进行分析。直道跨栏跑项目有男子 110 米栏，女子 100 米栏。110 米栏运动员一般用 50~52 步跑完全程，起跑至第一栏用 7 步或 8 步，栏间跑 3 步，最后一架栏至终点用 6 步或 7 步。110 米跨栏跑的栏架高度为 106.7 厘米，栏间距离为 9.14 米，起跑线至第一栏的距离为 13.72 米，全程设有 10 个栏架。100 米栏运动员一般用 49~50 步跑完全程，100 米跨栏跑的栏架高度为 84 厘米，栏间距为 8.50 米，起跑线至第一栏的距离为 13 米，全程设有 10 个栏架。

跨栏跑的技术可分为起跑至第一栏技术、跨栏步技术、栏间跑技术和终点冲刺跑技术。

1. 起跑至第一栏技术

起跑至第一栏的任务是快速启动，积极加速，为顺利跨过第一栏和获得全程跑良好的节奏打下基础。

110 米栏的起跑至第一栏一般采用 7 步或 8 步。如 7 步上栏时摆动腿在前，8 步上栏时起跨腿必须放在前面。

起跑时的起跑动作基本与短跑技术相似，只是由于过栏技术的需要，起跑后上体抬的较早，后蹬角度略大，人体重心抬得较高。起跑后步长逐渐增大，跑第 6 步后，上体已接近途中跑的姿势。最后两步更加积极跑进，起跨步积极着地上步，并略缩短步长，加快起跑速度，为顺利过第一栏打下基础。

2. 跨栏步技术

过栏的任务是使身体迅速越过栏架，为栏间跑创造条件。过栏是从起跨脚踏上起跨点后攻栏开始，到摆动腿积极下压脚接触地面止，这一技术也称为跨栏步技术。通常跨栏步技术分为起跨攻栏、腾空过栏、下栏着地 3 个阶段。110 米栏跨栏步步长通常为 3.30~3.50 米，100 米栏跨栏步步长通常为 2.80~3.10 米。

(1) 起跨攻栏技术

起跨攻栏是指从起跨脚踏上起跨点到后蹬结束脚离地时为止，任务是保持较高的速度，为迅速过栏创造更大的腾起初速度和适宜的腾起角度。正确的起跨技术是过栏技术的关键。

起跨攻栏点 110 米栏一般距离栏架 2.00~2.20 米，100 米栏距离栏架 1.90~2.10 米。为了保证高速上栏，起跨前的最后一步必须缩短步长 10~20 厘米，以保证起跨腿能迅速地经垂直部位转入后蹬。当起跨脚踏上起跨点时，摆动腿在体后开始折叠，脚跟靠近臀部，膝盖向下，以髋为轴，大腿带动小腿积极向前摆至膝超过腰的高度。当身体重心移过支撑点时上体加速前移，再摆动腿屈膝折叠积极前摆的配合下，起跨腿积极后蹬，起跨腿蹬地结束瞬间起跨腿髋、膝、踝关节充分伸展，并与躯干、头基本成为一条直线。在两腿蹬、摆配合完成起跨动作的过程中，上体也随之加大前倾，摆动腿的异侧臂屈肘向前上方摆出，另一臂屈肘摆至体侧，整个身体集中向前，动作平衡舒展，使人体形成积极有利的攻栏姿势。优秀运动员起跨攻栏时起跨腿后蹬角度一般为68～72度，完成起跨攻栏结束时两腿的夹角为120度。

(2) 腾空过栏技术

腾空过栏是指从起跨结束身体转入腾空开始，到摆动腿过栏后即将着地的这段空间的动作，其任务是保持空中的身体平衡，快速完成剪绞动作，以利于过栏后继续跑进。

起跨腿蹬离地面身体腾空后，摆动腿大腿继续向前上方摆动，两腿角度继续加大，达到125度，两腿在空中形成大幅度的劈叉动作。待摆动腿脚掌接近栏板时小腿继续前伸，摆动腿几乎伸直，摆动腿的异侧臂一起伸向栏板方向，与摆动腿基本平行。同侧臂后摆，上体加大前倾，躯干与摆动腿形成锐角，眼视前方。

摆动腿与起跨腿及其肢体的相向运动是提高过栏速度的重要因素。根据相向运动原理，摆动腿积极主动下压能促进起跨腿的快速向前提拉，因此摆动腿积极主动的下压是两腿快速剪绞的关键。

(3) 下栏着地技术

理论上认为下栏着地是指从身体重心达到腾空最高点开始，到摆动腿着地支撑为止的动作过程。它的任务是尽量减少水平速度的损失，使身体平稳、快速地下栏并转入栏间跑。因为摆动腿的积极下压动作是从腾空最高点开始的，所以实际上下栏的动作意识要早一些，一般当摆动腿的脚掌刚接近栏板时就开始积极下压摆动腿。摆动腿的积极下压加快了起跨腿髋部向前的移动速度。摆动腿的脚掌移过栏板的同时，起跨腿屈膝外展，小腿收紧抬平，脚尖外展上翘，脚跟靠近臀部，以膝领先经腋下向前加速提拉，两腿在空中完成以髋关节为轴的剪绞动作。过栏时两腿的剪绞动作是在两臂与躯干的协调配合下完成的，两臂配合身体积极摆动，摆动腿的异侧臂与向前提拉的起跨腿做相向运动，膝、肘几乎相擦而过。当臂划过肩后，屈肘内收向后摆，另一臂屈肘前摆以维持身体平衡。

下栏时上体保持适当的前倾，着地瞬间摆动腿伸直，用前脚掌后扒着地，脚着地后踝关节稍有缓冲，使身体重心处在较高的位置，起跨腿大幅度带髋向前提拉，两臂积极有力地摆动，形成有利的跑进姿势。

110米栏下栏着地时着地点到栏架距离为1.40～1.50米，100米栏为1.00～1.20米。着地时着地点到身体重心投影点的距离为15厘米，着地角度为78度。

3. 栏间跑技术

栏间跑技术是指从摆动腿下栏着地点到下一栏起跨点之间的跑动动作。它的任务是尽可能加快栏间跑的节奏，提高跑速，为顺利跨过下一栏创造有利条件。

栏间跑的实际距离除去跨栏步的距离外只有5.50～5.70米，栏间3步的步长比例一般为小、大、中，随着现代跨栏技术的不断发展，栏间跑的步长趋于均匀化。

栏间跑的第一步与跨栏步的积极下栏动作有密切关系，为达到跑与跨动作结合紧密，下栏着地时，支撑腿脚掌必须充分后蹬，起跨腿快速向前带髋提拉。第三步的动作与起跨攻栏阶段技术紧密相连，为获得合理的起跨点，获得较高的过栏速度，第三步的步长比第二步短 15 厘米左右，而速度达到最高。因此整个栏间跑技术必须保持高重心，身体重心上下起伏小，跑得轻松、有弹性，直线性好，通过加快步频和改进跑的节奏来实现提高栏间跑速度的目的。

4. 终点跑技术

终点跑技术是指全程跑跨越第 10 个栏架后到终点这一段距离的跑动动作。由于已跨越最后一个栏架不再受任何步点的约束，因此，过最后一个栏时摆动腿应该更积极地下压，着地点较近。起跨腿一过栏架即向前摆出。终点跑应加强后蹬和摆臂，加快步频，以最快的速度冲向终点。离终点最后一步时，上体要急速前倾，准确、及时地用胸部接触终点线垂直面。

7.1.4 中长距离跑基本技术

中、长距离跑(简称中长跑)，是 800 米到 10 000 米之间距离的跑，是以有氧代谢为主的耐力性和周期性的运动项目。通常进行的中跑比赛项目有男、女 800 米和 1500 米；长跑比赛项目有男、女 5000 米和 10 000 米。

中、长距离跑的技术可分为起跑和起跑后的加速跑技术，途中跑技术、终点跑技术和中、长距离跑的呼吸技术。

1. 起跑和起跑后的加速跑

中距离跑大多采用半蹲踞式起跑，长距离跑多采用站立式起跑。800 米以上距离跑是按两个信号完成起跑动作的，即"各就位"和"鸣枪"。

(1) 站立式起跑。动作顺序是听到"各就位"口令后，慢跑到起跑线，两脚前后开立，有力的脚在前，紧靠起跑线的后沿，前脚跟和后脚尖之间的距离约为一脚长，体重大部分落在前脚上，后脚用前脚掌支撑站立。两腿弯曲，上体前倾，眼看向前方 3～5 米处，身体保持稳定姿势，集中注意力听枪声。两臂的姿势有两种：一种是一臂在前，一臂在后；另一种是双臂在体前自然下垂。运动员多采用第一种。听到枪声时，两脚用力蹬地，后腿迅速前摆，前腿充分蹬直，在短时间内获得较快的跑速。

(2) 半蹲踞式起跑。一手的拇指与其他四指成"人"字形撑于起跑线后，另一臂在体侧，体重主要落在前腿和支撑臂上。

起跑后加速跑时，上体前倾稍摆臂，摆腿和后蹬的动作都应迅速而积极。这段加速跑的距离，根据项目、个人特点与比赛情况而定。一般，中距离跑的加速跑距离较长，跑速较快，起跑后应跑向能发挥个人跑速与战术的位置，然后进入匀速有节奏的途中跑。

2. 途中跑技术

中长跑的强度小于短跑，后蹬用力比短跑小，后蹬角度比短跑大，为 50～55 度。后蹬的效果，取决于蹬地的力量、速度以及腿的积极前摆的协调配合。脚着地时，要柔和而有弹性，两脚要落在一条直线上。臂的摆动幅度要小于短跑时臂的摆动幅度，大小臂弯曲角度较小，肩关节放松，两臂协调配合下肢动作来前后摆动。头部要自然放松，眼平视，面、颈部肌肉放松。上体保持正直或前倾 8 度左右。

3. 终点跑技术

终点跑的动作要领基本上和短跑相同，需要注意的是，中长距离跑的终点跑距离长一些，什么时间开始加速跑，须根据比赛的距离、个人训练水平和战术需要决定。一般情况下，800 米跑可在最后 150~200 米开始冲刺跑，3000 米以上距离可在最后 300 米或 400 米开始冲刺跑。

4. 中长距离跑的呼吸技术

中、长距离跑的呼吸应和步频配合，有节奏地用鼻和口呼吸，一般是两三步一呼，两三步一吸。呼吸应自然，而且有适宜的深度。

7.2 跑步运动的练习方法

7.2.1 短跑练习方法

1. 直道途中跑技术练习

(1) 原地摆臂练习。摆臂应由慢而快，动作自然、放松、协调，摆臂幅度要大。

(2) 在直道上做前脚掌着地和富有弹性的加速跑，逐渐增大步幅，过渡到中速跑。要求脚掌离地较高，大小腿充分折叠，大腿向前抬摆。

(3) 中等速度加速跑 50~60 米，动作要放松自然，步幅开阔，并要求逐渐加速。

(4) 跑的专门练习：小步跑、高抬腿、后蹬跑和车轮跑。

2. 弯道途中跑技术的练习

(1) 沿半径为 15~20 米的圆圈跑步，体会弯道跑技术。

(2) 做 60~80 米从直道进入弯道的跑步练习。要求在距离弯道两三步时，有意识地加大右腿的蹬地力量和摆动幅度，使身体逐渐向左倾斜。

(3) 做 80~120 米从弯道转入直道的跑步练习。要求在跑出弯道的前几步，身体逐渐正直，放松跑两三步。

3. 起跑和起跑后的加速跑技术的练习

(1) 反复练习"各就位""预备""跑"的动作，目的是学习掌握蹲踞式起跑姿势。

(2) 从蹬离起跑器进入起跑后加速跑，让学生按起跑要求加速跑出 20～30 米。

(3) 学习起跑、起跑后加速跑与途中跑衔接技术。让学生按口令完成起跑，并加速跑出 40～60 米，体会在加速跑后的两三步自然转入途中跑。

(4) 弯道起跑后加速跑 20～30 米。要求按弯道起跑器安装方法实行练习。

4. 终点跑技术的练习

(1) 慢跑，做上体前倾，用胸部做撞线动作。

(2) 用中等速度跑，做胸部撞线动作。完成动作后应顺势向前跑几步。

(3) 用快速跑 40～50 米，直接跑过终点(不做撞线动作)。在离终点前 20 米处加快步频和增大身体前倾角度，同时加快摆臂，迅速通过终点。

7.2.2 接力跑练习方法

(1) 先练习原地走传、接棒，再练习慢跑传、接棒，最后练习中速跑传、接棒，主要体会"上挑式"和"下压式"传接棒方法。

(2) 采用中速跑在接力区内进行传、接棒练习，目的是学习掌握在接力区内传、接棒配合技术。

(3) 4 人一组进行 4×50 米或 4×100 米接力，目的是学习掌握全程接力技术。

7.2.3 跨栏跑练习方法

1. 使学生了解跨栏跑的一般知识，建立跨栏跑的技术概念

(1) 讲解跨栏跑项目的特点、比赛项目和锻炼价值，以提高学习跨栏跑的意识，调动学生学习跨栏跑项目的积极性。

(2) 结合示范(或利用图片、录像)讲解跨栏跑的基本技术，使学生建立跨栏跑的技术概念。

2. 学习和初步掌握跨栏步和栏间跑技术

(1) 站立式起跑 6～8 步，跨越 3～5 个 2.50 米左右的"障碍区域"。

(2) 练习同上，但在"障碍区域"内前约 2/3 处以 2 个实心球为支架的横杆或栏板，让学生跨过。

(3) 练习同上，跨越 60～76.20 厘米高的教学栏架。

(4) 站立式起跑跨越 3～5 个栏架。

3. 改进和完善跨栏步和栏间跑技术

(1) 改进和完善摆动腿过栏技术练习。

(2) 改进和完善起跨腿过栏技术练习。

(3) 改进和完善跨栏步上体和两臂动作的练习。

(4) 改进和完善栏间跑技术的练习。

4．学习和掌握蹲踞式起跑过栏技术和全程跑技术

(1) 蹲踞式起跑过第一栏。

(2) 蹲踞式起跑过 2～4 个栏练习。

(3) 跨栏全程跑练习。

7.2.4 中长距离跑练习方法

(1) 原地两脚前后开立，做摆臂练习，其目的是提高摆臂技术。

(2) 慢跑 200 米。要求在跑进中体会上体姿势和两腿的蹬摆动作。

(3) 站立式跑 80～120 米，目的是学习起跑和起跑后加速跑技术。

(4) 中速跑 800 米，体会呼吸节奏。

(5) 通过越野跑、爬山等强度较小的练习来发展学生中长距离跑的一般耐力。

(6) 男子 1500 米、女子 800 米计时跑，目的是要学习和改进中长距离的全程技术。

第 8 章　投掷运动

8.1　投掷运动概述

投掷运动是人体通过预加速阶段的助跑或滑步、旋转动作形式使人体和器械都已具备一定速度的基础上，结合最后用力的技术性动作使器械获得最大的出手初速度及最佳的出手角度，以将投掷器械抛射到最远水平距离的人体运动形式。田径运动投掷类含有铅球、铁饼、标枪和链球 4 个基本类型的运动项目。

8.2　投掷运动基本技术

8.2.1　投掷运动技术阶段的划分与结构特点

投掷运动按其动作技术的结构特点，可分为非周期性动作系结构和混合性动作系结构。

投掷运动的铅球、铁饼属于非周期性动作系结构。铅球的预摆、团身、滑步及最后用力的形式基本上属于平面内二维方向的直线运动；铁饼的预摆、旋转、最后用力及出手后的缓冲则属于立体空间三维方向的复合运动。

投掷运动的标枪、链球属于混合性动作系结构，标枪预加速阶段的助跑动作、链球预加速阶段的旋转动作是典型的周期性动作，它们的完整动作技术结构是由周期性和非周期性动作组合而形成的混合性动作体系。

为方便对投掷运动技术原理的动作技术层次进行分析，根据其动作系结构及其技术特点，一般将其划分为预备姿势、助跑、最后用力及维持身体平衡 4 个紧密联系的技术阶段。

投掷运动的几个技术阶段之间对于投掷运动成绩都有影响，其中最重要的技术阶段是最后用力，关键的技术环节是预加速阶段与最后用力阶段的衔接。最后用力阶段对投掷成绩的影响相当于其权重系数的 80%~85%，而预加速阶段与最后用力阶段的衔接质量,则决定着在整个投掷运动中能否充分利用人体在预加速阶段动作所形成的动力,并使其与最后用力所获的冲量叠加、传递给投掷器械,从而获得最快的出手初速度和适宜的投掷角度。

8.2.2 合理的出手角度

投掷铅球、链球几乎可以视为空气阻力、升力影响因素忽略不计的运动项目,投掷铅球或投掷链球出手角度的大小,与投掷距离、出手高度、地斜角等因素有密切的关系,一般情况下,投掷铅球适宜的出手角度为38～42度,投掷链球适宜的出手角度为42～44度。

标枪、铁饼在空间飞行的远度受空气的阻力、升力的作用较大,所以标枪、铁饼的适宜出手角度为30～35度。

对投掷器械远度影响最大的因素是器械出手的初速度,而决定出手初速度大小的主要因素是投掷的最后用力过程中器械所受作用力的大小及其对器械作用时间的长短,即器械所受的冲量大小。在投掷器械的过程中要增大器械出手初速度,必须通过预加速、最后用力技术阶段尽可能增大人体对器械的作用力和延长力的作用时间。

8.3 投掷运动规则介绍

8.3.1 铅球、铁饼、链球规则介绍

铅球和链球的投掷圈直径2.135米,铁饼的投掷圈直径2.5米。投掷者必须在投掷圈内,由静止状态开始,在推铅球的过程中,把铅球以单手由肩上推出。铅球应接触或接近参赛者的下颚,并且不得低于此位置,也不得移至肩线之后。在投掷铅球、铁饼、链球可以触碰推掷圈及抵趾板的内缘,但身体的任何部位若触到推掷圈或抵趾板上缘,或推掷圈外面的地面,均视作试掷失败。器械未着地前,不得离开推掷圈。离开推掷圈时,必须从其后半圆离开。在投掷的过程中,可以中途停顿,甚至把铅球放下,以及离开投掷圈(但仍要合乎上述规定),然后重新由静止位置开始推掷。

器械必须完全落在34.92度的扇形落地区角度线范围以内方为有效。丈量时应从器械落地痕迹最近端拉向推掷圈圆心,以推掷圈内缘至铅球着地痕迹近缘的距离为成绩。测量的成绩须以0.01米为最小单位。铅球、铁饼和链球场地示意图,如图8-1所示。

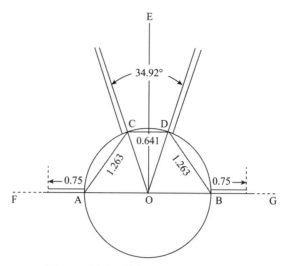

图 8-1　铅球、铁饼和链球场地示意图

8.3.2　标枪规则介绍

标枪在宽 4 米、长不低于 35 米的场地上进行比赛，投掷者持握标枪握把处，自肩上或投掷手臂上方把枪掷出，投掷时不得把枪抛出或甩出。从投掷开始至标枪离手期间，参赛者不得转身完全背向投掷弧。标枪落地前，不得离开助跑道。完成投掷后，运动员必须从助跑道两边平行线的直角方向及投掷弧的两端延长线后面走出。在投掷过程中，只要未触犯上述规定，参赛者可中途停顿，或把标枪放下，甚至离开助跑道，然后重新回到助跑道投掷。标枪着地时，枪尖必须比其他部分先着地，并且完全落在扇形着地区的角度线之内，该掷才算有效。丈量时应由最近的枪尖着地点算起，通过投掷弧线的圆心，取直线至投掷弧线的内缘的距离为标枪投掷成绩。标枪场地示意图，如图 8-2 所示。

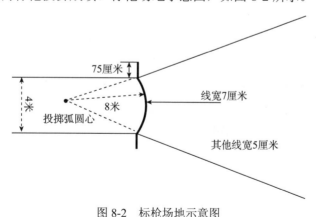

图 8-2　标枪场地示意图

8.4 投掷运动员介绍

8.4.1 铁饼运动员

李艳凤，中国女子田径队运动员，主攻铁饼项目，曾在广州亚运会田径项目女子铁饼比赛中夺得金牌。2011 年 8 月 28 日，在大邱世界田径锦标赛中凭借第 2 投 66 米 52 的成绩，夺得中国首枚世锦赛铁饼金牌、中国田径队本届世锦赛第 1 枚金牌。2012 年伦敦奥运会女子铁饼季军。

李艳凤主要成绩：

2002 年亚洲田径锦标赛女子铁饼冠军。

2002 年全国田径冠军赛女子铁饼冠军。

2002 年世界杯田径赛女子铁饼第 9 名。

2003 年亚洲田径锦标赛女子铁饼冠军。

2004 年全国田径锦标赛暨奥运会选拔赛女子铁饼第 3 名。

2004 年在雅典奥运会女子铁饼决赛中，以 61 米 05 的成绩名列第 9。

2008 年 5 月"好运北京"中国田径公开赛暨北京奥运测试赛女子铁饼冠军。

2009 年 10 月在第 11 届全运会上，以 66 米 40 的成绩获得金牌，这个成绩不仅比她自己的最佳成绩超出两米有余，并且比 2012 年柏林田径世锦赛金牌得主 65 米 44 的成绩多出将近 1 米。

2010 年 9 月 15 日在克罗地亚国际田联洲际杯赛暨世界杯赛首日的比赛中，以 63 米 79 的成绩勇夺女子铁饼冠军。

2010 年广州亚运会田径比赛女子铁饼决赛中，以 66 米 18 的赛季个人最好成绩摘得金牌。

2011 年田联钻石联赛舍内贝克站，投出 67 米 98，刷新生涯纪录夺冠。

2011 年 8 月 28 日韩国大邱 2011 世界田径锦标赛女子铁饼冠军。

2011 年 1 月 11 日获得"2010 中国田径绿茵天地金跑道颁奖"最佳女运动员奖。

2012 年全国田径大奖赛肇庆站女子铁饼冠军。

2012 伦敦奥运会，摘得女子铁饼铜牌。

8.4.2 标枪运动员

李荣祥，性别男，籍贯为浙江长兴，身高 1.81 米，体重 80 公斤，1998 年后才开始称雄国内比赛。个人最好成绩是 2000 年成都全国田径大奖赛上的 84.29 米。

李荣祥主要成绩：

1997 年八运会男子标枪亚军。

1998 年曼谷亚运会男子标枪铜牌。

2001 年东亚运动会男子标枪冠军。

2001 年九运会男子标枪冠军(81 米 15)。

2002 年亚洲田径锦标赛男子标枪冠军。

2002 年釜山亚运会男子标枪冠军(82 米 21)。

2002 年世界田径锦标赛第 9 名。

2003 年世界田径锦标赛第 10 名。

2004 年全国田径大奖赛北京站男子标枪冠军,达到雅典奥运会参赛 A 标,成绩为 83.32 米。

2005 年十运会男子标枪金牌(81 米 06)。

2005 年东亚运动会男子标枪金牌。

2006 年多哈亚运会铜牌(76 米 13)。

2009 年第 5 次参加全运会。

8.4.3 铅球运动员

巩立姣,河北省鹿泉市大河镇邵营村人,2001 年进入石家庄市体育运动学校,师从范焕文教练。2005 年获全国青少年田径锦标赛女子铅球冠军。2005 年进入河北省田径队,师从李梅素教练。2006 年在全国青少年田径锦标赛上获得冠军,2007 年获得全国田径锦标赛冠军。2007 年入北京科技大学读书。2008 年获北京奥运会第 5 名,2012 年获伦敦奥运会季军,2014 年获仁川亚运会冠军,跻身世界女子铅球领域前列,被视为中国女子铅球队的领军人物。

巩立姣主要成绩:

2006 年 8 月,全国田径锦标赛第 4 名(石家庄),成绩为 17.92 米。

2007 年 3 月 16 日,全国室内田径锦标赛(上海站)冠军,成绩为 19.07 米。

2007 年 3 月 21 日,全国室内田径锦标赛(北京站)冠军,成绩为 18.73 米。

2007 年 5 月 18 日,全国田径大奖赛(广东肇庆)亚军,成绩为 18.77 米,冠军李梅菊。

2007 年 6 月 15 日,河北省第 12 届运动会女子乙组铅球决赛(唐山)冠军,成绩为 18.43 米。

2007 年 8 月 3 日,全国田径锦标赛(石家庄)冠军,成绩为 19.13 米。

2007 年 8 月 26 日,第 11 届(大阪)世界田径锦标赛第 7 名,成绩为 18.66 米。

2007 年 10 月 30 日,第 6 届全国城市运动会(武汉)亚军,成绩为 18.36 米,冠军刘相蓉。

2008 年 2 月 15 日,亚洲室内田径锦标赛(卡塔尔多哈)冠军,成绩为 18.12 米。

2008 年 5 月 23 日,"好运北京"中国田径公开赛亚军,成绩为 19.09 米。

2008 年 8 月 16 日,北京奥运会第 5 名,成绩为 19.20 米。

2009 年 8 月 16 日,第 12 届(柏林),成绩为 19.89 米。由此,她成为自 1995 年第 5 届

(瑞典哥德堡)田径世锦赛黄志红夺银以来，首位站在世锦赛领奖台上的中国铅球选手，也成为自 1996 年第 26 届(亚特兰大)奥运会隋新梅夺银以来，首位取得世界顶级赛事铅球项目奖牌的中国运动员。

2009 年 10 月 21 日，第 11 届全国运动会冠军，成绩为 20.35 米，创造了 10 多年来中国铅球女选手的最佳比赛成绩。

2010 年广州亚运会女子铅球亚军，成绩为 19.67 米。

2011 年钻石联赛上海站女子铅球比赛，以 19.94 米的赛季个人最好成绩夺得冠军，这也是中国田径队在钻石联赛中获得的第 1 枚金牌。

2011 年全国田径锦标赛女子铅球冠军，成绩为 19.86 米。

2011 年世界锦标赛女子铅球第 4 名。

2012 年全国田径大奖赛(天津站)冠军，成绩为 19.53 米。

2012 年国际田联钻石联赛(意大利罗马站)女子铅球亚军，成绩为 19.79 米。

2012 年德绍国际田径赛女子铅球冠军，成绩为 20.21 米。

2012 年伦敦奥运会女子铅球季军，成绩为 20.22 米。

2013 年国际田联钻石联赛(上海站)女子铅球亚军，成绩为 19.73 米。

2014 年仁川亚运会女子铅球冠军，成绩为 19.06 米。

8.4.4　链球运动员

杜立闽，毕业于哈尔滨学院艺术与设计学院。

杜立闽主要成绩：

2010 年黑龙江省第 15 届大学生运动会男子甲组链球第 1 名(破纪录)。

2012 年第 9 届中国大学生运动会男子甲组链球第 1 名。

2012 黑龙江省大学生田径锦标赛男子甲组铅球第 3 名，男子甲组铁饼第 3 名。

2013 年黑龙江省大学生田径锦标赛男子甲组链球第 1 名(破省大学生甲组链球最高纪录)，男子甲组铅球第 1 名。

第 9 章　瑜伽运动

9.1　瑜伽运动概述

9.1.1　瑜伽运动的起源

瑜伽是一项有着 5000 年历史的关于身体、心理以及精神的运动方式。起源印度，其目的是改善人们的身体和心性。

瑜伽的形成历史要追溯到 5000 年前，据说一群修行者静坐在喜马拉雅山麓地带的原始森林中，思索人类的痛苦和烦恼的根源。在冥想中他们明白，只有回到真实的自我，才会获得永恒的安宁。他们无意中发现各种动物患病时能够不经过任何治疗而痊愈，于是校仿各种动物的姿势，将这些方法运用于人体，这就是瑜伽体位法的源头。此外，他们发现能控制呼吸，就能控制生命，于是瑜伽的呼吸法也随之产生。他们解析精神如何左右健康，探索出控制心理的手段，追求使身体、心灵和自然和谐统一的方法，这便是瑜伽静坐冥想法的起源。

9.1.2　瑜伽运动的种类

几千年来，瑜伽在其发展过程中形成各种流派，传统流派主要包括智瑜伽、业瑜伽、奉爱瑜伽、哈他瑜伽、王瑜伽五大类 。其实，按照瑜伽的真正意义是不可分的，因为不管哪一种瑜伽，对于修习者来说都是通往精神世界的工具，使用的工具不同，方法自然不同。

1. 智瑜伽

智瑜伽提倡培养知识理念，从无明中解脱出来，达到神圣知识，以期待与梵合一。

智瑜伽认为，知识有低等和高等之别。寻常人所说的知识仅仅局限于生命和物质的外在表现。这种低等知识可以通过直接或间接的途径获得。然而智瑜伽所寻求的知识，则要求瑜伽者透过一切外在事物的本质。通过朗读古老的、被认为是天启的经典，真正理解书中那些玄奥，获得神圣的真谛。瑜伽师凭借瑜伽实践提升生命之气，打开头顶的梵穴轮,让梵进入身体获得无上智慧,通过心灵获得生命的真谛。

智瑜伽是一个探讨哲学、进行思辨,最终获得自知之明的体系,它要求修行者热心于研究工作,用其天赋智慧,探求人生的哲理。它提倡培养知识理念,从愚昧中解脱出来,达到神圣,以期待与梵相连。

2. 业瑜伽

业瑜伽本意是指行为本身,而不是行为之后产生的"业"。因而,业瑜伽有时候也被称为"行为瑜伽""行动瑜伽"或者"行业瑜伽"。业瑜伽认为,行为是生命的第一表现,比如衣食、起居、言谈、举止,等等。业瑜伽倡导将精力集中于内心的世界,通过内心的精神活动,引导更加完善的行为。

3. 奉爱瑜伽

奉爱瑜伽,又称巴克提瑜伽、信仰瑜伽或善者瑜伽,专注于杜绝愚昧杂念,启发对梵的敬仰之心,以期与梵同在。在这个体系的规范里,还要求通过某种宗教仪式、典礼和歌颂等方式,来表达修炼者的全身心的奉献。

4. 哈他瑜伽

哈他瑜伽又名传统瑜伽,哈他瑜伽帮助练习者揭开身体和呼吸之谜。它是所有瑜伽体系中最实用的一个体系,也是最为人们所熟悉的。它包括一系列的练习,通过身体的姿势、呼吸和放松的技巧,来达到训练的目的。这些技巧对神经系统、各种腺体和内脏都大有益处,其目的在于推动有节奏的呼吸和开发身体潜能。哈他瑜伽注重体位的锻炼与调息。

5. 王瑜伽

王瑜伽寓意为有如王者般地位崇高的瑜伽修行方式。王瑜伽重视冥想与调息,是印度教修行者通往精神世界的主流之路。王瑜伽属于主流瑜伽流派之一,也是最早存在和诞生的流派,主要以其修行方式存在。

9.2 瑜伽动作技术指导

瑜伽体位法可分为站姿、坐姿、跪姿、俯卧、仰卧、单脚支撑和全身伸展 7 种。正确的瑜伽姿势要求身体两侧是对称的,瑜伽不同的体位能帮助完成一些转、扭曲、伸展的静态动作,刺激腺体、按摩内脏,有松弛神经、伸展肌肉、强化身体、镇静心灵的功效。

瑜伽体位法,其意义是在某一个舒适的动作或姿势上维持一段时间,让身体健康、大脑平静，促进气息和能量的顺畅流动。

体位练习的特点是要尽量保持在一个姿势上，而不是忙乱地练习很多的姿势。

瑜伽体位的功能，能给身体、大脑和精神带来很多好处。在生理层面上，瑜伽姿势能使身体感到健康、平衡、充满活力。在情绪(或大脑)层面上，它能让大脑达到一种平静安稳的状态。在精神层面上，它能消除紧张、疲劳，消除我们体内能源中气轮的障碍物，使其顺畅交流。总之，这些瑜伽姿势能对内分泌系统和中枢神经系统起到平衡的作用，而这两个系统又能影响免疫系统。瑜伽姿势的运用可以清除了新陈代谢的垃圾，减少肌肉不必要的张力，以及加固身体各个系统的功能，让我们体验到活力和喜悦的感觉。瑜伽体位的功能，能让腰部以上的部位向上伸展，上身和头部感到平衡轻松，同时两脚有脚踏实地的感觉，身体重心稳定平衡，呼吸自然舒缓有规律，从而提高我们骨骼与肌肉之间的协调平衡，提高我们生命和生活的质量。

9.2.1 坐姿

瑜伽体位的坐姿要求必须挺直脊椎，使胸、颈、头保持在一条直线上，肋骨支撑整个身体的重量，这样能使脊椎神经保持放松，使练习者得到放松，很快地调整自身的不良状态，进入到平静状态。

一种可以长时间坚持的、每个人很容易做到的坐姿，才会使瑜伽练习者完成一系列身体和精神的修习。只有在一个姿势上可以保持3～4个小时而感觉不到任何的不适，我们才可真正进入冥想的训练状态。

坐姿的基本特点是稳定、舒适和放松。真正的瑜伽冥想的姿势都是打坐式的。

9.2.2 跪姿

瑜伽体位中的跪姿一般安排在站姿后。跪姿的练习可以调节背部肌肉和脊柱的弹性，强化神经系统和缓解疲劳，通过站姿转化跪姿的辅助动作以达到拉伸肌肉和强化力量的作用。每一节课程中一般要安排上5～6个跪姿的动作，跪姿动作主要有左右收髋、跃进三式、猫式、虎六式、蝎子式、金刚坐三式、蛙坐三式，龟式等。这些体式都是以消耗脂肪和伸展腿部肌肉线条为主的，从减肥的效果上讲，着重可以减少整个腿部的脂肪。

9.2.3 站姿

瑜伽的站立是有标准的：正面为冠状面，要求双肩平行，身型中正，双脚分开、与肩同宽；侧立面为矢状面。要求提臀收腹，腰肌立挺，耳根和裤缝处于一条直线。

从正面看站立姿势，两眼的中间到肚脐的直线把人体一分为二，且体积重量相等。从侧面看站立姿势，耳轮到裤子中缝的直线把人体一分为二，且体积重量也相等。

正确的站姿训练能修正身形，增强身体的力量，增加稳定性和平衡感。

9.2.4 俯卧

俯卧，弯曲手肘，将双掌放于头的两侧，指尖指向前方，手肘放于胸部两侧；自然地将身体放在瑜伽垫上。

9.2.5 仰卧

自然地躺在垫子上，手放在身体两侧，目视天空，双腿伸直。

9.3 部分瑜伽项目简介与动作造型欣赏

9.3.1 坐姿

全莲花坐姿，如图9-1所示。

图9-1 全莲花坐姿示意图

1) 练习步骤

(1) 坐在垫上，两腿向前伸直。双手抓着左脚，把左脚放在右大腿上，左脚跟位于肚脐区域下方，左脚心朝上。双手抓着右脚，把右脚扳过左小腿上方，放在左大腿上，右脚跟位于肚脐区域下方，右脚心也朝上。

(2) 脊柱保持伸直，保持两膝贴地。尽量长久保持这个姿势。

(3) 交换两腿位置，并重复练习。

2) 运动功效

(1) 减少并放慢下半身血液循环，增加胸腔和脑部区域血液循环。

(2) 让神经系统充满活力，强壮脊柱和腹部脏器。

(3) 能按摩消化系统。

(4) 逐渐放松两踝、两膝，使大腿结实，使两髋、两腿变柔软。

注意事项：①习惯了简易坐之后，再开始练习莲花坐。②每次打坐之后，要按摩两膝、两踝。

9.3.2 跪姿

月亮式跪姿，如图 9-2 所示。

图 9-2　月亮式跪姿示意图

1) 练习步骤

(1) 雷电坐，双手放在双膝上，平静呼吸。

(2) 吸气，双手合十于胸前，保持 2 次呼吸。

(3) 吸气，双手向上过头，呼气，上体向后倒，头向后仰，同时两手分开，掌心相对，保持 2~6 个呼吸。

(4) 吸气，上体慢慢还原，同时双手掌心向前、向下，身体尽量向前伸，臀部坐于脚后跟，前额着垫，成大拜式。

2) 动作功效

(1) 容易安定情绪，放松身体。

(2) 做冥想练习前的准备姿势。

9.3.3 站姿

幻椅式站姿，如图 9-3 所示。

图 9-3 幻椅式站姿示意图

1) 练习步骤

(1) 原地山式站立。吸气,双手合十,慢慢将两臂高举,尽量向上。

(2) 呼气,屈膝,降低重心,就像准备要坐在一张椅子上似的。

(3) 缓慢地下降重心,让大腿与地面尽量平行,胸部尽量向后收。平静呼吸,保持这个姿势 30 秒钟。吸气,放下两臂,恢复基本站立式。

2) 动作功效

(1) 强健两腿,增进体态平衡稳定,矫正不良姿势。

(2) 强壮脊柱、背部肌肉群,消除肩膀酸痛、僵硬不灵。

(3) 扩展胸部,增强双踝力量,强壮腹部脏器。

9.3.4 俯卧

人面狮身式俯卧,如图 9-4 所示。

图 9-4 人面狮身式俯卧式示意图

1) 练习步骤

(1) 俯卧垫上，额头贴地，两腿伸直。

(2) 吸气，抬头，脊柱一节节上提，同时屈肘，两手掌心放在头部两侧。

(3) 做 2~3 次呼吸，放松全身。吸气，保持两前臂平放地上，上臂应垂直于地面，呼气头向后倒。正常呼吸，保持这个姿势 15 秒钟。呼气，慢慢俯卧到地上。重复做 3 次。

2) 动作功效

(1) 柔软脊柱，拉伸腰腹肌。

(2) 增强喉轮的能量，经常做此式，说话的声音会悦耳动听。

9.3.5 仰卧

船式仰卧，如图 9-5 所示。

图 9-5　仰卧

1) 练习步骤

(1) 仰卧，两腿伸直。两臂平放体侧，掌心向下。

(2) 吸气，同时将头部、上身躯干、两腿和双臂抬起来，离开地面。

(3) 双臂应向前伸直并与地面平行。一边蓄气不呼，一边尽量长久地保持这个姿势，但以不勉强费力为限。当保持躯体从地面抬高的姿势时，握紧你的双拳，把全身肌肉紧张起来。渐渐地把你的双腿和躯干放回地面，同时慢呼气。放松全身。重复做这个练习 6 次。休息几秒钟，然后按略有变化的做法再做 6 次。

(4) 呼气，各部位放回地面上，完全放松。

2) 动作功效

(1) 促进肠道蠕动，改善消化功能。

(2) 放松身体许多部位的肌肉和关节，有助于加强背部机能。

(3) 加强双腿、股部和背部的机能，加强内脏器官机能。

第 10 章 网球运动

10.1 网球运动概述

网球是一项优美而激烈的体育运动,在世界各地广泛发展,被称为世界第二大球类运动,并成为一项世界性的体育运动。最受关注的网球比赛是每年举办的四项网球四大满贯赛事。现在网球运动在我国已经得到广泛开展与普及,并且当李娜夺得两座大满贯奖杯之后,中国的网球运动更是蓬勃发展。现如今,越来越多的群众加入到这项运动中。

通过本章的学习,可以使读者了解网球的各项基本技术以及各个技术的动作要点和练习方法,并且还能够初步掌握观赏网球比赛的一些注意事项以及重点常识,使读者对网球运动有一个更加深入的了解。

10.2 网球运动基本技术

10.2.1 握拍法

有许多方式去解释某种特定的握拍方式,但最简单和可靠的方式是将拍柄的截面分为 4 条主边和主边间连接的 4 条窄斜边,将食指根部与截面的接触点作为参考点来区分,如图 10-1 所示。

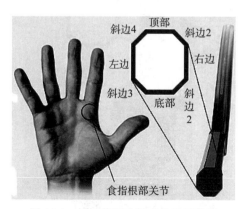

图 10-1 拍柄截面及触点位置示意图

下面对几种握拍方式加以图解及介绍。

1. 大陆式握拍

大陆式握拍是一种可以用来做任何击球的握拍方式。大陆式握拍主要用于发球、网前球、过顶球、削切球以及防御性击球。大陆式握拍就是将食指根部放在第 1 个斜边上,使虎口的 V 型在拍柄上部,如果是左手则把食指放在第 4 个斜边上。大陆式握拍如图 10-2 所示。

图 10-2　大陆式握拍示意图

2. 东方式正手握拍

一种简便地掌握东方式正手握拍的方法是:将手平放在球拍面上,然后下滑握住拍柄;将球拍平放在桌面上,闭上眼,抓起球拍手握拍柄好像与人握手。还有一种掌握东方式正手握拍的方法是:先用大陆式握拍,然后将手顺时针转动(左手时逆时针转动),使得食指根部搭在主边上。东方式正手握拍如图 10-3 所示。

图 10-3　东方式正手握拍示意图

3. 半西方式正手握拍

从东方式握拍顺时针转动(左手握拍逆时针转动)手部,直到食指根部放在下一条斜边上,这时的握拍就是半西方式握拍,如图10-4所示。这种握拍方式在强力底线型职业选手中盛行,而很多职业教练也会鼓励他们的学生使用这种握拍方式。

图10-4 半西方式正手握拍示意图

4. 西方式正手握拍

从半西方式握拍顺时针转动(左手握拍逆时针转动)手部,直到食指根部放在下一条斜边上,这时的握拍就是半西方式握拍,如图10-5所示。从拍柄方向看过去,食指根部放在拍柄的底边上,这使得手掌几乎完全位于拍柄下方。红土场专家或者喜欢打上旋球的选手最爱这种握拍方式。

图10-5 西方式正手握拍示意图

10.2.2 击球法

1. 准备姿势

动作方法：面对对方场区站立，两脚开立略宽于肩。两膝微曲，上体略前倾，脚跟稍抬起，重心置于两脚前脚掌间。右手握拍柄，左手扶着拍颈部位，持拍于体前，两眼注视对手或来球。

2. 正手击球法

正手击球是网球运动中最主要的打法，也是最可靠的进攻性击球手段。

1) 正手击球的动作方法

在准备姿势中判断来球后，即开始转动上体和肩，同时球拍后拉，重心移到后脚上。向后拉拍时，球拍不要下垂，拍头应高于手腕。击球时，踏出前脚，重心前移，腰部转动进而转动手臂和球拍，向前挥拍击球，注意绷紧手腕、紧握球拍。击球后，手臂继续向前挥动至左肩前上方，完成挥拍跟球运动(见图10-6)。

图 10-6　正手击球的动作方法

2) 正手击球的练习方法

① 挥拍练习，体会动作要领。
② 自己抛球，待球弹起后击出。
③ 对墙击球。
④ 两人一组，一人送球，一人正手击球。
⑤ 两人一组，进行正手击球对练。可进行斜线、直线练习。

3. 反手击球法

1) 反拍上旋球

动作方法：击球前将拍改为东方式反手握法。身体向左侧转体，重心在后脚上。球拍后摆，拍头略低，击球时右脚向前跨步，转腰带动上臂，前臂向前上方挥拍，手腕绷紧，握紧球拍，击球后手臂继续向上做随挥动作，至右肩前上方。

2) 反拍下旋球

动作方法：采用大陆式握法。球拍后摆时拍头向上翘起，击球时向前向下挥拍，拍面略仰，手腕绷紧，重心随挥拍向前移，击球后，手臂继续向前做随势动作。

3) 双手反拍

动作方法：双手反拍击球时采用右手反拍握法、左手正拍握法，转动身体向左后拉拍，拍略低于来球。击球时右脚跨步向前，重心前移，转腰带动双手挥拍向前向上，在腰部高度、膝部前击球。击球后，手臂随势挥动，至右肩前上方(见图10-7)。

图 10-7　双手反拍的动作方法

4) 反拍击球的练习方法

① 挥拍练习，体会动作要领。

② 自己抛球，待球弹起后击出。

③ 对墙击球。

④ 两人一组，一人送球，一人反拍击球。

⑤ 两人一组，进行反拍击球对练。

⑥ 各种线路的结合练习。

10.2.3　发球

发球是网球运动的主要技术，好的发球可直接得分或为争取主动而创造条件。

1. 发球的基本要求

正确的站位：在端线后两脚开立与肩同宽，前脚与端线成 45 度，身体侧对球网，重心在后脚上。

持球与抛球：持球时，可手持两个球或一个球。用拇指和另外两三个手指的顶部拿着准备发出的球。抛球时手臂向身体的右前上方直臂抬起，到肩部与头部之间位置时撒手将球推向空中，尽量使球垂直上抛，球落下时在身体前脚的右前方，不要在头顶上。

引拍和击球：当抛球手向上时，握拍手也应该向后上方运动，为击球做好准备，如两手配合不协调时，可采用"计数"法。先把球和球拍都放在齐胸处，数"一"时，双手往下放，数"二"时两手往上，但抛球手在前，持拍手往身后，数"三"时击球。击球的高度位置在身体和握拍手臂充分伸展时球拍的上部。

2. 切削发球法

动作方法：采用反拍握拍法，站在端线后 7～10 厘米处。身体侧对球网，发球时，球和球拍与胸同高，抛球时，球拍后引至背后，肘关节抬起，身体向后屈。当球拍从后向前上方挥动时，要加快手臂挥拍速度，同时身体充分伸展，在最高点击球。击球瞬间手腕向前扣击，拍面从球的后部向边上擦击，使球产生旋转。击球后，球拍从前向左侧落下，身体重心前移，向前上步。

3. 平击发球法

动作方法：平击发球时要尽可能地用力击球。动作方法基本同切削发球，只是在击球时的一刹那，拍面不绕球切削，而是正对球的后部，用力击打。要充分利用身体、手臂的力量，以及身体重心向前的力量(见图 10-8)。

图 10-8 平击发球的动作方法

4. 发球的练习方法

① 原地徒手做抛球、挥拍练习。

② 持球手上，做抛球练习。

③ 多球练习发球。

④ 不同落点的发球练习。
⑤ 不同力量和旋转的发球练习。

10.2.4 截击球

截击技术，是单、双打比赛中网前取得成功的关键，是一项不可缺少的技术。

1. 正拍截击

动作方法：采用大陆式握拍法，准备时膝盖要弯曲，重心稍前，球拍在身前。击球前，必须转动上体和肩部，带动球拍向后，击球时，握紧球拍，绷紧手腕，在身体前面15～50厘米处迎击球。拍头上翘，拍面稍向后仰，向前向下挥拍击球。

2. 反拍截击

动作方法：击球时要转肩使上身和球飞来的路线成平等方向，同时球拍做后摆至肩部，拍头向上。击球时拍向前做简短的撞击动作，在身体前面击球。拍触球时，手腕绷紧，握紧球拍(图10-9)。

图10-9　反拍截击的动作方法

3. 截击球的练习方法

① 正、反拍截击球挥拍练习。
② 对墙近距离击空中球。
③ 两人一组，网前练截击球。
④ 两人一组，一人在网前练习截击，另一人在底线抽球。

10.2.5 高压球

高压球是将对方挑出的防御性的高球凌空或落点弹起后向前下打出，绝大多数高压球采用正拍击球。

1. 高压球的动作方法

侧身对网，移动到球下落的稍后方。准备击球时在身前举起球拍，然后球拍后引至肩后，击球时，前臂将拍向上挥动，整个手臂伸直，触球时手腕用力下压，拍面向下。

2. 接高压球的练习方法

① 徒手挥拍练习。
② 一人送高球，另一人练习高压球。
③ 一人在底线挑高球，另一人练习高压球。
④ 不同落点的高压球练习。

10.3 网球实战攻略指导

10.3.1 进攻性战术

网球的单打比赛，对运动员体力和精神的要求都很高。要在单打比赛中取胜，运动员必须具备各种击球技术、长时间紧张比赛的耐久力以及不同于双打战术的控制能力。在这一部分，将介绍进攻战术的基础知识，在这种战术中，发球员一般都冲上网，并用落点很好的截击球迅速得分。

1. 做好上网的准备

进攻性单打战术的特点，是准备在第一发球后上网，以便在第一次截击球或第二次截击球时得分。发球时站在靠近端线中点标志的地方，这样，可以取得最近的距离去截击第一次空中球。发球要深，一般发向对方软弱的一侧(如果发现了对方弱点的话)，大部分运动员的弱点都是反拍。

除了在比赛中领先外，最好不要冒险发那种企图直接得分的"爱司"球。第一次发球用自己最大速度的四分之三即可，但要带旋转，使球能安全地落在场内。如果在右区发球，最好瞄准内角发，使球到对方的反拍角，这样发球的好处是：对方用反拍回球较困难，同时，减小了自己封的角度。绝大多数运动员反拍接发球时打直线，如果自己是用右手握拍，也应当做好反拍截击的准备。

不能总向着一个目标发球。如果老瞄准着同一个目标，对方便会很快明白过来，从而有所侧重地提前做好接球准备；要不时地将球发向外角，以变化落点，外角球不仅可以把对方拉出球场，使他只能打出弱而轻的容易截击的球，还可以使对方匆忙地赶回去接下一次球。如果对方被拉出场外时，自己回击对方直线球，那么，就能轻易地用反拍截击直接得分。

在发球之前就应该决定发球后是否需要上网，如果在发球之后还站在端线，看着球在发球区内跳起,再来截击就太晚了。发球时适当将球抛在身体的前面,那么,在发球后,人就会自动地进入场内,做好快速上网的准备。

第一发球失误后,第二次发球要相对慢一些,适当加些旋转,避免失误。优秀运动员都能做到第二发球后照样上网,特别在快速球场(如草地、硬地)上更需如此。但水平一般的运动员应该等待浅球,看准时机上网。

2. 封角度

发球后向网前冲去,在对方击球时,自己应该在发球线后一两步的地方做一停留,以便判断来球的方向,然后再对着球,向前去做网前第一次截击。至于移动到什么地方击球,则取决于发球的落点和对方回球的角度。

如果从右区将球发到对方的内角,对方很可能打直线球到你的左边。在这种情况下,应继续向前,并且可以在发球区附近进行反拍第一次截击。即使对方的球有一定的角度,为了有效地截击空中球,也有必要向一边或另一边跨步到位。另一种情况,如果球发向外角,接发球回击的角度就增大。做好准备向两侧移动,并且要比发内角球移动得更多。可能性较大的是对方回击斜线球到你的右边,因为斜线球的安全率高(球网的中部较低,并有更大范围的场区可供瞄准),所以应该全力准备接这个方向的球。需要注意的是,优秀的对手会冒险回击直线球,将球打到角上,这种球是很难接到的,易于得分。

在硬地上进行单打比赛接发球时,站位应选择在能控制内、外两角发球的位置上。这就是说,在右区接发球时,右脚靠近单打边线;在左区接发球时,可以离开单打边线远些,因为右手运动员在左区时不可能把球拉出很远。在慢速球场(如红土场)上,站位可以更靠近中点,关注发球员,球一来,便尽快地移动。接第一发球时,集中精力使它过网,接第二发球时,可以不时地避开反拍而以正拍进攻直接得分。

3. 第一截击球要打得深

发球后上网,除非对方的回球又软又高并能够向下击打,不要希冀在第一次截击时得分,应当力图把球打深,使球落在对方的弱侧,目的是使对方留在端线,迫使他打球起高,使自己可以继续接近网前,以第二截击球得分。

从理论上说,发球上网后,至少要跑到发球线上进行第一次截击,稍一迟缓,球即向下落,迫使自己从下向上截击或者打反弹球,而这两种球都很难打好。离网越近,击球点就越高,如果在脚部高度进行截击,那就能打出一个有攻击力的深球,使对方退到端线后去。

截击球不能打得太浅,球一浅,就会被对方跑上前来打出破网球。如果发球把对方拉出场外,第一截击球即朝着球场的空当打去,使对方不得不在跑动中打第二个难对付的球,甚至能逼得对方失误。如果对方是在球场中间的良好位置上,便将球截击得尽可能地深,使他向上击球,这种球过网高,很容易向下截击得分。

不要站在原地欣赏自己的第一次截击。击球后，要立即继续向网前移动。第二次截击时，应当站在具有威胁性的位盘上，即发球线和网球之间，以便做好得分的准备。

4. 迅速地得分

单打是一种有时要冒险的比赛，常需要靠自己主动得分。因此，在单打比赛进攻时，应该主动地上网并迅速地得分。

上网到达球网和发球线之间的理想截击位置后，就应该去拦截正过网还在起高的球，把它打到对方接不到的空当里，尽量打大角度的截击球，但是也不要打得太偏以致出界。

预测能力强的对手，能打好几乎救不起的截击球。遇到这样的对手，便要将球打到他的身后，也就是说打追身球。因为运动员一旦移动了，就会难以改变方向来打好身后的球，哪怕这个球离得较近。

但是，不管把截击球打到什么地方，都要在击球之前下决心，不能在最后一刹那因为对手的移动而改变打法。一定要果断地击球，直接得分，不让对方的球拍碰到球。

单打进攻性战术的检查要点：

① 让第一发球进区，并变化其旋转和落点。
② 用最可靠的击球方法提高命中率。
③ 冲向网前的过程中，要有一个停步动作，以判断对方来球的方向。
④ 一般以击球打深为首要条件，除非能用大角度的击球直接得分。
⑤ 不管击什么球，都要向着对方可能回球的中场移动。

10.3.2 防守性战术

绝大多数业余运动员往往缺乏耐久力，他们不能持续地发球上网，即不能在发球之后，迅速冲向网前，用直接得分击败对手。他们更喜欢留在后场(在较软的第二发球之后，或在慢速球场上)，这样做也确实是一种慎重的方法。

下述绝大多数战术，是以从端线位置开始，最终控制网前而设计的。其意图是根据场上情况和对手情况，综合利用端线战术和上网战术。但是，要在合适的时机上网，以增加取胜的机会，就像草丛中的豹子在后场等待良机，一旦出现机会便猛扑上去。

1. 调动对方

发球或接发球之后如果自己不上网，应该让对方也留在端线后面。这样，对方就不会有什么机会打出得分球来。事实上，在一次长的端线来回击球中，常会使对方失去耐心，因急于取胜而犯错误。所以，端线打法的第一个关键是击球要深。所有的落点都要近于端线而不是发球线。如果球浅，使球落在发球线附近，对方就可以向前打随击球上网，占据网前有利位置而直接得分。所以要确保深度,且过网高度适中,不能高得成了又轻又软的小高吊球,也最好不要擦网而过。

使用变化击球落点来调动对方,永远不要让对方有规律地移动,如果轮流着打两个角,对方立即能掌握规律并事先知道下次击球的位置。在比赛过程中,有些球交替打两个角,有些则打追身球。要使对方总是在猜测判断击球落点,并要抓住对方的弱点。

双方都在端线时,对方也可能调动你,迫使你失误。在这种情况下,便将球打回到对方端线的中间区域,以此来减少对方回球的角度而迫使他把球打在离你较近的地方,免得自己跑出很远去追赶。当然,球打得越深,对方要打出角度来就越难。

2. 等候浅球出现

一个稳健型的端线运动员能很有规律地将球击过网,使对手陷入没完没了的、耗尽精力的来回球之中。对付他们要有耐心,不要着急,要等待浅球(即靠近发球线的球)的出现。浅球一出现,便迅速冲上前去打随击球,把球打深,使对方在端线后面接球,然后迅速冲到网前占据良好的、可以截击对方回球的位置,在这个位置上打出落点很好的截击球得分。

许多运动员错误地认为在慢速球场上不可能上网,但即使在慢速的沙土球场上,也要抓住打浅球上网的机会来得分。如果能将随击球打得很深,并进入球网与发球线之间的有利截击位置,对方很难打出能得分的破网球来。需要注意的是,我们不要犯冲上前去却打了浅球的错误。因为这样不仅会失去一个主动的机会,还会被对方的深球逼到角上,而不得不仓促而别扭地退回端线。慢速球场更需要有耐心,要注意观察,等候浅球,当它出现时便随球上网。

3. 改变不利打法

一个像练"挡板球"似的对手,会耐心地待在端线上把球一个个地打回来,当你上网时,他又一次次地把球高挑过你的头,等待你犯错误而得分。

对付这样对手的办法是:改变打法,迫使对方也改变打法。例如,处理浅球时,不要总是打随击球,应回打一个浅球,迫使对方上网,如果他的截击技术不佳,就可以使其失误,或者利用他截击过来的软球再次破网得分。当然,这有点儿冒险,因为对方会打随击球而冲上网前。但绝大多数端线运动员都不会长冲上网和截击空中球。另外,也可以考虑用放小球来改变打法,即便这种球的命中率相当低,也不妨一试。放一个小球,对方会大吃一惊而愣在端线,这样你就赢了一分。即使他急急忙忙地跑来击球,其结果不是下网就是打出被动的软球,使你能截击得分。放小球后,不要停留在端线和发球线之间的无人区内,要像打了随击球那样,继续向前上网,准备截击得分。记住,如果对方追到了小球,他就处在个熟悉的地方,并会向上击球,所以,你仍然占居主动地位。

不论选择使用什么样的战术(浅球战术或放小球战术),要想取得成功,就得改变自己的习惯打法，减少给对方打落地球的机会，从而减少对方使用对其有利的战术。

4. 用挑高球对付上网的人

对那种用上网战术把你固定在端线的人该怎么办呢？他不仅在发球之后上网，还在接发球之后当你处于端线时也上网。这种类型的运动员常常不是靠实力，只是靠不断的上网，使对方气馁、踌躇而打出易于被其截击的球，以此得分。

对付他的方法是：用挑高球迫使对手离开前场。这种攻击性很强的运动员，往往靠网很近，因为这个位置有利于截击，此时要利用他不能及时返回的劣势，打出高球。如果对方开始退后一点来预防挑高球，这就更好对付了，因为他不能有效地截击空中球，并且离网越远，直线破网就越容易。深的挑高球可能使对方回击无力，反使自己得到上网的机会，这样，形势就转变了，对方只有改变打法。

第 11 章 羽毛球运动

11.1 羽毛球运动概述

11.1.1 羽毛球运动的起源

早在两千多年前,一种类似羽毛球运动的游戏就在中国、印度等国出现。中国叫打手毽,印度叫浦那,西欧等国则叫毽子板球。

现代羽毛球运动诞生于英国。1873 年,在英国格拉斯哥郡的伯明顿镇有一位叫鲍弗特的公爵,在他的领地开游园会,有几个从印度回来的退役军官向大家介绍了一种隔网用拍子来回击打毽球的游戏,人们对此产生了很大的兴趣。因这项活动极富趣味性,很快就在上层社会社交场上风行开来。因此,"伯明顿"(Badminton)即成为英文羽毛球的名字。1893年,英国 14 个羽毛球俱乐部组成羽毛球协会。

11.1.2 中国的羽毛球运动

现代羽毛球运动约于 1920 年传入我国上海,随后在广州、天津、北京、成都等城市的基督教青年会和学校中开展。新中国成立以后,党和政府十分关心人民群众的健康,体育运动得到了蓬勃的发展,羽毛球运动也逐渐为群众所喜爱,并作为我国重点开展的体育项目之一。

1953 年,我国在天津首次举办了全国性质的羽毛球比赛,当时只有 5 个队 19 名选手参加。1954 年,一批报效祖国的赤子先后回国,并带回了先进的羽毛球技术,同时组建了国家集训队。随后,我国在东南沿海几个主要大城市也成立了以归国华侨青年为骨干的羽毛球队,在"破除迷信、解放思想、走自己的路"的思想的指导下,我国羽毛球运动员总结了国内外羽毛球运动的经验教训和技术资料,结合自己的运动实践进行了探索,不断改进训练方法。其中,福建省运动队主要在技术手法上、广东队主要在步法上进行了改革和突破。同时借鉴我国乒乓球运动的成功经验,并通过对多年训练和比赛实践经验的总结,提出了"以我为主、以快为主、以攻为主"的积极打法。后来,又经过不断的总结和完善,逐步形成了中国羽毛球运动所特有的"快、狠、准、活"的技术风格。我国运动员怀着一颗勇攀世界羽坛技术高峰、为国争光的雄心大志，吸取了国外的一些先进的运动训练方法，勤学苦练，自觉地贯彻了"从难、从严、从实战出发，进行大运动量训练"的"三从一大"训练方针，运动技术水平得到了进一步提高。

由于政治上的种种原因，当时我国未加入国际羽联，故未参加世界性锦标赛。但是，在国际相互的交往中，我国羽毛球选手多次与当时的世界强队进行过较量，都取得了优异的成绩，被国外许多媒体誉为"无冕之王""冠军之冠军"。直到1981年5月，国际羽联重新恢复我国在国际羽联的合法席位，实现了我国羽毛球运动员多年的夙愿——逐鹿世界羽坛，争夺世界桂冠，为国争光。

1981年7月，在第1届世界运动会上(美国洛杉矶)，我国运动员陈昌杰、孙志安、姚喜明、刘霞和张爱玲夺取了男女单、双打的4项冠军。1982年，我国第一次参加了全英羽毛球比赛，张爱玲夺得女子单打冠军，徐蓉、吴健秋夺得女子双打冠军，栾劲夺得男子单打冠军。同年，中国队第一次参加"汤姆斯杯"赛，在第一天1:3非常不利的情况下，奋力拼搏，最终以5:4击败羽坛劲旅印尼队，夺得冠军。1984年，在马来西亚的吉隆坡，我国羽毛球女队又夺得了第10届"尤伯杯"。紧随其后，我国又涌现出了杨阳、赵剑华、熊国宝、李永波、田秉毅和林瑛、吴迪西、李玲蔚、韩爱萍等一批世界羽坛顶尖高手，从而进一步奠定了我国羽毛球技术水平处于世界羽坛领先地位的基础，在一系列世界大赛中为我国夺得了众多的金牌，创造了中国羽毛球历史上的辉煌时期。进入20世纪90年代，随着杨阳、赵剑华、李玲蔚等一批优秀运动员的相继退役，我国羽毛球运动员新老交替，而印尼经过了多年的励精图治，涌现了一批以阿迪、王莲香为代表的新秀。欧洲也重新崛起，韩国、马来西亚也有新人涌现，世界羽坛进入了群雄抗衡的时代。

在巴塞罗那奥运会上，我国羽毛球项目竟与金牌无缘。直到1995年才逐渐走出低谷，首次夺得"苏迪曼杯"冠军。在1996年亚特兰大奥运会上，葛菲、顾俊勇夺女双冠军，实现了我国羽毛球项目在奥运会上零的突破。1997年，我国运动员再次夺得"苏迪曼杯"冠军，同时在世界锦标赛上获得了女单、女双和混双3块金牌，开始步入再铸辉煌的历程。2008年，北京奥运会上，我国羽毛球队夺得了男单、女单、女双3块金牌，而2012年伦敦奥运会上更是包揽5金。这些成绩都彰显了我国羽毛球运动在世界上的霸主地位。

11.2　羽毛球运动基本技术

羽毛球技术是指羽毛球运动员在比赛中所采用的动作方法的总称。羽毛球的主要基本技术包括手法和步法两大类，手法包括握拍法、发球法、接发球法和击球法；步法包括基本步法和前后左右移动的综合步法。

11.2.1 手法

1. 握拍法

羽毛球握拍法正确与否,对于掌握和提高羽毛球技术水平,有着重要的影响。羽毛球技术中的握拍和指法是多种多样的,但是最基本的握拍方法有两种,即正手握拍法和反手握拍法。

1) 正手握拍法

正手握拍法是指虎口对着拍柄窄面的小棱边,拇指和食指贴在拍柄的两个宽面上,食指和中指稍分开,中指、无名指和小指并拢握住拍柄,掌心不要紧贴,拍柄端与近腕部的小鱼际肌持平,拍面基本与地面垂直。正手发球、右场区各种击球及左场区头顶击球等,一般都采用这种握法(本节内容均以右手握拍者为例)。

2) 反手握拍法

反手握拍法是指在正手握拍的基础上,拇指和食指将拍柄稍向外转,拇指顶点在拍柄内侧的宽面上或内侧棱上,中指,无名指和小指并拢握住拍柄,柄端靠近小指根部,使掌心留有空隙。球拍斜侧向身体左侧,拍面稍后仰。一般说来,身体左侧来球时,转体(背对网)后采用反手握拍法击球。

2. 发球法

发球是运动员在发球区将球摆脱静止状态,击出后使之在空中飞行,落到对方的接发球区的技术动作。发球作为组织进攻的开始,其质量的好坏,直接关系到比赛的主动或被动,进而赢球得分或丧失发球权。

发球可分为正手发球和反手发球两种。若按球在空中飞行的弧线,又可分为发高远球、平远球、平快球和网前球等。

1) 正手发球

正手发球时,站在靠近中线一侧,离前发球线约1米的位置上。身体左肩侧对球网,左脚在前,脚尖对着球网,右脚在后,脚尖稍向右转,两脚距离与肩同宽,身体重心放在右脚上。准备发球时,右手握拍向右侧举起,肘部微屈,左手拇指、食指和中指夹住球颈,举在腹部右前方,然后放开球,使球自然下落,同时右手挥拍击球。击球时,身体重心由右脚移至左脚上。用正手发不同的弧线球时,击球前的准备和前期动作是相仿的,只是在击球时及其后的动作有所不同。

(1) 发高远球法。发高远球时,在左手放开球使之下落时,右手转拍由上臂带动前臂,自右后方沿身体向前左上方挥动。当球落到右臂前下方伸直能够接触到球的一刹那,紧握球拍,并利用手腕屈收的力量向前上方发力击球,然后顺势向左上方挥动缓冲。

(2) 发平高球法。发平高球时,动作过程大致与发高远球相同,只是在击球的一刹那,前臂加速带动手腕向前上方挥动,拍面要向前上方倾斜,以向前用力为主。注意发出球的弧线以对方伸拍击不着球的高度为宜,并应落到对方场区底线。

(3) 发平快球法。发平快球时,要充分利用前臂带动屈腕的爆发力向前方用力击球,使球直接从对方肩稍上高度越过落到后场。发平快球的关键是出手(击球)动作要小而快。

(4) 发网前球法。发网前球时,握拍要放松,上臂动作要小,主要靠前臂带动手腕向前切送,球的弧线要贴网而过,落点在前发球区附近。注意手腕不能有上挑动作。

2) 反手发球

发球站位可在前发球线后 10～50 厘米及中线附近,也可在前发球线后及边线附近。面向球网,两脚前后开立(右脚或左脚在前均可),上体稍前倾,身体重心在前脚上。右手臂屈肘,用反手握拍将球拍横举在腰间,拍面在身体左侧腰下。左手拇指与食指捏住球的二三根羽毛,球托朝下,球体或球托在球拍前对准拍面。击球时,前臂带动手腕朝前横切推送,使球的飞行弧线略高于网顶,下落到对方前发球线附近。反手发快球时则要突然发力,拍面要有"反压"动作。

3. 接发球法

还击对方发过来的球叫接发球。接发球和发球一样,都是羽毛球最基本的技术。在比赛中同样起着重要的作用。如果说发球发得好是走向胜利的开始,那么也可以说接发球接得好是离胜利又近了一步。发球方利用多变的发球来打乱接发球方的阵脚争取主动,接发球方则是通过多变的接发球来破坏发球方的企图。因此,对初学羽毛球的人来说,接发球也是不可忽视的技术。

接发球的站位和姿势可以从单打站位和双打站位两种情况来分析。

1) 单打站位

单打站位离前发球线约 1 米,在右发球区要站在靠近中线的位置;在左发球区则站在中间位置,主要是防备对方直接进攻反手部位。一般左脚在前,右脚在后,双膝微屈,收腹含胸,身体重心放在前脚上,后脚脚跟稍抬起。身体侧向球网,球拍举在身前,两眼注视对方。

2) 双打站位

由于双打发球区比单打发球区短 0.76 米,发高远球易被对方扣杀,所以双打发球以发网前球为主。接发球时要站在靠近前发球线的地方。双打接发球准备姿势和单打的接发球姿势基本相同。略有区别的是身体前倾较大,身体重心可以随意放在任何一脚,球拍举得高些,在球来到网上最高点时击球,争取主动,但要注意右场区对方发平快球突袭反手部位。

4. 击球法

羽毛球击球技术包括击高球、吊球、杀球、搓球、推球、勾球、扑球、抽球、挑球等多种方法,每一种技术又可分为正手和反手击球法。依据战术球路的需要,又可击出直线球或斜线球来。下面就各种击球动作的方法要领作如下简述。

1) 高球

高球是自后场打到对方后场端线,经过高空飞行的球。高球分为正手、反手和头顶三种手法。

(1) 正手高球。首先要判断好来球的方向和落点，侧身后退，使球处在自己的右肩稍前上方的位置。左肩对网，左脚在前，右脚在后，重心在右脚上。左臂屈肘，左手自然高举，右手持拍。右手臂自然弯曲，球拍举过右肩上方，两眼注视来球。击球时，右上臂后引，随之肘关节上提，明显高于肩部，将球拍后引至头部，自然伸腕(拳心朝上)。然后后脚蹬地，转体收腹，协调用力，以肩为轴，上臂带动前臂快速向前上方甩腕，在手臂伸直的最高点击球。击球后，持拍手臂随惯性往前左下方挥动，并收拍至体前，与此同时，左脚后撤，右脚向前迈出，身体重心由后脚移到前脚上。正手高球也可起跳击球，按上述要求做好准备动作，然后右脚起跳，随即在空中转体，并完成引拍击球动作。击球动作在球将从空中最高点落下的瞬间完成。

(2) 反手高球。当对方将球击到己方左后场区时用反手击高球。首先判断好对方来球的方向和落点，迅速将身体转向左后方，移动步伐，最后一步用右脚前交叉跨到左侧底线，背对网，身体重心在右脚上，使球处在身体右上方。击球前，迅速换成反手握拍法，持拍手右胸前，拍面朝上。击球时，以上臂带动前臂，通过手腕的闪动，自下而上地甩臂，将球击出。在最后用力时，要注意拇指的侧压力与甩腕的配合，以及两腿蹬地转体的全身协调用力。

(3) 头顶击高球。动作要领与正手高球基本相同，只是击球点偏左肩上方。准备击球时，身体偏左倾斜。击球时，上臂带动前臂使球拍绕过头项，从左上方向前加速挥动，注意发挥手腕的爆发力击球。落地时左腿向左后方摆动幅度大些。

2) 吊球

吊球是自后场打到对方前场向下坠落的球。按球的飞行弧线和击球动作的不同吊球分为劈吊、拦截吊和轻吊。劈吊击球前动作和打高球、杀球相似。击球时用力较轻，带有劈切动作，落点一般离网较远。拦截吊是把对方击来的平高球拦截回去，击球时用拍面正对来球，轻轻拦切或点击，使球以较平的弧线、较慢的速度越网垂直下坠。轻吊击球前动作和打高球相似，击球时拍面正对来球，在触球的刹那，突然减速或轻切来球，使球刚一过网即下坠。吊球技术分为正手、反手和头顶三种手法。

(1) 正手吊球。击球准备和前期动作同正手高球相同。只是击球时拍面稍向内倾斜，手腕作快速切削下压动作，击球托的后部和侧后部。若吊斜线球时，则球拍切削球托右侧并向左下方发力；若吊直线球，则拍面正对前方向下方切削。

(2) 反手吊球。击球准备和前期动作同反手高球相同。不同点在于击球时拍面的掌握和力量的运用。吊直线球时，用球拍反面切削球托的后中部，向对方的右半场网前发力；吊斜线球时，用球拍反面切削球托的左侧，朝对方左半场网前发力。

(3) 头顶吊球。击球准备和前期动作同头顶高球相同。头顶吊斜线球时，中指、无名指和小指屈指外扶拍柄，使拍子内旋，拍面前倾，以斜拍面击球托左侧部位。头顶吊直线球时，球拍击球托的正中部位。

3) 杀球

杀球是把对方击来的球在尽量高的击球点上斜压下去。这种球力量大、弧线直、落地快，给对方的威胁很大。它是进攻的主要技术。杀球分为正手杀直线、球正手杀对角线球、头顶杀直线球和对角线球、反手杀直线球和正手腾空突击杀直线球。

(1) 正手杀直线球(侧身起跳)。准备姿势和动作要领与正手击高球大体相同。步子到位后，屈膝下降重心，准备起跳。侧身起跳时，往右上方提肩带动上臂、前臂和球拍上举，以便向上伸展身体。起跳后，身体后仰挺胸成反弓形。接着右上臂往右后上摆起，前臂自然后摆，手腕后伸，前臂带动球拍由上往后下挥动，这时握拍要松。随后凌空转体收腹带动右上臂往右上摆起，肘部领先，前臂全速往前上挥动，带动球拍高速前挥。当击球点在肩的前上方时，前臂内旋，腕前屈微收，闪腕发力杀球。这时手指要突然抓紧拍柄，把手腕的爆发力集中到击球点上。球拍和击球方向水平面的夹角小于90度，球拍正面击球托的后部，使球直线下行。杀球后，前臂随惯性往体前收。在回位过程中将球拍回收至胸前。

(2) 正手杀对角线球(侧身起跳)。准备姿势和动作要领与正手杀直线球相同。不同点是起跳后身体向左前方转动用力，协助手臂向对角方向击球。

(3) 头顶杀直线和对角线球。动作要领和准备姿势与头顶击高球相同。不同点是挥拍击球时，要集中全力往直线方向或对角方向下压，球拍面和击球方向水平面的夹角小于90度。

(4) 反手杀直线球。准备姿势和动作要领与反拍击高球相同。不同点是击球前的挥拍用力要大，击球瞬间球拍与杀球方向的水平面夹角小于90度。

(5) 正手腾空突击杀直线球。侧身，右脚后退一步，准备起跳。起跳后，身体向右后方腾起，反身右后仰成反弓形，右臂右上抬，肩尽量后拉。击球时，前臂全速往上摆起，手腕从后伸经前臂内旋至屈收。同时握紧球拍压腕产生爆发力，高速向前下击球。突击扣杀后，右脚在右侧着地屈膝缓冲，重心在右脚前；右脚在左侧前着地，利用左脚蹬地向中心位置回动，手臂随惯性自然往体前回收。

4) 搓球

搓球是用球拍搓击球的左或右侧下部与球托底部，使球向右侧或左侧旋转与翻滚过网。搓球有正手搓球和反手搓球。

(1) 正手搓球。侧身对右边网前，正手握拍。球拍随着前臂伸向右前上方斜举。当球拍举至最高点时，前臂向外旋转，手腕由后伸至稍内收闪动，握拍手的食指和拇指夹住拍柄，中指、无名指和小指轻握拍柄，球拍在手腕和手指的挥摆用力，搓击来球的右下底部，使球旋转翻滚过网。

(2) 反手搓球。击球前前臂稍往上举，手腕前屈，手背约与网同高，而拍面低于网顶，反拍面迎球。搓球时，主要靠前臂的前伸外旋和手腕由内收至外展的合力，搓击来球的右侧后底部，使球侧旋滚动过网。

5) 推球

推球是把对方击来的网前球推击到对方的后场两底角去。球飞行的弧线较低平，速度较快。

(1) 正手推球。站在右网前，球拍向右侧前上举。在肘关节微屈回收时，前臂稍外旋，手腕稍向后侧，球拍也随之往右下后摆，拍面正对来球。这时，小指和无名指稍松开，使拍柄稍离开鱼际肌，拇指和食指向外捻动拍柄，拍面更为后仰。推球时，身体稍往前移，右前臂往前伸并带内旋，手腕和手指控制拍面角度，手腕由后伸至伸直并闪腕，食指向前压，小指和无名指突然握紧拍柄。拍子急速地由右经前上至左的挥动推球，使球沿边线飞向对方后场底角。在回动过程中，拍子回收。

(2) 反手推对角线球。站在左网前，以反手握拍前臂往前上方伸举。在前臂稍向左胸前收引，肘关节微屈，手腕外展时，变成反手推球的握拍法，球拍松握，反拍面迎球。当前臂前伸并带外旋，手腕由外展到伸直闪腕，中指、无名指和小指突然握紧拍柄，拇指顶压，往右前方挥拍时，推击球托的左侧后部，使球沿对角线方向飞行。击球后，手臂回收，恢复击球前的准备姿势。

6) 勾球

勾球是把在己方右(左)边的网前球击到对方左(右)边网前去的技术动作。勾球分正手勾球和反手勾球两种。

(1) 正手勾球。用并步加蹬跨步上右网前。球拍随前臂往前斜上举。在前臂前伸时稍有外旋，手腕微后伸，握拍手将拍柄稍向外捻动，使拇指贴在拍柄的宽面上，食指的第二指关节贴在拍背面的宽面上，拍柄不触掌心。球拍随着向右侧前挥动，拍面朝着对方右网前。击球时，前臂稍有内旋往左拉收，手腕由稍后伸至内收闪腕，挥拍拨击球托的右侧下部。使球向对方网前掠网坠落。击球后，球拍回收至右肩前。

(2) 反手勾球。站在左网前，反手握拍前平举。在身体前移的过程中，球拍随手臂下沉至离网顶 20 厘米处，握拍变成反拍勾球握拍法，拍面正对来球。当来球过网时，肘部突然下沉、同时前臂稍外旋，手腕由稍屈至后伸闪腕，拇指内侧和中指把拍柄往右侧一拉，其他手指突然握紧拍柄，拨击球托的左侧后部，使球沿对角线飞越过网。击球后，球拍往右侧前回收。

7) 扑球

扑球是对方发网前球或回击网前球时，在球刚越到网顶即迅速上网向斜下外压的技术动作。扑球有正手扑球和反手扑球两种方法。

(1) 正手扑球。右脚蹬步上网，身体右侧前倾，手举球拍于右肩上方。击球时，利用手腕由后伸到前屈收腕的力量，带动球拍向下扑击球。如果球离网顶较近，靠手腕从右前向左前"滑动"击球。

(2) 反手扑球。右脚跨至左前再蹬跳上网，身体右侧前倾，反手握拍举于左前上方。击球时，前臂伸直外旋带动手腕内收至外展，加速挥拍扑球。若来球靠近网顶，手腕可外展由左向右拉切击球，以免触网。击球后，右脚着地屈膝缓冲，回收球拍于体前。

8) 抽球

抽球是把在身体左右两侧、肩以下、腰以上的来球平扫过去。投球有正手抽球和反手抽两种。

(1) 正手抽球。站在右场区中部，两脚手行开立稍宽于肩，重心在两脚间，微屈膝收腹，正手握拍举于右肩前。击球前时关节前摆，前臂稍往后带外，手腕稍外展至后伸，引拍至体后。击球时前臂内旋，手腕伸直闪动，手指抓紧拍柄，球拍由右后往右前方高速平扫盖击来球。击球后手臂左摆，左脚往左前方迈一步，右脚跟一步回中心位置。

(2) 反手抽球。右脚前交叉在左侧前，重心在左脚上，右手反手握拍在左侧前。击球前肘部稍上抬，前臂内旋，手腕外展，引拍至左侧。击球时，在髋的右转带动下，前臂外旋，手腕由外展到伸直闪动，挥拍击球托的底部。击球后，球拍随身体的回动收回到右侧前。

9) 挑球

挑球是把对方击来的吊球或网前球挑高回击到对方后场去，这是在比较被动的情况下采取的一种防守性技术。挑球有正手挑球和反手挑球两种。

(1) 正手挑球。正手握拍举在胸前，右脚向网前跨出一大步，左脚在后，侧身向网，重心在右脚上。同时右臂向后摆，自然伸腕，使球拍后引，然后以肘关节为轴，曲臂内旋，握紧拍柄，用食指及手腕的力量，将球向前上方击出。

(2) 反手挑球。反手握拍举在胸前，右脚向左前方跨出一大步，重心放在右脚上。同时右肩向网，曲肘引拍至左肩旁，然后以肘关节为轴，握拍经体前由下往上，用拇指第一指节压住拍柄的宽面，用力将球击出。

11.2.2 步法

羽毛球运动员在单打比赛中，要在己方场区约 35 平方米的面积内，来回奔跑并完成各种击球动作，如果没有快速而准确的步法，就会顾此失彼，疲于奔命。我国羽毛球运动员根据自身的特点和从实战需要出发，形成了步法训练的完整体系。在蹬步、跨步、腾跳步、交叉步、垫步、并步等基本步法基础上，组成了上网、后退、两侧移动和起跳腾空等综合步法。

1. 上网步法

(1) 上右网前。若站位靠前，可用两步交叉步上网；若站位靠后场，则采用三步交叉跨步的移动方法，即右脚向右前方迈一小步，左脚接着前交叉迈过右脚，然后右腿顺着这一方向跨一大步到位击球。为了加速上网，还可采用垫步上网，即右脚向右前迈一小步后，左脚快速跟进到右脚跟后，利用左脚掌内侧后蹬，右脚向右前跨出一大步。

(2) 上左网前。基本方法同上右网前相同，只是方向相反。

2. 后退步法

(1) 正手后退右后场。后退步法一般都用侧身后退，以便于到位后挥拍击球。如果右脚稍前的站位，则先完成右脚后蹬，髋部右后转，成侧身站位，然后采用三步并步后退或交叉步后退。

(2) 正手后退左后场。正手后退左后场法是对方来球向左后场区，用正手绕头顶击球的技术还击时所采用的步法。基本方法同正手后退右后场步法，只是移动方向是向左后而已。

(3) 反手后退左后场。反手击球时，必须先使身体向左后转、背向网，在后退左后场时，无论是两步后退或三步交叉后退都要注意这一点。

3. 两侧移动步法

(1) 向右侧移动。两脚开立，右脚跟稍提起，上体稍倒向左侧，左脚掌内侧用力起蹬，右脚同时向右侧蹬跨一大步到位击球。若距来球较远，则左脚可向右垫一小步再起蹬，右脚同时向右跨一大步到位击球。

(2) 向左侧移动。两脚开立，上体稍倒向右侧，右脚用力起蹬，同时左脚向左蹬跨一步到位击球。离球较远时，左脚可先向左移一小步，然后向左转身，右脚向左(前交叉)跨大步(背向网)到位并以反手击球。

4. 起跳腾空步法

步子到位后，为了争取战机和更高的击球点，用单脚或双脚起跳，居高临下，凌空一击，称为起跳腾空击球。在上网、后退和两侧移动中都可运用腾跳步。一般说来，腾跳步较多用于向左、右两侧进行跳起突击。当对方打平高球(弧线较低)从右侧上空飞向底线时，用左脚向右侧蹬地，右脚起跳，上体向右侧上空腾起截住来球，突击扣杀对方空当；当球从左侧上空飞向底线时，则右脚向左侧蹬地，左脚起跳，用头顶击球法突击。在正手后退步法中，步子到位后，也可以右脚起跳腾空击球。击球后，左脚后摆在身体重心的后面着地。一经制动缓冲，便应立即回动(移动步法)至中心位置。

11.3 羽毛球实战攻略指导

在羽毛球比赛中，对于不同技术特长、打法风格的运动员，在比赛中要根据彼此双方的技术、打法、体力、意志制订不同的战术。如对方后场还击力量差就猛攻后场底线两角；如对方网前技术差，就攻前场；如对方步法慢，体力差，就打四方球，夹以突击；如对手转体慢，不灵活，就打对角，使之左右奔跑。

11.3.1 单打战术

1. 发球战术

发球不受对方干扰，只要在规则允许的范围内，发球者可以随心所欲地以任何方式发到对方接球区的任何一点。采用变化多端的发球战术，常常能起到先发制人、取得主动的作用。因此，发球在比赛中占有重要地位。

在采用发球战术时，眼睛不要只看自己的球和球拍，应用余光注视对方的情况，找出薄弱环节。发各种球的准备姿势和动作要注意一致性，给对方的判断带来困难，让其处于消极等待的状态。发球后应立即把球拍举至胸前，根据情况调整自己的位置，两脚开立，身体重心居中，但一定注意重心不要站死。眼睛紧盯对方，观察对方的任何变化，积极准备还击。

1) 发后场高远球

这是单打中常用的发球，要求把球发到对方端线处，迫使对方后退还击，给对方进攻制造难度。发高远球虽然弧线高，飞行时间长，但由于离网距离远，球从高处垂直下落，后场进攻技术差的对手较难下压进攻。把球发到对方左、右发球区的底线外角处，能调动对方至底线边角，便于下一拍打对方对角网前，拉开对方的站位。特别是左场区的底线外角位是对方反手区，更是主要攻击的目标。但发右场区的底线外角时要提防对方以直线平高球攻击自己的后场反手区。如把球发到对方接发球区底线的左、右半区的内角位，能避免对方以快速的直线攻击自己的两边。

2) 发平高球

发平高球，球的飞行弧线较低，但对方仍然必须退到后场才能还击。由于球的飞行速度快，对方没有充裕的时间考虑对策，其回球质量会受到一定的影响。球的飞行弧线，应由对方站位的前后和人的高矮及弹跳能力而定，以恰好不给对方半途拦截机会为宜。落点的选择基本与发高远球相同。

3) 发平快球

发平快球(或者平高球)和网前球配合，争取创造第三拍的主动进攻机会，这两点组成了发球抢攻的战术。发平快球属于进攻性发球，球速很快，作为突袭手段如运用得当，往往能取得主动。但当接球方有所准备时，也能半途拦截，以快制快，发球方反会处于被动。发平快球时球的落点一般应在对方反手区，或直接对准接发球的身体，使对手措手不及。

4) 发网前球

发网前球能减少对方把球往下压的机会，发球后立即进入互相抢攻的局面。把球发到前发球内角，球飞行的路线较短，容易封住对方攻击自己后场的角度。发球到前发球线外角位，能起到把对方调离中心位置的作用。特别是在右场区发前发球线外角位，能使对方反手区出现大片空当。但对方也能以直线推平球攻击发球者的后场反手。如果预先提防，可用头顶球还击。发网前球也可以发对方的追身球，造成对方被动。最好发网前球时配合发底线球，才能有较好的效果。

2. 接发球战术

接发球虽然处于被动、等待的状态，但由于发球时受到规则诸多的限制，使发球不能给接发球者带来太大的威胁。发球者发球只能发到对角线的接发球区内，而接发球者只需防守小半个区域，却可还击到对方整个场区。所以，接发球者若能处理好这一拍，也可取得主动。

(1) 接发高远球、平高球时，一般可用平高球、吊球或杀球还击。但如对方发球后站位适中，进攻时要注意落点的准确性。若用杀球、吊球还击，自己的速度要跟上；如果对方发球质量很好就不要盲目重杀，可用高远球、平高球还击，伺机再攻，或者用点杀、劈杀、劈吊下压来抑制对方。

(2) 接发网前球时，可用平推球、放网前球或挑高球还击。当对方发球过网较高时，要抢先上网扑杀。接发网前球的击球点应尽量抢高。

(3) 接发平快球时，要观察对方的发球意图，随时要做好准备。借用对方的发球力量快杀空当或追身都能奏效，也可借助反弹力拦吊对角网前。

3. 逼反手

就所有的运动员而言，后场的反手击球总是或多或少地弱于正手击球，相对进攻性不强，球路也较简单(由于生理解剖结构的限制)，有的运动员还不能在后场用反手把球打到对方端线，所以对于对方的反手区要毫不放松地加以攻击。

(1) 调开对方有利位置，使其到反手区：使对方反手区露出空当，然后把球打到反手区，迫使对方使用反拍击球。

(2) 对反手较差的对手：后场反手较差的人，经常使用头顶击球、侧身击球、侧身弓击球来弥补反手的不足。由于头顶、侧身击反手区时，身体重心、身体位置要偏向左场区的边线，因而可以重复攻击对方的反手区，使其身体位置远离中心。这样本来是对方优点的正手区就出现大片的空当，成了被攻击的目标。当对方打来半场高球时，如对方移动慢，扣杀落点应在他刚离开的位置。因为在快速移动中要马上停住再回转身来接杀球是很困难的。迫使对方在后场用反拍击球时，己方要主动向前移动位置，封住网前，当对方在后场用反手吊直线或对角网前球时，要很快上前扑杀或搓、勾，为下一拍创造主动的机会。

4. 平高球压底线

用快速、准确的平高球打到对方后场两角，在对方不能拦截的前提下尽量降低球的飞行弧线，把对方紧压在底线，当对方回击半场高球时，就可以扣杀进攻。使用平高球压底线时，如配合劈吊和劈杀可增加平高球的战术效果。一般情况下，平高球的落点和杀、吊的落点拉得越开，效果越好。

5. 拉、吊结合杀球

此战术是把球准确地打到对方场区的 4 个角上，使对方每次击球都要在场上来回奔跑。使用这种战术时，对不同特点的对手要采用不同的拉、吊方法。对后退步法慢的可以多打前、后场；对盲目跑动满场飞的可使用重复球和假动作；对灵活性差的应多打对角线，尽量使对方多转身；对后场反手差的仍可通过拉开后攻反手；对体力不好的可用多拍拉、吊来消耗其体力，最终取胜。

如果能熟练地使用平高球、劈吊和网前搓、推、勾技术，快速拉开对方，伺机突击扣杀，就能收到更好的效果。

6. 吊、杀上网

先在后场以轻杀、点杀、劈杀配合吊球把球下压，落点要选择在场地两边，使对方被动回球。对方还击网前球时，迅速上网以贴网的搓球，或勾对角，或快速平推创造半场扣杀机会；若对方在网前挑高球，可在其向后退的过程中把球直接杀向他的身上。

7. 过渡球

过渡球是为了摆脱被动，为下一拍的反攻积极创造条件。怎样才能变被动为主动是比赛中的重要一环。处于被动时，首先要争取时间调整好自己的位置和控制住身体的重心。从网前或后场底线击出高远球是被动时常用的手段。当处于不停地跑动追球的状态时，或身体重心失去控制时，都可以打出高远球，以赢得时间，恢复身体重心，调整自己的处境。其次，利用球路变化打乱对方的进攻步骤。在接杀球或接吊球时要把球还击到远离对方的地方，以破坏对方吊、杀上网的连续快速进攻。如果对方吊、杀球后盲目上网，而自己的位置较好时，则可把球还击到对方底线。

8. 防守反攻

这一战术是对付那种盲目进攻而体力又差的对手。比赛开始，先以高球诱使对方进攻，在对方只顾进攻而疏于防守时，即可突击进攻。或者在对方体力下降、速度减慢时，再发动进攻。这种开始固守、后发制人的战术有时效果也较好。

11.3.2 双打战术

双打比单打每方增加一名队员，而场地宽度仅增加92厘米，接发球区还比单打缩短了76厘米。因此双打从发球开始就形成"短兵相接"的局面。由于进攻和防守都加强了，这就更加要求运动员技术全面，能攻善守，反应灵敏。特别是对发球、接发球、平抽、挡、封网、扑、连续扣杀、接杀挑高球及防守反击等诸多技术，要求更高。两名队员配合默契，相互信任，打法上攻守衔接及站位轮转协调一致，是打好双打的关键。

1. 发球

羽毛球运动中的发球技术是得分与失分的重要环节，发球质量、路线的配合、弧线的制造、落点的变化对整个双打比赛的胜负意义极其重大，可以毫不夸张地说，比赛的双方若水平差不多则胜负取决于发球质量。

1) 发球站位

发球的站位不同，对发球的飞行路线、弧线、落点和第三拍的击球都有关系。

(1) 发球者紧靠前发球线和中线交点。这种站位始于反手发网前内角，发出的球过网后，球托向下，不易被对方扑击。由于站位靠前，也便于第三拍封网。但站位靠前不利于发平快球，一般要打出以网前内角位球、配合双打后发球线的外角位的平高球。

(2) 发球者站位离前发球线半米，靠中线。这种站位发球的选择面较广，正、反手都可发网前球、平快球、平高球，并且各种路线都可以发。缺点是球的飞行时间长，对方有较多时间判断处理，发球后如果抢网较慢也容易失去网前主动权。

(3) 发球者站在离中线较远处。这种站位主要用于在右场区以正手或左场区以反手发平快球攻对方双打后发球线的内角位，配合发网前外角。值得一提的是，这种发球只能作为一种变换手段。因为这种发球只对反应慢、攻击力差的对手有一定威胁，但对方有了准备时作用就不大了，而且还会使自己陷入被动。

2) 发球路线

发球路线和落点的选择需注意如下几点。

(1) 调动对方站位，破坏对方打法。如对方甲、乙两名队员站成甲在后、乙在前的进攻队形，发球给乙时可以后场为主结合网前，而发球给甲时却要以发网前为主结合后场，这样，从发球起就阻挠了对方调整站位。

(2) 避实就虚，抓住对方弱点发球抢攻。首先要看接发球者的站位，如果他紧压网前站在网前内角位，可发网前球到对方后场外角位；如对方离中线较远，则可发平快球突袭后场内角位；对接发球路线呆板、变化少的，可针对这种情况发球后抢封角度突击。

(3) 发球要有变化。发球时，网前要和后场配合，网前的内角、外角，底线的内角、外角位的配合，使对方首尾难于兼顾，多点设防，疲于应付；在发球的弧线上也要有变化。这样，接球方就难以摸到发球方的规律了。

3) 发球时间的变化

接发球方在准备接发球时，思想虽然高度集中，但因受到发球方的牵制，他要等球发出后才能判断、启动、还击。所以，发球动作的快、慢也应在规则允许的范围内有所变化，不要给接球方掌握规律。

4) 发球时心理的影响

在双打比赛中，有时会出现发球失常。一个原因是发球技术不过硬；另一个原因则是受接发球者的影响。由于接发球者站位逼前，扑、杀凶狠且命中率较高，加之比分正处于关键时，心情紧张，造成手软从而影响了发球质量。遇到这种情况，必须要让自己稳定下来，观察接发球者的动向，心理意图，接发球的路线和规律，提高发球质量，增强还击第三拍的信心。另外，发球的路线要善变且无规律，真真假假、虚虚实实，这样就会减少不必要的顾虑，发球质量也会稳定下来。

2. 接发球

接发球虽然受发球方的牵制，属于被动等待，但由于规则对发球作了击球点不能过腰、球拍上沿须明显低于手、动作必须连续向前挥动(不许做假动作)、不能迟迟不发等限制，所以使发球者发出的球不能具有太大的威胁。接发球方如果判断准确，启动快、还击及时，就能在对方发球质量稍差时杀、扑得手或取得主动；反之，也会接发球失误或还击不利使自己陷入被动。

(1) 接发内角位网前球时，以扑或轻压对方两边中场及发球者身体为主要攻击点，配合网前搓、勾等其他线路。

(2) 接发外角位网前球时，除了打以上点外，还可以平推对方底线两角以调动对方一名队员至边角，扩大对方另一队员的防守范围。

(3) 接发内角、外角位后场球时，应以发球者为攻击点，力争扣杀追身球，如启动慢了，可用平高球打到对方底线两角。一般发球者在后场球发出后，后退准备接杀的情况居多，这时可用拦截吊球，落点可选择在发球者的对角。

3. 攻人

这是双打中常用的一种战术，就是以人为攻击目标。它集中攻势于对方一名队员，常能起到"集中优势兵力打歼灭战"的作用；在另一队员过来协助时，又会暴露出空当，可在其仓促接应、立足不稳时偷袭他。

4. 攻中路

(1) 守方左右站位时把球打在两人中间。这种战术可以造成守方两人抢接一球或同时让球，彼此难于协调；限制对手在接杀球时挑大角度高球调动攻方；有利于攻方的封网，由于打对方中路，对方回球的角度也小，己方网前队员封网的难度就小了。

(2) 守方前后站位时把球下压或轻推在边线半场处。这种战术多半是在接发网前球和守中反攻抢网时运用。这种球守方前场队员拦截不到，后场队员又只能以下手击球放网或挑高球，后场两角便会露出很大空当，因而有隙可乘，攻击他的空当或身体位。

5. 攻后场

这种战术常用来对付后场扣杀能力较差的对手或调动到后场的对方较强的一方。此战术多采用平高球、平推球、挑底线把对方一人紧逼在底线，使其在底线两角移动击球，在其还击出半场高球或网前高球时即可大力扣杀，取得该球的胜利或主动。如在逼底线两角时对方同伴要后退支援，则可攻击网前空当或打后退者的追身球。

6. 后攻前封

后场队员积极大力扣杀创造机会，在对方接杀放网、挑高球或企图反击抽球时，前场队员以扑、搓、勾、推来控制网前，或拦截吊、点封住前半场，使整个进攻连贯而又有节奏变化，使对方防不胜防。

7. 防守

(1) 调整站位。要想摆脱被动，伺机转入反攻，必须要调整好防守时的站位。如果是网前挑高球，那么击球者应该直线后退，切忌对角后退。直线后退路线短、站位快；对角后退路线长，也容易被对方打追身球。另一名队员应根据同伴移动后的情况补到空当位。双打防守时的站位调整，都是一名队员在跑动击球时，另一名队员根据同伴的移动情况填补空当。

(2) 防守球路。①攻方杀球者和封网队员在半边场前后一条直线上，接杀球应打到另半边前场或后场；②攻方杀球者和封网者在前后对角位上，接杀球可还击到杀球者的网前或封网者的后场；③攻方杀球者杀对角后，另一名队员想要退到后场去助攻时，接杀球可还击到网前中路或直线网前；④把攻方杀来的直线球挑对角，杀来的对角球挑直线以调动杀球者。

关于防守的方法还有许多，但目的都是为了破坏攻方的进攻节奏和进攻的势头，在攻方进攻势头减弱时即可平抽或蹲挡，若攻方站位混乱出现空当，守方即可抓住战机转守为攻以取得主动。

第 12 章 乒乓球运动

12.1 乒乓球运动概述

乒乓球运动于 19 世纪末起源英国，流行欧洲，最早叫 "Table Tennis"，1900 年左右出现了赛璐珞制的球，由于拍与球撞击时发出"乒"而落台时发出"乓"的声音，故又称"乒乓球"。乒乓球是一项世界流行的球类体育项目，也是中华人民共和国国球。乒乓球是以技巧性为主，身体体能素质为辅的技能型项目，是由两名或两对选手，在中间隔放一个球网装置的球台两端用球拍轮流击球的一项球类运动。

乒乓球为圆球状，2000 年悉尼奥运会之前(包括悉尼奥运会)国际比赛用球的直径为 38 毫米，2000 年之后国际比赛用球的直径为 40 毫米，重量 2.53~2.70 克，白色或橙色，用赛璐珞或塑料制成。中间隔有横网的球台长 274 厘米、宽 152.5 厘米、高 76 厘米。运动员各站球台一侧，用球拍击球，击法有挡、抽、削、搓、拉等。球须在台上反弹后才能还击，以落在对方台面上为有效。比赛以 11 分为一局，采用五局三胜，七局四胜。比赛分团体、单打、双打、混双等数种。

12.2 乒乓球运动基本技术

1. 基本站位

乒乓球运动的基本站位应根据不同类型打法来选择不同的站位方法。站位正确，有利于保持稳定的击球姿势和向任何一个方向迅速移动以中间偏左的站位较为普遍。

2. 准备姿势

准备姿势是指击球员准备击球或还击球时的身体各部位姿势。

(1) 下肢：两脚左右开立，约与肩同宽，身体稍向右侧，面向球台。两膝自然弯曲，前脚掌着地，脚趾轻微用力压地，脚跟微离地面，重心置于两脚之间。

(2) 躯干：含胸收腹，上体略前倾，下颚微收，两眼注视来球。

(3) 上肢：持拍手和非持拍手均应自然弯曲置身体前侧方，保持相对的平衡态。

3. 握拍法

1) 直拍握法

在球拍的正面，拇指第一关节和食指第二关节扣住拍柄两侧，呈钳状，距离适中，拍柄压住虎口。在球拍背面，中指、无名指和小指自然重叠弯曲，用中指第一关节顶住球拍背面。

2) 横拍握法

用手掌握住球拍手柄，虎口贴住手柄根部，中指、无名指和小指三只弯曲握住手柄，食指自然伸直贴在球拍背面，握拍的力度要以方便转动手腕为宜。

4. 基本步法

1) 单步移动方法

以一只脚为轴，另一只脚向前、后、左、右不同方向移动，身体重心随之落在移动脚上。

2) 并步移动方法

一脚先向另一脚并半步或一小步，另一脚在并步脚落地后随即向来球方向移动一步。

3) 跨步移动方法

一脚蹬地，另一脚向移动方向跨一大步，蹬地脚随后跟上半步或一小步，身体重心即移到跨步脚上。

5. 击球技术

1) 推挡

推挡时食指将球拍向自己怀中方向用力，同时大拇指将球拍外推，转动手腕，球拍背面要横向平行于自己的前胸。在推挡击球的过程中，食指越用力，球拍就越向下压，这就根据球落台后弹起的高度调整，手腕固定后不得在击球的瞬间用力，大臂也不要用力，利用小臂的伸缩将球送出。

2) 正手攻球

左脚稍前，右脚稍后，身体离台约 50 厘米，手臂自然放松，保持一定弯度，处于 90 度与 120 度之间，拍面稍前倾(拍面与台面成角约 80 度)。随着身体向右移动，手臂向身体右后侧方引拍，在来球跳到高点期时，手臂迅速向左前上方挥动(肘部不要夹得太紧，手臂要呈半圆形挥动)，击球的中上部，同时身体重心由右脚移至左脚，击完球后，迅速还原，准备下次击球。

3) 搓球

站位离球台约 50 厘米，右脚稍前，上体竖直，身体重心居中。击球前，手臂引拍至左肩处，屈肘成 80 度，手腕内收(微勾)，拍面稍后仰。击球时，以肘关节为轴前臂发力带动手腕迅速向前下方挥拍，同时伸肘，前臂略内旋和上翘手腕，在左胸前离一个前臂距离处，迎来球下降后期，击球中下部，并向底部摩擦。击球后，手臂肌肉放松，并随即收回还原，准备下次击球。

4) 反手攻球

站位近台，右脚稍前。引拍时前臂与台面平行，将球拍引至腹的偏左位置；前臂外旋向右前上方挥动，手腕同时配合向上的转腕的动作，使拍面前倾，在上升期击球的中上部；击球后，随势将球拍挥至右肩前，身体重心从左脚移至右脚，或置于两脚之间。

6. 发球技术

1) 平击发球

站位近台，含胸收腹、屈膝，身体重心移至前脚掌。左手托球向上抛起，同时右臂内旋，使拍面角度稍前倾，向身体右后方引拍。当球抛至高点后开始下降时，右臂从身体右后方向右前方挥动。

2) 正手下旋球

左脚稍前，身体略向右倾斜，左手掌心托球置于身体右前方。左手将球向上抛起，眼睛注视球，同时右手直握拍的手腕内收，右臂从身体右后方向左前下方挥动。当球从高点下降至稍高于或平于网高时，前臂加速向左前下方发力，击球中下部向底部摩擦。

12.3 乒乓球实战攻略指导

12.3.1 判断来球

判断来球是打乒乓球首要的一个环节，它是确定移动步法和击球技术的根据。

1. 判断来球路线的主要方法

(1) 从对方击球时拍面的方向判断来球的路线。一般说来，对方球拍触球时，拍面所朝的方向，即为对方的触球路线，例如，对方在正手一侧击球，球拍触球时，拍面正对己方的右角，对方打出的将为斜线球；拍面正对己方的左角，对方打出的将为直线球。

(2) 从来球通过网顶的位置来判断来球的路线。例如，对方在正手一侧击球，球从网的中部或中部偏右的位置越过，球将飞向己方台面的右方；来球从网的左边越过，球将飞向左角。

(3) 根据自己打出球的落点，预先判断来球路线。例如，反手重压对方反手斜线大角度球，对方很难回击直线球，一般回球路线多在己方左半台或靠中间的位置。

2. 判断来球的旋转性质

(1) 根据对方击球时实际的挥拍发力方向和摩球的部位来判断球的旋转性质。如对方由上向下发力挥拍击球，多为下旋球；由左上向右下发力挥拍击球，多为下旋球。

(2) 根据对方击球时发力的大小以及摩擦的"厚薄"来判断来球旋转的强弱。对方挥拍擦击球的动作幅度大，挥拍速度快，摩擦"薄"，则来球旋转强，反之则弱。

3. 判断来球的落点

来球落点可从对方击球时的力量轻重来判断。

12.3.2 击球位置的控制

合理的击球位置，对提高击球的准确性和动作的协调性很有帮助。击球位置不对，不但会使动作变形，而且也容易击球失误。

合理的击球位置，一般指"身前击球"。尤其是攻击型选手，身前击球显得特别重要。身前击球具体一点说，就是把击球点选在身前，并在身前找好球与拍的距离(击球距离)。不同的风格和类型打法，击球距离是不同的。例如，以快速变化打法为主的人，回击一般来球，球与拍的距离较近。由于球与拍距离近，不仅缩短击球时间，还容易固定动作；而以力量为主的人，球与拍的距离较长，有利于增大击球力量。因此，各种类型打法的人，总是千方百计地找好击球距离，特别是强调在身前找好击球距离。

要找到合理的击球位置，必须对不同路线和落点的来球作出正确的判断，选择好击球点，迅速移动脚步。例如，当站位离台较近而对方的来球又急又长时，应及时移步后退，才易找到好的击球位置；当站位离台较远而对方发个短球时，应及时向前上步，否则就会因身体距离击球点太远而失误；回击追身球来不及移动脚步时，则需借助收腹转体，让出一点儿距离。

第 13 章 跆拳道运动

13.1 跆拳道运动概述

跆拳道源于朝鲜半岛的搏击运动，是朝鲜民族在生产和生活实践中发展起来的一项运用手、脚技术和身体能力进行自身修炼和搏击格斗的传统体育项目。跆拳道在朝鲜民族史上已经有 3000 多年的历史了，深受人民的喜爱，被称为"国技"。"跆拳道"一词的字面意思是"踢与拳法的武艺"。可见，跆拳道是以脚为主、以手为辅，手脚并用，内练精神气质、外练搏击格斗的武道。

今天的跆拳道可分为传统跆拳道和现代竞技跆拳道两大类。

传统跆拳道内容包括品势、搏击、功力检测三个部分。传统跆拳道的品势，共有 24 套统一的架型；搏击格斗仍然保留着一些传统的技法，比如拳技、擒拿、摔锁等；功力检测包括威力表演和特技两部分。现代跆拳道是随着时代的进步和竞技体育的发展而衍生的，即在一定的规则限制下，互以对方技击动作为转移，以切磋技艺、增进友谊、提高竞技水平为目的的对抗性体育竞赛项目。

现代跆拳道的创始人主要有崔泓熙、李仲佑和蔡天命。1966 年第一个国际性跆拳道组织——国际跆拳道联合会(ITF)在韩国成立，崔泓熙将军任主席。1994 年国际奥委会全体表决一致通过将跆拳道列入 2000 年奥运会项目。迄今为止，跆拳道运动风行全球 170 多个国家和地区。

2000 年在悉尼奥运会女子跆拳道 67 公斤以上级比赛中，我国选手陈中力克群雄夺得金牌。2004 年在雅典奥运会上，我国选手陈中、罗微分别夺得女子 67 公斤以上、以下级金牌，创造了中国跆拳道的新纪录。2008 年在北京奥运会上，我国选手吴静钰不负众望获得女子 49 公斤级金牌；选手朱国夺得男子 80 公斤级铜牌，这是我国男子跆拳道项目在奥运会中的首枚奖牌。北京奥运会上运动员的优异表现展示着我国跆拳道项目的整体实力全面提升。

13.2 跆拳道运动基本技术与实战攻略指导

13.2.1 进入跆拳道馆训练时的礼节

道馆训练时，要求衣着整齐，头发整洁，对教练和队友表现出恭敬、服从、谦虚、互动互学的心态。进入跆拳道馆时，首先向国旗敬礼(将右手掌放于左侧胸前，成立正姿势)，目视国旗2~3秒钟，然后向教练行鞠躬礼；两人一组进行练习时，首先应相互敬礼，练习结束后，再次相互敬礼。

13.2.2 跆拳道实战姿势

1. 标准实战姿势

动作：两脚前后开立，两脚之间的距离是肩宽的1.5倍，脚尖斜向前方45度，脚前掌支撑后脚跟抬起，两膝微屈，身体重心落于两脚之间，身体放松，右手握拳置于胸前，高度距下颌约一拳左右。左手握拳高度与肩同平，左手肘关节角度应大于或等于90度。上体保持正直，目视前方。

要领：身体要放松，两膝要微屈，两腿不要站在一条直线上，应站在直线的两侧以便保持身体平衡，时刻处于待发状态。

易犯错误：全身紧张，肌肉僵硬；膝关节不弯曲没有弹性；身体重心偏前或偏后。

纠正方法：可在同伴的帮助下进行纠正或面向镜子自我纠正。

2. 侧向实战姿势

动作：身体完全侧向，两脚间距离为肩宽的1.5倍，两脚在一条直线上，其他为标准实战姿势。侧向实战姿势分为右实战姿势和左实战姿势，适用于侧踢、后踢等腿法。

13.2.3 跆拳道基本步法

1. 前滑步

动作：标准实战姿势站立，右脚蹬地，左脚向前上半步，落地时左脚掌先着地，而右脚再向前跟半步。

要点：移动时两脚距离保持不变，两脚离地不要太高，进步要稳，跟步要快。

易犯错误：两腿前移过程中距离过大。

纠正方法：移动时注意检查步幅长度，有意识地练习。

实战作用：调整与对手之间的距离。

2. 上步

动作：实战姿势站立，以左脚掌为轴，脚尖外转，右脚蹬地向前上步，成右实战姿势站立。

要点：动作要协调，要有整体性，上步要快。

易犯错误：上步时身体重心不稳。

纠正方法：由慢到快反复进行练习。

实战作用：①调整距离伺机进攻；②假动作引诱对方或追击对方。

3. 前跃步

动作：实战姿势站立，两脚同时蹬地向前纵出30～40厘米左右，动作完成后保持实战姿势站立。

要点：①依靠两脚踝关节与膝关节的力量弹跳纵出，双脚要紧贴地面，不要腾空过高；②起动时重心不宜过低，容易暴露动作意图。

易犯错误：跃步时起跳过高。

纠正方法：利用踝关节及膝关节的力量起跳前移，前移时要向前用力而不是向上。

实战作用：用于接近对手或配合技术进攻。

4. 后滑步

动作：实战姿势站立，左脚蹬地，右脚先后退半步，落地时右脚掌先着地，随之左脚向后跟半步，落地后保持实战姿势不变。

要点：右脚退步距离不宜过大；右脚退多大距离，左脚要跟多大距离，要借助蹬地的力量加快移动速度。

易犯错误：后退距离过大造成身体重心不稳。

纠正方法：后退距离不宜过大，应是本人脚长的1～1.5倍。

实战作用：躲闪对方进攻或配合技术反击。

5. 后跃步

动作：实战姿势站立，两脚同时蹬地向后跃出30～40厘米，跃步后成实战姿势。

要点：参考前跃步。

易犯错误：参考前跃步。

纠正方法：参考前跃步。

实战作用：用于躲闪对方的进攻或配合技术反击。

6. 撤步

动作：实战姿势站立，以右脚为轴内转，同时，左脚向后撤步，成右实战姿势。

要点：动作要协调一致，撤步要快。

易犯错误：参考上步。

纠正方法：参考上步。

实战作用：用于躲闪对方的进攻或配合技术反击。

7．冲拳进攻技术

冲拳也称为正拳击打，在发力过程中腰、腿和肩的发力最大，要借助"蹬地、转腰、送肩、旋臂"的力量将力集中在一点，从而发挥冲拳最大威力。这是竞技跆拳道中唯一允许使用的拳法技术，但只能击打对方的躯干部位。冲拳可以分为左冲拳和右冲拳两种。

1) 左冲拳

动作：①实战姿势站立；②右脚蹬地，左脚以脚前掌为轴，脚跟外旋，重心移至左脚，合髋转腰送肩，上体推动左肩左臂将左拳从胸前准备姿势向前旋臂沿直线冲出；冲拳的同时右臂做下格动作；③接触目标的瞬间拳心向下，目视前方，动作完成后按原路线返回，成实战姿势站立，如图13-1所示。

图 13-1　左冲拳示意图

因左冲拳与右冲拳基本相同因此动作要领、易犯错误、实战作用等内容安排在左右冲拳动作后统一阐述。

2) 右冲拳

动作：①实战姿势站立；②右脚蹬地，同时以前脚掌为轴向内扣转，重心移至左脚，右脚随之转动扣膝；合髋转腰送肩，上体推动右肩右臂将右拳从胸前准备姿势向前旋臂沿直线冲出，力达拳面，冲拳的同时左臂做下格动作；③接触目标的瞬间拳心向下，目视前方，动作完成后按原路线返回，成实战姿势站立，如图13-2所示。

要点：①冲拳时应充分利用蹬地、转髋、转腰、顺肩和旋臂的力量，力达拳面；②冲拳时发力要果断，整个动作要协调流畅；③击打瞬间，肩、肘、腕、指各关节应紧张用力，动作完成后迅速放松，将拳收回成实战姿势。

图 13-2　右冲拳示意图

易犯错误：击打时只是手臂在做动作；没有充分利用蹬地、转髋、转腰、顺肩和旋臂的力量，从而降低了冲拳的力度；动作不协调，冲拳时因力量过大而失去重心。

纠正方法：应由慢到快反复练习理解冲拳的发力要领，熟练后再加快速度完整练习，也可以面对镜子纠正错误动作。

实战作用：比赛中用于击打对方的躯干部位。下面举两个例子加以说明。

例一：双方闭式站立时，对方以横踢进攻我方肋部，我方用右手格挡防守的同时以拳法反击对方的躯干部位。

例二：双方闭式站立时，对方以前腿横踢进攻我方腹部（或双方开式站立，对方以左横踢进攻我方腹部），我方用右手下格防守的同时以左冲拳反击对方。

8. 腿法进攻技术

腿法是跆拳道的主要表现形式，也是跆拳道技术的重点，本章重点介绍跆拳道比赛中的 4 种基本腿法。腿法的击打是有区别的，横踢、前踢等技术主要是以趾骨以上、踝关节以下的部位（脚背）为力点的，而后旋踢、后踢、下劈、勾踢等技术主要是以脚掌为力点的。

1) 前踢

前踢是跆拳道最基本的腿法之一。前踢技术在跆拳道比赛中很少运用，主要运用于搏击自卫或跆拳道基础练习中。

动作：实战姿势站立；右脚蹬地，身体重心移至左脚；右脚向正前方屈膝上提，右小腿夹紧，随即以膝关节为轴向前送髋、顶膝、小腿快速向前踢出，力达脚背或脚前掌，动作完成后成右实战姿势站立。

要点：提膝时小腿要夹紧，踢腿动作应迅速有力，髋关节前送。

易犯错误：上体后仰过大；动作过于僵硬形成直腿撩踢。

纠正方法：可扶把杆反复体会提膝与踢腿两个动作的要点，待动作正确和熟练后再进行完整练习，也可以面对镜子纠正错误。

实战作用：可用于攻击对手的裆部、下颌等部位。下面举两个例子加以说明。

例一：双方对峙，我方调整距离时，主动运用前踢腿进攻对方的裆部（非比赛情况下）。

例二：双方对峙，运用前踢假动作进攻时，待对方向后退守时，突然以后踢进攻对方的腹部。

2) 横踢

横踢是跆拳道比赛中运用率最高的腿法。横踢技术动作简单实用，技术变化多样，是跆拳道中的重要技术。因此练好横踢技术是跆拳道习练者的首要任务，在教学训练中，为了便于掌握，把横踢技术可分解为提膝、转体和弹腿三个部分。

动作：实战姿势站立；右脚蹬地，身体重心移至左腿，同时右腿小腿夹紧向正前方提起；以左脚前掌为轴脚跟内旋，身体向左侧旋转，转体时，右脚小腿接近水平，大腿与上体成一条直线，上体微侧倾；右腿以膝关节为轴迅速伸膝弹腿向左侧方踢出，脚面绷直，以脚背为力点踢击对方的头部或躯干，动作完成后小腿放松沿出腿路线收回，成右实战姿势站立。

要点：①提膝时膝关节夹紧直线向前提膝；②横踢动作时支撑腿要以前脚掌为轴，随横踢动作脚跟内旋(约180度)，横踢发力时髋关节应展开；③髋关节前送上体与右腿成一条直线，击打的感觉似鞭打动作；④横踢时，摆动腿应踢过身体中线约30厘米后收回；⑤小腿弹踢的瞬间，要有一个制动的过程，使击打腿产生鞭打的效果。

易犯错误：①大小腿折叠角度不够，没有制动，没有鞭打效果；②没有向前提膝，动作的隐蔽性和突然性较差；③转体时支撑脚的脚跟没有外展，从而导致上下肢配合不协调、动作脱节不连贯。

纠正方法：①可扶把杆反复做提膝、转体、弹腿的练习，待动作熟练后再脱离把杆，由慢到快进行完整练习；②也可以面对镜子或在同伴的帮助下进行观摩纠正。

实战作用：可以用于攻击对方的头部、躯干及大小腿部位。下面举三个例子加以说明。

例一：双方开式站立时，我方突然以横踢腿进攻对方的头部或腹部。

例二：实战中对方以横踢腿进攻我方腰部时，我方向后撤步防守的同时以横踢腿反击对方的腹部。

例三：实战中对方以前腿下劈踢进攻我方头部时，我方向右侧跳换步闪开对手攻击的同时以横踢反击对方的腹部或头部。

3) 侧踢

侧踢在跆拳道比赛中主要用于攻击对方的躯干和头部，也可以用于阻截对手的进攻。它有力量大、速度快、进攻动作直接的特点。

动作：实战姿势站立；身体重心前移，右脚蹬地屈膝上提，脚尖勾起；左脚以脚前掌为轴外旋约180度，同时，迅速伸膝发力，右脚沿直线向右前方踢出，力达脚外侧或整个脚掌，踢击动作完成后，右腿迅速放松按出腿路线返回，成实战姿势。

要点：①提膝时，膝关节夹紧向前直线提起，提膝、转体与踢击要协调连贯。②踢击时，要转体、展髋，上体略侧倾，踢击目标的瞬间，头、肩、腰、髋、膝、腿应在同一平面内。③动作完成后，应按原路线返回。

易犯错误：①完成踢击动作时髋关节没有展开，造成肩、髋、踝不在一平面。②提膝时大小腿收腿不紧,上体侧倾过大,造成重心不稳,动作不连贯。

纠正方法:在掌握技术要点的前提下,可扶把杆反复练习转体、收腿提膝、踢击与回收动作,动作速度由慢到快,待动作熟练后再配合步法做完整动作练习。

实战作用:用于进攻对方头部、面部、胸部、腹部和肋部。下面举两个例子加以说明。

例一:双方闭式站立,我方调整距离以侧踢进攻对方胸部。

例二:双方闭式站立时,对方以右横踢进攻我方胸部,我方准确判断对方动作意图,抢先以右腿侧踢进攻对方腹部或头部,以此阻截对方。

4) 劈踢

劈踢是跆拳道技术中杀伤力较大的腿法之一,也常作为跆拳道的招牌腿法,比赛中得分率较高,主要用于攻击对方的头部、面部、肩部。

动作:实战姿势站立;右脚蹬地,身体重心前移至左脚,以左脚支撑,左脚跟抬起;右腿快速上举过头顶,左髋关节上送,右膝伸直贴近上体,随即右腿迅速向前下方劈落,力点达脚跟或前脚掌,动作完成后小腿放松下落成实战姿势。

要点:①右腿上摆时大腿应放松,踝关节应举过头顶,身体重心应向高起;②动作要迅速有力,支撑脚脚跟要离地,同时髋关节上送;③向下劈落时、踝关节应放松,要有控制。

易犯错误:①起腿高度不够,支撑脚脚跟没有离地,髋关节没有上送;②下劈时膝关节和踝关节过于紧张,造成动作僵硬;③下劈下落时,没有控制重心,落地太重。

纠正方法:理解领悟动作原理后,面对镜子或在同伴的帮助下反复练习,直至掌握正确动作为止。

实战作用:用于进攻对方头部、面部、肩部等部位,也可以用于反击对方。下面举两个例子加以说明。

例一:双方闭式站立时,我方调整距离以下劈腿进攻对方的头部。

例二:双方闭式站立,对方用横踢进攻胸部或头部时,我方抢在对手前面以劈踢反击对方头部。

第 14 章　速度滑冰运动

14.1　速度滑冰运动概述

速度滑冰是指在规定距离内以竞速为目的的滑冰比赛，或者说是以冰刀为用具在冰上进行的一种竞速运动。速滑运动在世界上有着悠久的历史。古代生活在寒冷地带的人们就学会了滑雪和在封冻的江、河、湖泊上滑冰，并以滑冰作为交通工具和运输手段。这种基于生产、活动需要的活动伴随着社会的发展和进步，逐步演变成为滑冰游戏，直到成为现在的速滑运动。

13 世纪中叶，一种安装在木板上的铁制冰刀在荷兰出现。1572 年，苏格兰人发明了第一双"全铁制冰刀"，这是现代冰刀的起始标志。18 世纪末到 19 世纪初，以竞速为目的的滑冰比赛由荷兰发起后，很快扩展到欧洲和美洲国家，如英格兰、挪威、俄国、捷克、法国、奥地利及美国等。随着速滑比赛规模的扩大和比赛水平的不断提高，各地纷纷建立起滑冰组织。1742 年第一个滑冰组织爱丁堡俱乐部在英格兰成立，此后其他国家也陆续成立了滑冰组织。各国之间的比赛和表演，发展了速滑运动，扩大了速滑运动的影响，也促成了速滑比赛的国际化。1888 年，在荷兰人的推动下，确立了国际速滑比赛规则，次年在荷兰第一次举行了世界速滑冠军赛。随着国际速滑比赛的频繁举行和各国速滑协会的建立，人们急需一个居各国滑冰协会之上的国际结构，以推动和领导世界速滑运动的开展，协调解决各国之间的比赛中出现的问题，于是国际滑冰联合会在此情况下成立。

据测定，运动员在冰上高速滑跑时，表体温度可达(零下 70～零下 60 摄氏度)。坚持滑冰锻炼，不仅能够增进身体健康，预防疾病，提高人的抗寒、耐旱能力，还能够培养其勇敢、顽强的意志品质。

滑冰时，运动者采用上体前倾、两腿弯曲的特殊滑跑姿势。使腰背和下肢肌群始终处于静力支撑状态，增加了血液循环的阻力，同时滑跑时心跳频率加快，每搏输出量(心脏每收缩一次排出的血量)增加。长期从事滑冰锻炼，心脏呈运动性增大，收缩更加有力，血管壁增厚，弹性加大，每搏输出量增多，安静时心率徐缓。

速度滑冰比赛项目，按照国际滑冰联合会的规定分为短距离、中距离、长距离和全能 4 种，每种均分男、女组。速滑教学一般分为 3 个阶段：陆地准备阶段、冰上准备阶段和学习技术阶段。

14.2 速度滑冰运动基本技术

14.2.1 陆地准备阶段基本技术的练习

速滑陆地训练时，我们一般通过练习各种诱导动作和模仿动作来掌握速滑的技术动作。所谓诱导动作就是把轮滑的分解动作，引导到陆上练习的轮滑模仿动作。所谓模仿动作就是在陆地上不穿轮滑鞋模仿在场地上的轮滑动作。陆地练习包括直道、弯道、起跑 3 项内容。

1. 陆地直道练习

1) 基本姿势

滑行基本姿势是各种诱导动作练习和模仿动作练习的准备姿势，如图 14-1 所示。

图 14-1 滑行的基本姿势

动作要领：放松站立，双膝双足并拢，上体前倾，两腿蹲屈，肩稍高于臀，重心适中，两手背后互握，头微抬起，目视前方。

基本滑行姿势的各部位角度是：上体前倾与地面成角 10～15 度，两腿蹲屈动作，主要是膝前顶，膝关节深屈至 90～110 度，踝关节深屈至 55～75 度，髋关节屈至 45～80 度。

2) 直道诱导动作

① 双脚交替侧出练习

练习方法：由基本姿势开始，一腿支撑身体，另一腿向侧蹬出，然后收回原位交替练习。

动作要领：脚侧出后，支撑腿膝盖正对胸下，鼻尖、膝盖、脚尖在一矢状面上；侧出脚内侧轻擦地面向内蹬出；收腿时以大腿带动小腿收回。

② 单脚平衡练习

练习方法：由基本姿势开始，一腿支撑身体，另腿后引，然后收回原位交替练习。

动作要领：脚向后侧伸出后，支撑腿要求同上；后侧腿的大腿要充分向后拉引，小腿与地面平行；小腿与踝关节要放松。

③ 移动重心练习

练习方法：由单脚侧出姿势开始，双腿交替屈伸并将重心推向新支撑腿交替练习。

动作要领：通过腿部蹬地动作，使肩、背、臀同时向左或向右移动练习。

④ 原地摆臂动作练习

练习方法：由基本姿势两臂自然下垂开始，前摆时向前内摆出，后摆是以肩关节为轴向侧后方摆出。

动作要领：前摆时小臂与地面近似平行；后摆时手与肩平。

3) 直道模仿动作

① 原地模仿动作练习

练习方法：由基本姿势单脚平衡开始，浮足向前摆收与支撑腿接近时，身体重心向浮足侧倾斜，当失去平衡的一刹那，浮足着地支撑的同时，身体重心移向支撑腿，另一腿用力蹬直，然后采用"钟摆"式收摆腿的方法收到后位，交替进行练习。

动作要领：支撑腿在身体失去平衡的情况下开始蹬地；破坏身体平衡是靠浮足积极摆收和整个上体的急倾斜来完成的；"钟摆"式的收腿方法可分两种：一种是采用"钟摆"式收腿的方法，其平面路线是四分之一椭圆形，另一种是采用纵向"钟摆"式收腿的方法，其平面路线是 V 型的弧线。

② 滑进模仿动作练习

滑进模仿动作的动作方法、要领、教学步骤和方法同原地模仿动作，只是每次动作时身体向前移动。

③ 滑进摆臂动作练习

练习方法：由基本姿势单足平衡开始，后引足的同侧臂成前摆动作，另侧臂成后摆动作，在浮足前收同时两臂摆动，当浮足脚尖接近支撑腿脚跟时，两臂成下垂，当身体重心向浮足侧倒失去平衡一刹那，另一腿蹬直，同时，同侧臂前摆，另侧臂后摆，当蹬直腿由侧位到后位的过程中，两臂摆动，脚尖接近支撑腿脚跟时，两臂又成下垂，反复练习。

动作要领：注意两臂与两腿的动作协调配合。

2. 陆地弯道练习

1) 弯道诱导动作练习

① 右脚侧出练习

练习方法：由基本姿势开始，右脚内侧轻擦地面向侧蹬出，同时用左脚外侧支撑身体重心，然后收回右脚，反复练习。

动作要领：右脚侧出时，左支撑腿膝前弓位于胸下；右腿蹬直后，左脚外侧支撑身体。

② 左脚侧出练习

练习方法：由基本姿势开始，右脚支撑身体，左脚从右侧蹬出，然后收回，反复练习。

动作要领：右腿支撑时，膝前弓位于胸下；左腿收腿以大腿带动小腿收回。

3. 左右脚侧出诱导动作的教学步骤

① 右腿站立，左腿向后侧做滑出练习。
② 左腿站立，右腿向后侧做滑出练习。
③ 成基本姿势，左手扶住物体，左脚蹬伸练习。
④ 成基本姿势，右手扶住物体，右脚蹬伸练习。

2) 弯道模仿动作练习

练习方法：从基本姿势开始，右脚向内侧蹬出，然后经左脚前上方落地支撑身体，同时左脚从右脚后方向右蹬出，然后收回左脚放在右脚内侧，反复进行练习。

动作要领：右脚收回时膝盖领先，右脚落地时，身体要保持一定的倾斜度；收腿以大腿带动小腿。

陆地弯道模仿练习的教学步骤：反复练习诱导动作；尾随动作正确的同学身后练习；双人牵拉练习。

4. 陆地起跑练习

1) 起跑技术

起跑是滑跑的开始，起跑的任务是使运动员在尽可能短的时间内，达到个人项目最高滑跑速度。起跑对于短距离 500～1500 米项目尤为重要，因此，要求运动员快速地反映、有效地起动和尽快地获得最高速度。起跑技术是由起跑姿势、起动、疾跑和衔接 4 个部分构成的。

(1) 起跑姿势。起跑姿势按运动员站立姿势可分为正面起跑和侧面起跑，按运动项目距离可分为短距离起跑和长距离起跑。正面起跑包括正面点冰式起跑、丁字式起跑和蛙式起跑。

(2) 起动。鸣枪后运动员要迅速完成以下动作，采用蛙式起跑两手迅速撑离冰面，两腿同时用力蹬冰，直接向前摆动浮腿，浮脚冰刀无须做外转动作，两臂配合腿的蹬踏动作，屈肘做小幅度快速摆臂。

(3) 疾跑技术。运动员起跑后，获得最大的前冲力而转入疾跑。疾跑的任务是在尽可能短的距离内获得项目的最佳速度。疾跑的段落长短、用力程度及所获得的最佳的速度应视项目而定。短距离疾跑蹬冰用力大而疾跑段落长，长距离蹬冰用力相对较小而疾跑段落短。疾跑通常分为 3 种方法，即切跑法、滑跑法和扭滑法。切跑法：切跑法适合与腿部力量较强、灵敏性较好的运动员。优点是起速快、形成的加速度大；缺点是消耗体力大，疾跑过渡到途中滑跑的衔接技术不易掌握。滑跑法：滑跑法通常在长距离比赛中采用，对于灵敏性较差、腿部肌力较差的新手较为适宜。优点是起滑稳定，消耗体力较小，疾跑与途中滑跑之间的衔接较容易掌握；缺点是起速较慢。扭滑法：扭滑法是切跑法和滑跑法的结合体，具有前两种的优点，克服了前两种疾跑法的缺点，是效果较好的一种疾跑方法。现代优秀速滑运动员起跑，通常不用单一的起跑法，而是将三种方法融为一体，即前 1～3 个复步用动作灵活性较高的踏切方式疾跑，而后转入扭滑式，当达到一定的滑速后转入滑跑法。这种综合起跑法既有利于起跑,也有利于衔接过渡,起跑效果很好。

(4) 衔接技术。衔接技术是指疾跑之后,以3~4个滑步为过渡性滑跑段落,利用滑跑惯性将疾跑中已经获得的速度转移到正常途中滑跑,同时也是运动员在疾跑转入途中滑跑后保持已获得的惯性滑速中的调整性休息。

14.2.2 冰上准备阶段基本技术的练习

冰上准备阶段是指初步滑冰学生,在学习复杂技术之前,在冰上进行最基本的冰上练习。此阶段主要任务是熟悉和掌握滑冰的特点,控制冰刀并学会滑行。

1. 不穿冰鞋的练习

不穿冰鞋在冰上或坚硬光滑的雪地上做各种练习,是学生体会、适应滑的感觉,培养滑进中的平衡能力,为穿冰鞋上冰练习做准备。

不穿冰鞋练习的教学步骤:助跑4~5步后做双足支撑直立向前滑进练习;助跑4~5步后做双足支撑屈腿滑进练习;用固定挡板做双足直立左右滑进练习;用固定挡板做成基本姿势的双足交替蹬滑练习和依次向斜前方蹬滑练习;做各种与滑跑结构相似的游戏。

2. 穿冰鞋练习

由不穿冰鞋的冰上或光滑雪地上的练习过渡到穿冰鞋的练习,能克服由陆地直接上冰的突变性,这样自然衔接是符合学习规律的。

1) 穿冰鞋的直道教学步骤和方法

① 冰上站立:两腿微屈两刀成外八,用平刃支撑,上体稍微前倾,中心位于两腿之间,两臂自然放在体侧,目视前方。

② 冰上原地踏步:两腿微屈,两刀开立与肩平宽,平刃支撑身体,做原地踏步。

③ 冰上迈步:一刀抬起向前迈进,另一刀由平刃转内刃压冰,推动身体重心前移到前脚后收回后脚,再向前迈步练习。

④ 单蹬双滑进:从冰上站立开始,一脚用冰刀内刃蹬冰,然后收回靠拢,做双支撑滑行练习。

⑤ 做较低姿势的单蹬双滑进练习。

⑥ 滑进中移动重心练习:在单蹬双滑进的基础上,做身体重心左右移动练习。

⑦ 单蹬双滑进后成基本姿势练习。

⑧ 单蹬单滑进练习。

⑨ 快蹬冰4~5步借惯性做直立一脚支撑滑进、另一脚向前后侧抬起的练习。

⑩ 快蹬冰4~5步借惯性做一脚支撑滑进,另一脚向后勾起练习。

⑪ 加强平刃滑进能力,做⑨和⑩的练习,从40厘米、30厘米或20厘米间距的标志物块中间通过的练习。

⑫ 快蹬冰 4～5 步借惯性做双腿或单腿的练习。

⑬ 侧出平衡练习：快蹬冰 4～5 步借惯性滑进，成基本姿势后，两腿轮流侧蹬冰。注意两刀保持平衡。

⑭ 单腿平衡练习：快蹬冰 4～5 步借惯性滑进，成基本姿势后，一腿支撑滑进，另腿成自然后引单支撑滑进。

2) 穿冰鞋的弯道教学步骤和方法

① 冰上箭步站立：左脚在前，右脚在左脚后侧方，左腿微屈，上体前倾，左刀外刃支撑身体，右刀内刃支撑身体，背平或自然下垂，身体重心位于两腿稍前方。

② 箭步交叉站立：在箭步站立的基础上，左脚支撑身体，右脚前摆落在左支撑脚前内侧，同时身体重心移到右腿上，成交叉站立姿势。

③ 高姿势交叉行走：在箭步基础上，收左腿前送放在右支撑脚前，然后右脚前送做交叉行走练习。

④ 较低姿势交叉行走练习。

⑤ 高姿势左刀外刀支撑，右脚连续几次蹬冰后做箭步双支撑滑进练习。

⑥ 较低姿势做⑤的练习。

⑦ 高姿势的右脚蹬冰、左刀刃支撑滑进练习。

⑧ 做⑦的练习，收右腿稍慢些，延长左外刃支撑滑进练习。

⑨ 成基本姿势，右腿蹬冰、左刀外刃支撑滑进练习。

⑩ 高姿势的左刀外刃支撑滑进，右脚交叉压步，做左脚侧蹬冰双支撑滑进的练习。

⑪ 成基本姿势做左脚蹬冰双支撑的滑进练习。

⑫ 做高姿势的右脚连续交叉步的练习，左刀外刃支撑的前侧方向自然滑进的练习。

⑬ 左脚内侧蹬冰练习：快蹬冰 4～5 步，然后右脚交叉、下刀内刃支撑滑进，做左脚外刃侧蹬冰的练习。

⑭ 左脚内刃支撑滑进的练习：快蹬冰 4～5 步，右刀交叉、内刃支撑滑进，左脚收回慢下刀，延长右刀内刃支撑滑进。

⑮ 成基本姿势较完整动作的练习。

14.2.3　起跑练习

练习方法：两腿微屈，重心下降，两脚外展，脚内侧着地，身体略前倾，两臂前后摆动成八字。

动作要领：前脚以踏切落地同时后腿蹬直，身体重心随之前移。

陆地起跑模仿动作的教学步骤：听口令练习起动；利用楼梯台阶练习八字走合八字跑；上坡八字走合八字跑练习；牵引八字跑练习。

14.3 速度滑冰实战攻略指导

14.3.1 速滑运动员外道超越优势及训练方法

速滑不仅技术要求高，战术变化多，竞争激烈，比赛气氛浓，而且观赏性很强。速滑比赛不仅是与时间的赛跑，更主要的是对手与对手之间的竞争，在比赛中每轮每组有5～6名运动员下场参加比赛，每组只有前2名或3名进入下一轮的比赛，其余的都会被淘汰。这就需要运动员们不仅要具备良好的滑行技术，更需要具备超越对手的能力。不然在比赛中名次靠后者就没有机会再参加下轮比赛，也就不会取得好名次。

在国内外的比赛中，有很多优秀运动员就是因为在比赛中名次靠后时，从内道超越对手犯规被罚下场。如何使优秀的运动员在比赛中既能发挥自己的水平，又在比赛中不去犯规，这就要求速滑运动员具有出色的外道超越技术。

速度滑冰弯道是属于圆中运动，高速滑跑中必然产生很大的离心力，运动员随时有被甩离弯道的趋势，运动员在弯道滑跑时，应上体前倾腿部深曲、整个身体向左倾斜的姿势，弯道半径小，滑跑速度快，产生离心力越大，运动员的倾斜程度越大，运动员的倾斜的动作应力求头肩、上体、臀部以及支撑腿在同一倾斜面上，头要正、肩要平、臀要稳，全身要保持平稳状态，左右扭转、上下起伏、内外倾斜等这些都将减弱蹬冰力量和不利于克服离心力的作用。

在全过程滑跑的终点冲刺阶段，运动员在越来越疲劳的情况下，努力保持合理滑跑技术，竭尽全力滑完全程结束段落，并以合理有效的冲刺技术触及终点线，完成冲刺动作。

第 15 章　滑雪运动

滑雪是一项既浪漫又刺激的体育运动。现如今，滑雪的人数与日俱增，滑雪已经渐渐地成为人们娱乐休闲必不可少的一种消遣方式。很多人认为，滑雪时从山上下降的那个过程可以让人们尽情地感受到人与自然的亲密接触，也可以让滑雪者体验到刺激的感觉。所以，滑雪运动将会成为今后体育领域里更贴近大众的一个项目。

本章主要介绍滑雪运动内容，包括滑雪时的基本技术、实战攻略指导和比赛常识。

15.1　滑雪运动基本技术与实战攻略指导

滑雪的基本技术是指在滑雪运动中所涉及的具有共性的基本动作的技术。滑雪基本技术包括滑降和转弯两部分。

15.1.1　滑降技术及其练习

滑降是指从高处向低处滑下。滑降的基本技术可分为直滑降、犁式滑降、斜滑降和横滑降。

1. 直滑降动作要领及练习方法

1) 动作要领

双板平行稍分开，体重平均地放在两腿上，两脚全脚用力；上体稍前倾，髋、膝、踝关节稍屈，成稳定的稍蹲姿势，保持随时可以进行腿部屈伸状态；两臂自然垂放两侧，肘稍屈以协助保持平衡，肩部应始终处于放松状态；目视前方，观察场地及前方情况，防止低头看雪板。如图 15-1 所示。

图 15-1　直滑降动作要领

2) 练习方法

① 从缓坡的小平台上出发，不持雪杖，保持正确姿势滑下。

② 在①的滑降中做重心前后移动并保持滑行方向不变的练习。

③ 在①的滑降中进行深蹲，用左手摸左脚或用手摸右脚并保持滑行直线方向不变。

④ 在缓坡下滑中变换高、中、低姿势滑行，并保持雪板平衡及滑行方向不变。

⑤ 在缓坡的滑降中完成左右轻微转体的练习。

⑥ 在下滑过程中保持双板平行状态，依次将重心向左、右脚上移动，并注意直线性。

⑦ 在下坡中单板提起离开雪面，另一板支撑保持直线滑行，可交替进行。

⑧ 在缓、极缓、中坡坡面进行较快速度的滑行，以适应不同坡度、雪质及凹凸雪面的变化。

⑨ 在下滑过程中加入双脚同时轻跳起的动作练习，着地后注意保持正确姿势和双板直线性的滑进坡面。

2. 犁式滑降动作要领及练习方法

1) 动作要领

双膝稍屈并略有内扣，重心在两板中间，双脚跟同时向外展，推开板尾，使雪板成八字形；上体稍前倾，上体、双臂及肩部放松，两手握仗自然至体侧，仗尖朝后方；眼睛向前看，防止低头看板。小、中、大 3 种犁式滑降动作如图 15-2 所示。

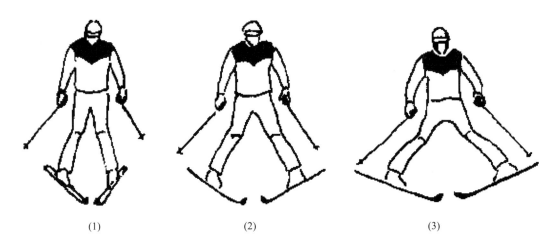

(1)　　　　　　(2)　　　　　　(3)

图 15-2　小、中、大 3 种犁式滑降动作

2) 练习方法

① 从直滑降开始，到犁式直线滑降，再到犁式停止。

② 分别用大、中、小犁式滑降，体会 3 种犁式的不同。

③ 按直线滑降、小犁式、中犁式、大犁式的顺序练习(依次转换)。

④ 在犁式滑降中犁式大小不变，体会用刃的强弱，注意两腿均等用力和直线性。

⑤ 做从小犁式滑降到大犁式停止的练习。
⑥ 在综合坡上进行速度相同的犁式滑降练习。
⑦ 在综合坡上进行直滑降和犁式滑降的混合练习。
⑧ 用屈膝和伸膝两种姿势进行犁式滑降的练习。
⑨ 在中坡上进行连续改变犁式大小的滑行，注意雪辙的对称性。

3. 斜滑降动作要领及练习方法

1) 动作要领

在坡面上斜对山下站立时，肩、髋稍向山下侧转，形成外向姿势。上体稍向山下侧倾而膝部向山上侧倾，用山上侧刃刻住雪面；在下滑过程中，把握从山上向下踩住雪板的感觉，上侧板比下侧板向前一些，双板应平行；在滑行时，保持上述姿势并注意两肩的连线、髋的连线和两膝的连线与山的坡面几乎平行；两臂自然放松，目视前方8～10米处。如图15-3所示。

图15-3　斜滑降动作侧面图和背面图

2) 练习方法

① 保持正确的斜滑降姿势，改变重心高度的滑行练习，滑行时保持雪辙的正确。
② 在斜滑降时进行左、右、前、后重心移动的练习，体会腿的负重感觉并注意直线性。
③ 在斜滑降中加入轻微的向左、向右及转体动作，以增强身体对板的控制能力。
④ 做扩大或缩小两板左右距离的斜滑降练习。
⑤ 在中缓坡上进行改变用刃强度的滑行练习。
⑥ 双手胸前平举雪杖或把雪杖平扛于两肩之上进行正确的斜滑降练习。
⑦ 分别进行山上侧板主要负重和山下侧板主要负重的直线斜滑降练习。
⑧ 做单板支撑体重的斜滑降练习。
⑨ 在各种坡上用正确姿势做滑行中不断向上侧迈出一步的斜滑降练习。
⑩ 在不同坡面的凹凸场地进行直线的斜滑降练习。

4. 横滑降动作要领及练习方法

1) 动作要领

双板平行，上侧板稍向前约半脚；身体侧对滑下方向，与斜滑降相比较上体有更大的向山下侧扭转的感觉；通过调节两雪板与地面的角度向山下滑进；双腿微屈，眼睛向山下侧看。如图 15-4 所示。

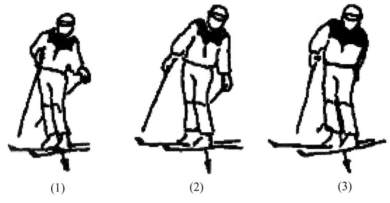

图 15-4　横滑降动作要领

2) 练习方法

① 在缓坡横滑保持均匀速度的练习。
② 做从斜滑降到横滑降的练习。
③ 在中坡上进行慢速横滑降的练习。
④ 在陡坡上进行慢速横滑降的练习。
⑤ 在中坡上进行改变重心高度的横滑降练习。
⑥ 在有小凹凸的坡上进行斜线的横滑降练习。

15.1.2　转弯技术及其练习

转弯是指改变方向的滑行。转弯方法很多，作为基本技术的转弯大体可分为犁式转弯、半犁式转弯、双板平行转弯和蹬跨式转弯。

1. 犁式转弯动作要领及练习方法

1) 动作要领

两板尾逐渐展开，体重向外板移动，雪板自然开始进入转弯状态；进入转弯后，板尾展开动作结束，体重依旧大部分放在左腿上；上体稍有一点向内扭转，两雪板渐渐滑向垂直落下线；进入垂直落下线滑行方向，此时应逐渐将体重向右板上移动，准备向相反方向转弯，注意提高重心和保持动作放松。如图 15-5 所示。

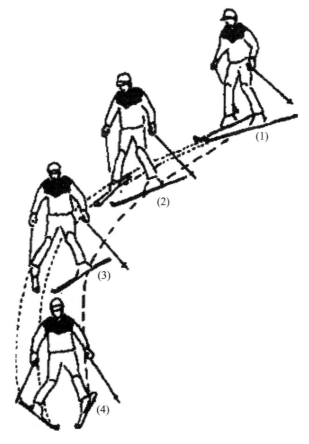

图 15-5 犁式转弯动作要领

2) 练习方法

① 在平整的缓坡上进行不持雪杖、用犁式滑降姿势滑进。在滑行时保持雪板的八字形，用左手触按左膝或右手触按右膝使其自然转弯。因触压膝时可使体重在左右腿上形成大约为 7:3 的比例，因而形成转弯。

② 不持雪杖在缓坡上做靠移体重而进行的较深犁式转弯练习。

③ 不持雪杖在缓坡上进行加大一侧腿的伸蹬力量或加大单侧板立刃的转弯练习。

④ 用前 3 种方法分别进行深弧、浅弧的练习。

⑤ 雪板保持八字形，连续进行一侧板的强有力的蹬收练习。

⑥ 随着移体重转弯，伸单杖在外弧雪上画出圆滑的弧形痕迹。

⑦ 在中、缓坡上转出两侧对称的弧的练习。

⑧ 用旗门限制左右深、浅弧的转弯，进行练习。

⑨ 在缓坡上进行连续跳跃犁式转弯的练习。

⑩ 在中、缓坡上进行快节奏的深、浅弧的练习。

⑪ 在中坡上进行长短距离的连续转弯练习。

2. 半犁式连续转弯动作要领及练习方法

半犁式连续转弯可分为谷侧板蹬出的半犁式连续转弯和山侧蹬出的连续转弯。

1) 动作要领(同犁式转弯)

谷侧板(山下侧板)蹬出半犁式连续转弯的动作要领：在上一个转弯结束后，体重大部分在右板上，谷侧板(左)向谷侧蹬出，雪板成半犁式。在蹬出时，应有用板将雪削掉一层的感觉。蹬出动作结束后，雪板刃刻住雪面。如下动作是连续完成的：蹬动、结束、刻雪时利用雪面的反作用力收板。其中应引起注意的是刻雪动作是通过整个脚来完成的。收腿是借助雪面的反作用力进行的，收腿时应有积极向前方边滑边移动的意识。外侧板较多地负担体重，进行转弯调节。应有加大屈膝及踝关节向前顶膝的意识，进入转弯结束阶段并准备下一个转弯的开始。

山侧板(山上侧板)蹬出半犁式连续转弯的动作要领：山侧板向外蹬出成半犁式，边蹬出边移体重，应利用踝关节的伸展使重心稍上升，移体重应自然放松。雪板蹬出结束并保持雪板状态不变，沿着垂直落下线下滑，处于转弯调解阶段的外侧板主要承担体重。内板开始收腿，逐渐从垂直落下线滑出，加大外侧板的蹬雪力量。收板结束，进入转弯的结束阶段。

半犁式连续转弯中谷侧板蹬出与山侧板蹬出的不同，见表15-1。

表15-1 半犁式连续转弯中谷侧板蹬出与山侧板蹬出的不同

山侧板蹬出连续转弯	谷侧板蹬出连续转弯
1. (下一个)转弯的外板蹬出	1. (下一个)转弯的内板蹬出
2. 始动阶段蹬出	2. 准备阶段开始
3. 内板收腿进行转弯调节	3. 内板收腿是始动阶段的开始
4. 体重左右移动	4. 体重前后移动
5. 转弯调解阶段容易出现脱滑	5. 转弯调节易进行
6. 速度易控制	6. 能快速进入转弯调节阶段
7. 适用范围较广	7. 在陡坡及转弯小时更有效
8. 外板边滑边开始转弯	8. 可利用谷侧蹬出的反作用力
9. 转弯调节阶段持续到转弯的最后	9. 边滑边移体重

2) 练习方法

① 用犁式滑降技术进行斜滑降的练习。
② 用犁式滑降技术从斜滑降过渡到横滑降的练习。
③ 在中、缓坡上进行山侧板和谷侧板蹬出的练习。
④ 用旗门限制在缓坡上进行两种蹬开方式的练习。

⑤ 分别用两种蹬开方式进行快速度的练习。
⑥ 快节奏地分别采用两种蹬开方式的练习。
⑦ 在转弯后半部的双板调节阶段时进行双板"切入"的练习。
⑧ 在较长的线路上交替使用两种蹬开方式进行练习。
⑨ 中坡上变化旗门难度的连续过门转弯练习。

3. 双板平行转弯动作要领及练习方法

1) 动作要领

滑行时保持一定的速度,进入转弯的准备阶段,提重心、移体重;体重向转弯内侧移,一板内刃、一板外刃蹬雪,滑入垂直落下线;继续向前屈膝、屈踝,体重移动结束后点杖开始,外、内板的体重比为7:3;上一个转弯的动作结束阶段和下一个转弯的点杖,踝关节应有蹬实的踏实感觉,身体处于直立状态;利用蹬踏的反作用力与向内倾倒,向斜上方提起体重;再次滑入向垂直落下线的方向,此时应有骑自行车或摩托车时体重在转弯的内侧、轮胎(雪板)牢牢地抓住地面的感觉。

2) 练习方法

① 在修整好的场地上进行单个双板平行转弯的练习。
② 在中坡上利用雪包进行单个动作的练习。
③ 连续进行两个浅弧或深弧的练习。
④ 在中披上转弯时内板稍抬起用外板转弯练习。
⑤ 在中坡上点杖换刃时用跳起动作进行以提高踝关节对动作质量的控制。
⑥ 不用雪杖双板平行连续转弯的练习。
⑦ 用连续轻跳方法进行连续转弯的练习。
⑧ 在转弯点杖时用双杖同时点杖动作的练习来保持上体与雪板动作的一致性。
⑨ 在中坡上进行快速度、快节奏的双板连续性转弯练习。
⑩ 限制上体(双臂抱胸前、背手等)的双板平行连续转弯练习。
⑪ 通过各种旗门的双板平行转弯动作练习。

4. 蹬跨式转弯动作要领及练习方法

1) 动作要领

在双板滑行的基础上弧内侧(右)板稍抬起并跨出;左板向弧外蹬出,要有右板跨出与左板蹬出同时进行的意识;外侧板(左)强有力地刃刻、蹬雪,为右板增大了向新的转弯方向的推进力,右腿主要承担体重;左侧板蹬板结束,重心升高开始收板并向左侧倾倒;双板平行进入新的回转弧,如图15-6所示。

图 15-6 蹬跨式转弯动作要领

2) 练习方法
① 在缓坡上进行连续单蹬板、收板的练习。
② 在中坡上进行雪板不离雪面的滑冰式蹬收练习。
③ 在中坡上进行雪板抬离雪面的滑冰式蹬收练习。
④ 进行单个动作的蹬跨式转弯的练习。
⑤ 用跨出较小幅度的方法进行练习。
⑥ 用跨出较大幅度的方法进行练习。
⑦ 进行有控制的深、浅弧的滑行练习。
⑧ 进行完整技术的小频率、快节奏的练习。
⑨ 不用雪杖进行完整技术的练习。
⑩ 用旗门限制在不同坡面练习。

15.2 滑雪运动比赛常识

现代滑雪运动大致可分为三种类别：阿尔卑斯山式(Alpine Skiing)、北欧式(NordicSkiing)和自由式。阿尔卑斯山式(高山)滑雪是指沿雪坡滑降的滑雪运动，其名称是因滑降运动源于阿尔卑斯山而得，其包括各式技巧和动作，其中三种最基本的动作：直降、横渡和转弯。北欧式滑雪包括了越野滑雪(Cross Country Skiing)和滑雪跳跃(Ski Jmping)，名称的由来是因为这种运动起源于北欧各国。越野滑雪是最大众化的滑雪方式。自由式滑雪其实就是一种特技表演，表演者从陡峭而崎岖不平的雪坡向下滑降，同时表演后跳、踢腿，甚至翻跟头等其他惊险的特技。世界性滑雪赛，除冬季奥运会之外，还有世界锦标赛和世界杯赛。另外，还有世界锦标赛和世界杯赛。

　　在开赛前观众应对所观赏项目的规则和特点有一个大致了解，这样有助于更好地欣赏比赛。比如高山滑雪，高山滑雪又分为速度系列和技术系列两部分。速度系列包括速降和超级大回转；技术系列则分为大回转和小回转两类。大回转的距离是小回转的两倍以上，且速度更快、坡度更陡，更为刺激；而小回转则更偏重技巧性。在大小回转比赛中，运动员出发时的起始速度快慢几乎可以决定他最终成绩的好坏。这是因为在滑行过程中，运动员想要提速是非常困难的。因此，在观看大小回转比赛时，观众应特别注意运动员出发时的动作。越野滑雪是滑雪比赛中对运动员的耐力和意志力要求最高的一个项目。它的比赛线路是上坡、下坡和平地各占三分之一。再如，越野滑雪，在越野滑雪比赛中，运动员可以采用两种截然不同的姿势：传统式滑雪和自由式滑雪。使用传统式滑雪姿势的运动员，在滑行过程中不允许出现蹬冰动作，否则会被判为犯规；而自由式滑雪则恰恰相反，它的滑雪动作更类似于滑冰或滚轴溜冰。观众在观看越野滑雪时，可以注意观察这一点。冬季两项是两种运动——越野滑雪和步枪射击的混合项目。它是冬奥会项目中唯一一项要求运动员在比赛中迅速由动态转为静态，再由静态过渡到动态的项目。因此观众在观看比赛时，应当随着比赛的节奏，注意动静结合。当运动员在冰雪之上驰骋的时候，可以尽情地喝彩加油，但是当运动员进入射击位置开始射击的时候，观众则应当尽量保持安静，让运动员更好地集中精力，发挥出最好的水平。

　　由于滑雪这项比赛是在户外进行，因此观众应事先做好保暖工作，特别是脚部的保暖。如果情况允许的话，最好还要戴上墨色眼镜。此外，观赛时不要冲出围栏或者警戒线，以免发生危险或者影响运动员比赛。另外需要注意的一点是，观众要保护好环境，随手带走垃圾，不要给美丽的雪峰留下污迹。观看滑雪比赛享受的是冰雪运动大气磅礴的美，它既是人对自然的挑战，更是人与自然的和谐共处。

第 16 章　冰球运动

冰球(Ice Hockey)，亦称"冰上曲棍球"。冰球运动是多变的滑冰技艺和敏捷娴熟的曲棍球技艺相结合，是对抗性较强的集体冰上运动项目之一，也是冬季奥运会正式比赛项目。运动员穿着冰鞋，手拿冰杆滑行拼抢击球。球一般用硬橡胶制成，厚 2.54 厘米，直径 7.62 厘米，球重为 156～170 克。比赛时每队上场 6 人，前锋 3 人，后卫 2 人，守门员 1 人。运动员用冰杆将球击入对方球门，以进球多者为胜。场地中间用一条红线分成两个相等的区域，两条蓝线又将比赛场地分成三部分：中间场地为中性区，两边场地为进攻(防守)区。

通过本章的学习，可以使读者了解冰球的技术以及各个技术的动作要点以及练习方法，并且还能够初步掌握观赏冰球比赛的一些注意事项以及重点常识。这样可以使读者对冰球有一个更加深入的了解。

16.1　冰球运动基本技术与实战攻略指导

16.1.1　滑行技术

滑行技术是冰球运动中一项最基础的技术，刚开始练习的时候一定要循序渐进，不可求快。滑行技术要从基本的站立姿势开始练起，站立时两眼平视，两腿稍弯曲，两肩尽量不要超过膝关节。身体重心侧移，蹬冰腿的膝关节在蹬离冰面时一定要蹬直再做蹬冰腿的后引，身体重心落在支撑腿上再做蹬冰腿的收腿动作。滑行的用力顺序是从上体开始移动，带动身体的作用力向下传送至腰腹部、臀部、大腿、膝部、小腿、踝部、脚至大脚趾，通过身体的腰腹部、臀部、大腿、膝部、小腿、踝部、脚及脚趾的力量给予上体以反作用力。在实际实践中，让学员理解滑行的动作原理及身体的主要用力部位和用力顺序、滑行的作用力与反作用力、破坏平衡与保持平衡的正确概念，以便在反复的练习中得以提高。

16.1.2 运球技术

运球技术是冰球滑行技术和用杆技术的综合，主要包括拨球、推球、拉杆过人及倒滑运球等，多用于过人前的反向拉球假动作及传球、射门假动作以及快速运球时用推球动作以加快速度。现代冰球比赛中，该技术已成为进攻中的锐利武器和衡量一支冰球队技术水平高低的一项重要指标。

1. 强行突破过人

强行突破过人又可称为"利用速度过人"。当运球队员接近防守队员时，突然加速与防守队员形成相对速度差而过人或压步加速切入强行过人。

2. 拉杆过人

运球队员在前进中，利用身体和变换球杆动作，使防守队员重心稍有移动，然后快速变刃拉杆过人，或用身体掩护球，避开对方抢截。

3. 假动作过人

在快速运球前进中，运球队员利用上体和头部左右虚晃或球杆假动作，打乱防守者步伐，使其产生错误的判断，当其某一侧露出空当时，立即运球过人。

4. 变速过人

运球时，时而全速推进，时而突然降速、急停或改变方向，再高速推进，借以过人或摆脱对方。

5. 透球过人

当运球者与防守队员的距离缩短至 2 米左右时，如防守队员主动上前伸杆戳球，可将球从防守队员的一侧或杆腿、两刀之间空当推过，同时上体左右虚晃后，从其另一侧绕过，再运球前进。

6. 利用界墙反弹过人

当进攻队员靠近界墙向前运球时，如遭到对方迎面阻截，当阻截队员接近时，可将球射向界墙，并用上体假动作迷惑对方，同时，迅速从阻截队员内侧绕过，接反弹球后继续前进。

16.1.3 传接球技术

传接球是完成进攻战术配合的主要手段，只有快速、准确和熟练的传接球，才能有效地完成各种进攻战术的配合。通常，传接球技术的优劣是衡量一支球队水平高低的重要标志之一。传球技术包括正拍传球、反拍传球、弹传、传腾空球和挑传球等；接球技术包括正拍接球、反拍接球、冰刀接球和杆柄接球等。

随着现代冰球比赛攻守转换速度的不断加快，对抗的双方都力争控制比赛节奏，传接球技术的运用在冰球比赛中就显得更为突出和重要，它是进行战术配合、组织进攻和获取射门得分的关键技术之一。

当前，冰球运动的发展使攻、防转换速度更快，力量对抗更强，这就要更加及时、准确和灵活地完成有效地传接球的配合。其传接球技术表现为快速传球，接球时及时摆脱对方，传球时手腕动作灵活，传球拍拉动距离短，正、反手传球角度多、隐蔽性强，接球时及时摆脱对抗，利用身体掩护抢先伸拍接应；垫、磕传和直接一拍传球，是近身紧逼时快速摆脱的有效手段；进攻方向中区回传球，尤其是在中区进入攻区蓝线之前，为能更好有效地控制球权，在进攻受阻时将球回传给快速跟进的接应队员，利用快速接球使比赛主动权控制在己方的战术中。

16.1.4 射门技术

世界冰球比赛正向全攻全守、灵活多变，高速推进前场的战略战术及高超的运球技术方向发展。因而冰球比赛的射门技术是决定比赛胜负的关键性技术，也是世界冰球学术界竞相探讨的课题。

在一场比赛中，一般射门30至40次，多的可达70次以上，而只有快速并且准确地射门才有可能得分。因此，射门技术是重点技术，是决定比赛胜负的关键。射门技术包括垫射、弹射、挑射、击射、正手拉射和反拍推射。

1. 垫射

队员用垫射传出的球，球突然改变方向，防守队员或守门员很难反应，没有有效防守时间。这种射门方法多在垫射队员离球门较近、接球队员位置正是守门员防守的空档时采用，其特点是入射角较大、球命中率高。

2. 弹射

弹射是队员弹动球拍，将球弹射出去的技术动作。这种射门动作较隐蔽，发力在瞬间完成，球速又较快，守门员和队员反应时间很短，所以较易射中球门。

3. 挑射

挑射是离球门较近时，将球高高挑起，打击球门的两个上角而实施的一种技术动作。通常是守门员防守下路或者倒地扑球未果时，被持球队员采用。这种射门技术快速有效，射门的成功率较大。

4. 击射

这种射门通常是在有效射区内，持球队员离球门较远，又没有对方队员阻截的情况下而采取的一种强攻手段。其优点是球速快，缺点是命中率低。射球队员稍有一点偏差，球就会飞离球门；而在射球队员挥拍的瞬间，又给了守队队员防守的时间，入射角被守门员几乎封死，因而命中率偏低。

16.1.5　阻截技术

阻截技术分为用杆抢截和合理冲撞两类。用杆抢截包括戳球、勾球、挑杆抢球和压杆抢球。合理冲撞包括肩部冲撞、胸部冲撞、臀部冲撞和向界墙挤贴。

所谓"合理冲撞"就是指防守队员可以在两个正常步幅内。运用身体的肩部、胸部和臀部向对方控制球的队员进行阻截和冲撞，以达到抢得球权和控制球的目的。

冰球比赛中频繁的身体阻截、突然的合理冲撞，是现代冰球运动防守技术发展的主要趋势之一。目前，参加世界各级冰球锦标赛的各队都非常重视利用熟练的身体阻截和冲撞技术来提高本队的防守水平。这种"硬式打法"的特点是以其咄咄逼人的声势和威力来限制与破坏对方进攻速度和节奏，决不允许对方从容地组织进攻。现代冰球运动员身高、体重逐渐"大型化"，也使比赛在紧紧围绕进攻得分、防守获球的攻防基础上，日趋白热化，身体阻截和冲撞技术运用达到了空前激烈的程度。

身体阻截和冲撞是冰球运动独具特色的技术，善于灵活运用这些技术将会大大提高防守水平，因此，在平时技、战术训练中，要注意结合身体阻截和冲撞技术的运用和练习。在训练中有目的地设置种种困难，要求运动员利用身体阻截和冲撞技术夺得球权。培养运动员勇猛顽强的精神，敢于主动自觉地与对方发生身体接触，并达到自己的目的。在比赛中依据"规则"合理运用身体阻截和冲撞，打乱对方阵脚和进攻节奏，使对方难以发挥出正常的技战术水平，避免出现不必要的犯规。不同区域采取不同的方法、手段进行防守，避免出现盲目地阻截和冲撞，确保成功地运用该项技术，争取主动权以取得比赛胜利。

16.1.6　跪挡技术

跪挡技术多用于防守和抢截，包括单腿跪挡和双腿跪挡。

随着冰球运动的发展和多次比赛的历练，不少国外的先进技术被我国球员学习和掌握，跪挡技术就是其中之一，其已成为球员防守中的主要技术。在练习跪挡技术时，普遍重视跪挡的速度，这是正确的；但是忽视跪挡后起来的训练，这却是不对的。如果平时训练时，球员没有形成良好的条件反射及技术动作，跪挡后起来的过程就很慢，这就要求平时要加强跪挡后起来的练习，如单腿起、双腿起、跪跳起等。目前大多数教练认为双腿起对有些球员更为合适。其动作要领是：跪挡后，含胸收腹，臀部向下向后移动(向后坐)，把双膝、双腿带动起来。两脚不动或向里收，这样就可以站立起来了。其好处是，恢复基本姿势快、重心稳。

在近、中距离射门时，由于下部球防守困难，采用跪挡技术防守效果是非常明显的，但是跪挡技术也要合理地运用，不然也会起反作用。有些球员学习了跪挡技术之后，忽视了全面技术训练，特别是刀、拍防守的技术。在比赛中由于刀、拍防守能力的减弱，迫使球员不管远、近球，过多而盲目地跪挡，造成了不必要的失分。实践证明跪挡技术不能代替一个优秀球员全面的冰面防守技术，因此，球员必须在平时加强全面的技术训练，只有掌握了全面技术，跪挡的技术才能更好、更合理地运用。

16.1.7　守门员技术

守门员是队内最重要的队员，在一支冰球队中，前锋队员作为两翼去摧城拔寨，中锋队员作为全队的灵魂来组织进攻，而守门员则作为全队的后盾以确保球门不失。一名守门员要具备较强的自信心和意志力，较好的灵敏性和反应能力，以及较强的爆发力。此外，还要掌握以下防守技术的十大动作：①用球拍挡球：用球拍的不同位置挡住并控制住来球并传出；②抓球：当球射到膝部以上的时候可用手抓球；③挡球：对射到门拍一侧的高球可使用挡手防护；④全分腿挡球：两腿在冰上迅速分开，以阻挡射到远处的下角球；⑤分腿挡球：一腿跪下、另一腿伸出，用以防守底角球；⑥双腿侧躺挡球：多用于对付晃门和冰面球；⑦蝶式跪挡：多用于对付晃门和冰面球；⑧侧踢球：对付侧面的快速低射球，可用护腿踢球；⑨冰刀挡球：冰刀挡球多用于防守射底角球的快速动作；⑩戳球：在门前混战的情况下，守门员可迅速果断地用球拍戳球完成防守动作。

守门员训练的主导思想是主动的防守。主动防守的形式较多，如遇到射门时，一定要出迎，这一出迎便缩小了射门的角度。主动利用守门员的拍、断、截、搓球，对打到门侧、门后及两边的球要大胆果断地去抢、去挡，控制在自己手中，造成死球或者传给同伴进行反击。

守门员一定要把被动挨打的消极防守，变为积极主动、大胆果断的主动防守，这是当今冰球守门员技术发展的方向。当然，这就要求教练员和运动员要统一思想、配合默契，树立正确的训练指导思想并与比赛相结合。一支冰球队伍能否获胜，守门员起着举足轻重的作用。所以，教练员必须重视守门员的选材和训练，对其训练必须坚持严格要求，从严、从难训练，注重练好主动防守的基本功。

16.2 冰球名将介绍与比赛常识

16.2.1 冰球名将

1. 韩丹妮

韩丹妮,哈尔滨人,温哥华冬奥会入围者,没有任何运动级别正式成为国家级的运动健将。韩丹妮在2010年温哥华冬奥会之前参加过的最大比赛是2009年全国女子冰球锦标赛,她所在的哈尔滨市体育运动学校队获得第2名。

2. 韦恩·格雷茨基

韦恩·格雷茨基(Wayne Gretzky),加拿大的职业冰球明星,得到2857分的"伟大冰球手",全球冰球传奇人物。14岁时签约参加职业联赛。在美国全国冰球协会(NHL)征战了20个赛季,曾为埃德蒙顿油人冰球队(Edmonton Oilers)、洛杉矶国王队(Los Angeles Kings)、圣路易蓝调队(St. Louis Blues)和纽约巡游者冰球队(New York Rangers)效过力,至今保持美国职业冰球最高进球纪录,于1999年退役。曾任NHL菲尼克斯飞人队教练。目前是凤凰城郊狼冰球队(Phoenix Coyotes)的任事股东和主教练。

3. 辛尼·克罗斯比

辛尼·克罗斯比(Sidney Crosby),1987年8月7日生于加拿大海滨小镇科尔港,2005年以状元秀的身份被选入传奇球队匹兹堡企鹅队,同时他也以最年轻球员的身份(18岁)直接进入NHL。2010年温哥华冬奥会,22岁的克罗斯比第1次参加奥运会,在加拿大与美国的男子冰球决赛中,比赛打到加时,克罗斯比打进了制胜金球,帮助加拿大队夺冠,成为加拿大的英雄,克罗斯比也成为大满贯冠军选手最年轻的。

16.2.2 比赛常识

每场NHL正规赛共60分钟。比赛共分3节,每节共20分钟,每局中间各有15分钟的暂停。在正规的60分钟结束后,入球数最多的球队获胜。冰球比赛没有平局,如果正规时间结束后仍平手,便会进行加时。加时时限为5分钟,采用黄金入球赛制,即任何一方先入球立即获胜;每队只能派出4人(守门员不计算在内)。如果比赛在加时后仍分不出胜负,则会以梅花间竹(一来一回)形式进行互射入球:每队各派3名球员进行单刀射球。假若3轮的互射后仍未有结果,每队会继续派球员仍以梅花间竹形式进行互射,直至分出胜负。胜方得两分,负方则以加时战败作算,得1分。

在NHL比赛开始时,双方球员会在球场中线开球。开球意即双方互派一位球员对垒,在裁判放下球后，用曲棍互相争夺。每队可派 6 名球员同时上阵；正常情况下会是 3 名前锋、2 名后卫和 1 名守门员。但在比赛临近结束时，若其中一方落后 1~2 球，落后的一方通常会撤下守门员而加派 1 名前锋。

若有球员犯规，按裁判裁决，可受到离场 2 分钟、2×2 分钟或 5 分钟以及更重的处罚。球员离场后，被罚的一方会打少 1 人，直至离场时间完毕。但在 2 分钟和 2×2 分钟的离场刑罚中，若被罚的一方被攻入球，处罚便会自动终结。(注：在 2×2 分钟的离场处罚中，若入球是在首 2 分钟内发生，处罚只会减至 2 分钟)当球员带着球进攻时，球必须比所有己方球员先进入敌方防守区，否则便算为越位；要在防守区外重新开球。

第 17 章 冰壶运动

17.1 冰壶运动概述

17.1.1 冰壶运动发展历史

冰壶(Curling)，又称掷冰壶、冰上溜石，是以队为单位在冰上进行的一种投掷性竞赛项目。冰上溜石14世纪起源于苏格兰，于19世纪初传入加拿大，随后在美国等地流行。从此，冰上溜石作为一项冬季运动在欧洲和北美逐渐开展起来。首届世界冰上溜石锦标赛始于1959年，最初称为苏格兰威士忌杯赛，1968年改称加拿大银扫帚锦标赛，1986年正式定名为世界冰上溜石锦标赛。1924年，冰壶首次以表演项目的形式在奥运会上亮相。从1998年开始，冰壶被列为冬奥会正式比赛项目。

17.1.2 中国的冰壶运动

1995年，在世界冰壶联合会的大力推动下，由日本出人、加拿大出技术在中国举办了第一届冰壶培训班。2000年，中国第一支冰壶队哈尔滨市队艰难成立；2003年，第一支国字号队伍诞生；同年，中国加入世界冰壶联合会。自此，世界冰壶赛场才有了中国运动员的身影。

2009年2月27日，第24届世界大学生冬季运动会女子冰壶比赛完美收官，中国姑娘战胜世界冰壶强队加拿大夺得冠军，拿到了中国人在世界综合性冬季运动会集体项目上的第一块金牌。2009年3月29日，女子冰壶世锦赛将在韩国江陵举行，中国女子冰壶队获得金牌。2010年温哥华冬奥会女子冰壶铜牌。

17.2 冰壶运动基本技术

17.2.1 握法

冰壶石不光是用手握的，也不光是握在掌心深处，还需要手指与手掌的密切配合。手指用力握紧冰壶石来控制好持续投石的动作是非常重要的。投石时有大旋转和小旋转技巧。

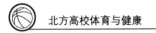

17.2.2 投掷方法

以双方队员掷出的石离大本营中心的个数及远近来计算得分并决定胜负。

(1) 运动员蹲下身子并作将身体坐在腿肚子上的姿势，伸直胳膊把冰壶石轻松地放在自己的前方。垂直肩膀、伸直胳膊、靠拢膝盖、端正身体。在身体放松的情况下，控制好平衡是非常重要的。

(2) 在将冰壶石向前稍微移动的同时开始投石。在作投石动作之前，要先把躯干部分抬起。

(3) 在抬起躯干的时候，保持好伸直的胳膊与垂直的肩膀。其余只要掌握好冰壶石的握法与自我控制，并以正确的姿势投出冰壶石便不会失误。

(4) 冰壶石是由肩膀用力而投出去的。靠伸直的肩膀前后摇摆来调节投石的距离。重要的是要控制好小横步，实际就是脚的转弯度。作投石运动时保持好重心也是重要因素之一。把身体的重心移到右侧稍微弯曲的脚上，用左脚来控制并掌握平衡。

(5) 把冰壶石提到自己的前方，伸直胳膊，然后把脚慢慢地移到冰壶石的后方。因为身体的重心要从后脚移到向前弯曲的前脚上，所以要掌握好平衡，可以借助左手拿着的刷子来调节平衡。

(6) 投石运动员把冰壶石充分地提到自己的前方，右脚伸直至后方并将身体向前移动；使肩膀垂直于帮助调节平衡的刷子是非常重要的。投出石的瞬间，前胸落到膝盖的内侧，冰壶石脱手而出，飞向目的地。这时身体完全保持平衡，甚至不用刷子来支撑。

(7) 投石结束后，身体伸展到最低、最远的程度，到最后的一个动作完成为止，肩膀保持垂直，胳膊也要伸出去。为了不养成坏习惯，投出冰壶石后使身体保持最低的姿势，直到投石结束为止。

17.3 中国女子冰壶队介绍

17.3.1 中国女子冰壶队

中国女子冰壶队成立于 2003 年，虽然成立时间短，但中国女子冰壶队在短短 5、6 年间就跻身世界强队行列。2007 年，中国队聘请了加拿大籍外教丹尼尔，中国女子冰壶的成绩可谓突飞猛进。在 2008 年女子冰壶世锦赛上，中国姑娘一鸣惊人，获得亚军，2009 年 3 月 25 日，获得女子冰壶世锦赛冠军，并在不久后的 2010 年温哥华冬奥会上摘得铜牌，凭着这一系历史性的突破，她们最终获得了由中央电视台颁发的 2009 年度体坛风云人物最佳团队奖。

17.3.2 女子冰壶运动员

1. 王冰玉

王冰玉，女，汉族，1984年7月生，中国冰壶队女队队长。就读于哈尔滨体育学院。王冰玉出生于一个冰上运动世家，她的父亲是一名冰球教练。上中学时一个偶然的机会，王冰玉尝试了一次冰壶，就喜欢上了这个项目。2009年女子冰壶世锦赛上，王冰玉带领中国女子冰壶队在决赛中战胜经验老到的瑞典队夺得了冠军，实现了中国在冰雪项目上的重大突破。2010温哥华获得冬奥会铜牌。2011年获得泛太平洋地区冰壶锦标赛冠军，2012年获得第12届全国冬季运动会冠军。

2. 岳清爽

岳清爽是中国冰壶队二垒，1985年10月生，身高1.68米，是冰壶队个头最高的队员。2003年第10届全国冬季运动会冠军。2007年亚洲冬季运动会季军。2008年世界冰壶世锦赛亚军。2008年世界大学生冬季运动会冠军。2009年世界大学生冬季运动会冠军。2009年世锦赛冠军。2010年温哥华冬奥会铜牌。2011年丹麦女子冰壶世锦赛季军。2011年泛太平洋冰壶锦标赛冠军。2012年中国•伊春世界6强国际女子冰壶邀请赛亚军。2013年中国冰壶公开赛季军。

第 18 章 游泳运动

18.1 游泳运动概述

人类的游泳活动源远流长，其产生与人类社会的生产劳动、生活娱乐及战争等活动紧密联系，它是人类在征服自然、改造自然的生产劳动中产生的；在满足人们的娱乐、竞争的需要中发展起来的。

1952 年，我国举行了第 1 次全国游泳比赛大会，有东北、华北、中南、华东、西南、人民解放军和铁路等地区、单位的 165 名运动员参加(男 106 名，女 59 名)。我国游泳运动员参加的第 1 次国际比赛是在芬兰赫尔辛基举行的第 15 届奥运会的游泳比赛，我国游泳运动员因交通受阻，只有吴传玉 1 人参加了游泳比赛。中国的五星红旗第 2 次升起在国际泳坛上，是在 1953 年 8 月举行的第 1 届国际青年友谊运动会上，吴传玉以 1 分 06 秒 4 获得了 100 米仰泳冠军。不幸的是，他在 1954 年 10 月出国比赛中，因飞机失事遇难。

从 1956 年开始，我国每年春秋两季举办全国性游泳比赛已形成制度。从 1958 年起，每年的全国性比赛均称为"一级健将级"游泳比赛。

游泳运动是克服水的阻力，利用水的浮力，在水的特殊环境中进行的一项有锻炼价值的娱乐水中项目。游泳运动在奥运会奖牌数量中仅次于田径运动项目，同时游泳也是人们在日常生活中的一种运动技能与生存能力，是一项非常有益、历史最为悠久、群众最为广泛、深受人们喜爱的运动锻炼项目，与其他项目相比，具有更强的健身性、健美性和社交性。

在全民健身运动广泛开展的今天，在青年、少年、儿童中开展和普及游泳运动，更具有重要的现实意义。

18.2 游泳运动的分类及技术指导

18.2.1 游泳运动的分类

竞技游泳包括 4 种姿势：蛙泳、自由泳、蝶泳和仰泳。本书主要对蛙泳和自由泳进行讲解。

18.2.2 蛙泳技术动作指导

1. 身体姿势

蛙泳在游进中，身体位置不是固定不动，而是不断变化的，特别是近年来出现的"波浪式"蛙泳，身体位置更不稳定。在一个动作周期(二次蹬腿二次划手)结束后，有一短暂的相对稳定的滑行瞬间，此时臂腿并拢伸直，身体较水平地俯卧于水面，头略微抬起，身体纵轴与水平面成角约 50～100 度，身体保持一定的紧张度，以维持较好的流线型。

2. 腿部技术

蛙泳的腿部动作可分为 4 部分，即收腿、翻脚、蹬腿和滑行，各部分之间是紧密相连的完整动作。

(1) 收腿。两腿同时屈膝屈腿，两膝一边慢慢分开一边向前收腿，小腿和脚应跟在大腿和臀部的后面，以较慢的速度和较小的力量使脚后跟向臀部靠拢，以减小阻力。

(2) 翻脚。通过向外翻脚，使脚尖朝外，对水面增大，并使脚和小腿内侧对准蹬水的方向。翻脚结束时，两脚之间的距离要大于两膝之间的距离。

(3) 蹬腿。确切地说，应该是"蹬夹水"，也叫"鞭状蹬水"。蹬腿时，应先伸展髋关节，从大腿发力向后蹬水，小腿和脚掌做向下和向后的鞭水。腿在向后蹬的同时向中间夹紧，蹬腿结束时两腿应并拢伸直，踝关节伸直。

(4) 滑行。蹬腿结束后，由于蹬腿的惯性作用两腿有一个短暂的滑行阶段。这时两腿应尽量伸直并拢，腿部肌肉和踝关节自然放松，为下一个动作周期做好准备。

3. 手臂技术

蛙泳手臂划水可以产生较大的推进力，特别是现代蛙泳技术，更加强调划水的作用。蛙泳的划水路线从水下看，像一个"倒心形"。蛙泳臂部动作可分为开始姿势、滑下、划水、收手和移臂等几个部分。

(1) 开始姿势。蹬腿结束时，两臂前伸，与水平面平行，掌心向下，身体保持流线型。

(2) 滑下。也叫抓水，两肩和手臂前伸，手腕向前、向外、向下方勾手，应感觉到水对前臂和手掌的压力。抓水结束时，两臂分开，约成 45 度角。

(3) 划水。划水开始时，两手继续外分，手臂向外旋转，同时屈肘、屈腕，保持高肘划水。划水的前一部分手臂同时向外、向下和向后运动，而后一部分手臂同时向内、向下和向后运动。

(4) 收手。划水结束后，手臂向外旋转，手同时向内、向上和向前快速运动，开始收手过程。收手时，两掌心相对。收手结束时，肘的位置低于手，肘关节弯曲成较小的锐角。

(5) 移臂。蛙泳移臂是 4 种姿势中唯一在水下完成的。尽管目前有些运动员为了减小移臂的阻力采用从水面上移臂的方法，但由于这样做容易使腿下沉，所以并不流行。

移臂是在收手的基础上完成的。通过向前伸肩和伸肘，两臂前移至开始姿势。移臂时，掌心可以向下,也可以向内,在即将结束时再转为向下。

4. 呼吸及完整配合技术

蛙泳的呼吸一般在一次动作周期中吸一次气。臂、腿、呼吸的配合多采用1:1:1的配合。

蛙泳呼吸采用抬头吸气,相对于划水来说,有早吸气和晚吸气两种配合形式。早吸气是指手臂刚开始划水时抬头吸气。晚吸气是指划水结束收手时吸气。

18.2.3 自由泳技术动作指导

1. 身体姿势

理想的自由泳身体姿势应该能使运动员最大限度地减小阻力,增大推进力。因此,游泳时,身体要保持水平姿势,水面接近发际,髋部略低于肩,身体纵轴与水平面成很小的锐角。

自由泳游进中身体往往随划水和呼吸动作绕纵轴做有节奏的转动,转动角度在40度左右。这种转动有助于呼吸动作的完成,并使手臂划水的幅度加大,便于更好地发挥上肢和肩带肌群的力量,因此是有益的。

2. 腿部技术

自由泳时,腿发挥的作用一直为专家学者所争论,观点不完全统一,较为一致的看法是,腿主要起着维持身体平衡,保持身体位置,并配合划水动作的作用。打腿对短距离游泳的作用非常关键。

自由泳打腿基本是在矢状面上完成,由向下打腿和向上打腿两部分构成,其中向下打腿是主要产生推进力的动作,因此要速度快一些,用力大一些。动作可以描述为"大腿带小腿,两腿鞭打水"。

3. 手臂技术

自由泳时,身体前进的主要推进力产生于手臂的划水动作。自由泳划水动作可以分为入水、抱水、划水、出水和空中移臂5个部分。空中移臂是水中划水的必要准备,但不产生推进力;真正产生推进力的部分是划水。

(1) 入水。入水并不产生推进力,它的目的是使手臂伸展到合适的位置,为划水做好准备。入水阶段手的运动方向是向前、向下和向外,而没有向后的分量。手的入水点应在肩的延长线上或身体中线和肩的延长线之间。过宽或过窄都不利于后面的划水。

(2) 抱水。抱水的动作好像是用单只手臂去抱一个大圆球一样,其目的是使手臂找到合适的发力点和支撑点。抱水开始时,手臂是直的,然后逐渐屈肘,使肘高于手,高肘的目的是使前臂和手最大限度地向后对准水。当手臂抱至与水平面成角约 40 度，肘关节屈至约 150 度时，抱水结束，进入划水阶段。

(3) 划水。划水是获得推进力的主要阶段，这个阶段又分为两部分，前面是"拉水"，后面是"推水"。拉水时，手同时向内、向上和向后运动，应保持高肘姿势。拉水结束时，手在身体下方靠近身体中线，屈肘角度约 90 度。此时转入推水阶段。推水时，手同时向外、向上和向后运动，这些动作应在拉水的基础上加速连贯完成，中间不能有停顿。推水过程中手臂由弯曲过渡到伸直，手臂的推水速度是整个划水过程中最快的。当手臂在后方与水平面成角约 20 度时，推水结束，转入出水阶段。

(4) 出水。划水结束后应立即在肩的带动下将手臂提出水面。出水的顺序是肩、上臂、前臂和手。出水动作应快速连贯，但前臂和手应尽量放松。

(5) 空中移臂。空中移臂是出水的继续，不能停顿。移臂要放松自然，肘高于手。移臂动作应借助于肩关节的自然转动，手的速度快于前臂和上臂的速度，因为移臂开始时手落后于肘关节，而移臂结束时手应在最前方领先入水。

4. 两臂的配合

自由泳两臂的配合有三种基本形式，即前交叉配合、中交叉配合和后交叉配合，此外还有介于这三者之间的中前交叉和中后交叉。中交叉配合指一臂入水时另一臂位于肩下，与水平面约成角 90 度；后交叉配合指一臂入水时另一臂位于腹下，与水平面约成角 150 度。这两种配合有利于发挥力量，提高频率，保持连续的推进力。

5. 完整配合技术

自由泳配合技术有多种形式，其中 6:2:1 配合是较常见的一种，即 6 次打腿 2 次划水，1 次呼吸。此外还有 4:2:1 和 2:2:1 等多种配合形式。一般来说，短距离比赛中，常见 6 次打腿的配合技术，有些运动员可达到 8 次以上划水 1 次吸气。而长距离运动员则多用 2 次腿配合，呼吸较频繁，2~3 次划水吸 1 次气，但在最后冲刺或超越时多改用 6 次腿配合技术。

第 19 章 体育舞蹈

19.1 体育舞蹈概述

体育舞蹈是把体育运动和艺术表演完美结合的运动项目。它以人体舞蹈动作为基本表现工具，配合以不同艺术风格的音乐伴奏，通过规范化的舞蹈动作技术，达到运动健身和竞技表演目的艺术化的运动项目。它把体育、艺术、音乐融为一体，是广受世界各国人民欢迎的高雅健美运动项目。

体育舞蹈一般有两种含义：一是指国际标准交谊舞；二是泛指用来健美、健身的各种流行舞蹈。本章将以国际标准交谊舞为切入点。

国际标准交谊舞(International Style of Ballroom Dancing)，简称国标舞。国际标准交谊舞是体育运动项目之一，是以男女为伴的一种步行式双人舞的体育竞赛项目。

国际标准舞源自民间交际舞。交际舞则是源自远古时代的古老民间舞蹈。舞蹈作为一种社会审美形态和方式，源自远古时代，是人类生产劳动、战争操练、宗教仪式、习俗喜庆等活动的艺术再现。用来表达情感，进行社会交往，满足文化娱乐和促进身心健康的需要。古老的民间舞蹈，在初始阶段，都是以群舞的方式进行，后来逐步演变为男女对舞的民间土风舞蹈。

11 世纪左右，在欧洲民间土风舞蹈逐渐演变成流行于贵族舞会和宫廷舞会中的"宫廷舞"，舞蹈动作由简单粗放演变为比较高雅复杂，有一定规范的舞蹈，一般只在上层社会盛行。1789 年，法国大革命结束了君主统治，"宫廷舞"也成为社会中人人可跳的平民社交舞蹈。1924 年，英国皇家舞蹈教师协会对当时的交谊舞进行了整理，将各种舞种的舞步、舞姿、跳法加以系统化和规范化。此后，相继制定了"布鲁斯""慢华尔兹""慢狐步舞""快华尔兹""快步舞""伦巴""探戈"等 7 种交谊舞，称之为普通国际标准交谊舞，这可以称为是早期的普通体育舞蹈。1947 年，在柏林举行了首届世界交谊舞锦标赛。1960 年，起源于古巴的拉丁舞也正式成为了世界锦标赛项目。1950 年，英国主办了一届世界性的大赛。1997 年 9 月 4 日，拥有 74 个会员国的"国际舞蹈运动总会"正式成为国际奥林匹克委员会会员，2000 年，国际标准舞成为悉尼奥运会表演项目，2008 年，国际标准舞成为奥运会正式比赛项目。

体育舞蹈的发展过程经历了原始舞蹈、民间舞、宫廷舞、社交舞、新旧国际标准交际舞等发展阶段。体育舞蹈的前身简单说就是社交舞，也称交际舞、交谊舞。

经过长时期的演变，随着当今科技、文化的发展，交谊舞已经不仅是一种娱乐性舞蹈了，还发展成了一种融合艺术性、技术性、表演性于一体的竞技舞蹈。近年来，国际标准交谊舞已统一称为体育舞蹈(Sports Dance)。每年在国际上都有不同地区、不同级别、不同规模的多种比赛，包括奥运会正式比赛。

近年来，中国选手在世界级体育舞蹈比赛中取得了很好的成绩。例如，2014年英国UK世界公开赛中，来自广州体育学院的吴稚安和雷莹获得职业新星现代舞比赛中取得第3名的好成绩。第4名则由来自深圳的张弛和张艳娜获得。这次比赛中业余现代舞的冠亚军则分别由北京百汇演艺学校彭佳楠和钟佳慈以及上海超逸文化的李思诚和周曼妮获得。

目前，在我国的高等院校中，体育舞蹈作为新兴的专业，属于全国高考招生。考生的文化课需要参加全国统一高考，专业课需要参加报考学校组织的专业考试，考生可同时报考几所学校。为培养优秀的体育舞蹈人才，满足社会对体育舞蹈专业人员的需求，国内各大专业院校相继设立了体育舞蹈专业，招收高中毕业的艺术类考生，使其进入大学深造。这样，就为大批考生提供了通过艺术类考试进入高校的新途径。目前从事体育舞蹈专业培训，招收体育舞蹈考生的大学有很多，有北京体育大学、广东海洋大学、广州体育大学、华南师范大学、山东师范大学、上海体育学院等几十所高校。学生毕业后可到普通高校、中学、健身会所、文化(艺术)馆、群众团体、科研单位进行教学、训练、指导培训与管理工作。

19.2　体育舞蹈的基本分类

按照不同的舞蹈风格和技术结构，体育舞蹈可以划分为现代舞(又称摩登舞)和拉丁舞两大类。现代舞包括"华尔兹""探戈""狐步舞""快步舞""维也纳华尔兹"5种舞蹈；拉丁舞包括"伦巴""恰恰恰""桑巴""斗牛舞""牛仔舞"5种舞蹈。1964年，增加了新的表演比赛内容——集体舞(由8对选手，混合现代舞和拉丁舞的一种群体表演竞赛方式)，按照竞赛项目，体育舞蹈则可以划分为现代舞、拉丁舞和集体舞3大类。

19.3　体育舞蹈的风格特点

19.3.1　华尔兹舞

华尔兹舞(Waltz)是交际舞的一种，又称圆舞、慢华尔兹、波士顿华尔兹，起源奥地利民间舞。舞姿雍容华贵，被人们称作"舞中之后"。伴奏音乐是三拍子，分快、慢两种。表演时，男女或两女成对，在音乐的伴奏声中自右至左旋转而舞，把升降、摆荡、反身、倾斜融为一体,在优美的音乐伴奏下翩翩起舞,其特点是欢快、热烈、温馨而浪漫。

19.3.2 探戈

探戈(Tango)是一种双人舞蹈,源于非洲,但流行于阿根廷。伴奏音乐为2/4拍,使用顿挫感非常强烈的断奏式演奏,在实际演奏时,将每个四分音符化为两个八分音符,使每一小节有4个八分音符。跳探戈舞时,男女双方的组合姿势和其他摩登舞略有区别,叫做"探戈定位"。跳舞时,双方靠得较紧,男士搂抱的右臂和女士的左臂都要更向里一些,身体要相互接触,重心偏移,男士重心主要在右脚,女士重心主要在左脚。男女双方不对视,定位时男女双方都向自己的左侧看。男士打领结穿深色晚礼服,女士着一侧高开叉的长裙。探戈以音乐节奏明快为主要特点,舞步以华丽高雅、刚劲顿挫、热烈狂放为主要特点。

19.3.3 狐步舞

狐步舞(Fox)源自美国黑人舞蹈。1914年夏,美国演员哈利·福克斯从慢步行走的动作中得到灵感,设计出狐步舞。伴奏音乐为4/4拍,每分钟30小节左右。跳狐步舞时要求身体挺直,膝关节放松,臀部和髋部固定。由于狐步舞舞步平稳自由、动作流畅悠闲,其伴奏音乐优雅、恬静、婉柔,故上身动作多变,大多数采用了反身动作位置,使其舞蹈特性更加文雅,跳舞舞步更加变化多样,需要舞伴之间配合更加默契,同时狐步舞大量运用了足跟旋转技术,这更加突出了舞蹈特性。狐步舞的风格特点是流动感强,动作轻盈平稳、舒展流畅、悠闲从容。

19.3.4 快步舞

快步舞(Quick Step)因舞步频率很快而得名,又因其具有轻快灵巧、活泼欢跳的风格特点而有"欢快舞"之称。起源英国,最早是黑人的土风舞,后来逐渐演变为快步舞。快步舞与波尔卡舞和查尔斯顿舞有着密切的相互关系。快步舞还融合了芭蕾舞中的一些小跳动作,而显得更加轻快灵巧,更具技巧性和艺术魅力。伴奏音乐为4/4拍,每分钟50小节,基本节奏是慢慢快快(SSQQ),慢快快慢(SQQS)。快步舞的风格特点是动作轻快活泼,富于跳跃性,舞步圆滑流利、奔放灵活、快速多变,令人目不暇接,极富魅力。

19.3.5 维也纳华尔兹舞

维也纳华尔兹舞(Viennese Waltz)也称"慢三步",源自奥地利。伴奏舞曲旋律优美抒情,节奏为 3/4 的中慢板,每分钟 28～30 小节。每小节 3 拍为一组舞步,每拍一步,第一拍为重拍,三步一个起伏循环。通过膝、踝、足底、跟掌趾的动作,结合身体的升降、倾斜、摆荡,带动舞步移动,使舞步起伏连绵。维也纳华尔兹与华尔兹一样,具有舞姿高贵华丽、典雅大方、轻快流畅、热烈兴奋的风格特点。但速度比华尔兹快一倍,旋转性更强,必须在很快的速度中和谐地完成反身、摆荡、倾斜、升降等技巧动作。

19.3.6　伦巴舞

伦巴舞(Rumba)也被称为"爱情之舞",是拉丁舞项目之一,源于 16 世纪非洲的黑人歌舞的民间舞蹈,流行于拉丁美洲,后在古巴得到发展,所以又叫古巴伦巴。伦巴是拉丁音乐和舞蹈的精髓和灵魂,引人入胜的节奏和身体表现使得伦巴成为舞厅中最为普遍的舞蹈之一。伴奏音乐节奏为 4/4 拍。伦巴舞的特点是舞姿柔美、浪漫迷人、性感热情;步伐曼妙缠绵,身体姿态婀娜生动。

19.3.7　桑巴舞

桑巴舞(Samba)源自巴西巴伊亚的一种舞蹈。它最早是非洲土著带有宗教仪式性的舞蹈,通过被贩卖到巴西的黑人奴隶带到巴西,再与当地其他文化相融合,渐渐演变成今日的桑巴。桑巴现已被公认为巴西和巴西狂欢节的象征,是最大众化的巴西文化表达形式之一。其中,巴伊亚的圆圈桑巴舞(一种里约热内卢的桑巴)在 2005 年被联合国教科文组织列入人类非物质文化遗产代表作名录。桑巴舞的伴奏音乐为 2/4 拍,速度为每分钟 40～56 节。桑巴舞的风格特点是热情奔放、激情四射,舞步具有弹跳性,舞步不停地游走移动,动感极强。

19.3.8　恰恰恰舞

恰恰恰舞(Cha Cha Cha)源自墨西哥、古巴,是由曼波舞衍生的舞蹈。最早是模仿企鹅走路的形态,很具有趣味性。恰恰恰舞的基本舞步吸收了很多伦巴舞的元素,两者的腰、胯动作非常相近,而由于恰恰恰舞曲节奏较快,而需要将延伸的动作缩短时间,因此它的重心也比伦巴相对要高一点点。恰恰恰是拉丁舞中的新秀,是所有拉丁舞中最受欢迎的舞蹈,音乐很容易辨认,旋律音符通常是短音或是跳音。伴奏音乐节拍为 4/4 拍,有时 2/4 拍,虽然恰恰恰舞曲经常使用每分钟 34 小节的节奏,其实最理想的节拍是每分钟 32 小节。恰恰恰舞的节拍数法有"慢、慢、快快、慢""踏、踏、恰恰恰"和"2、3、4、1"等。恰恰恰舞的风格特点是舞姿花哨优美,舞步欢快,充满激情,热情奔放。

19.3.9 斗牛舞

斗牛舞(Paso Doble)源于法国，盛行于西班牙，是模仿西班牙斗牛士动作的一种舞蹈。斗牛舞是从斗牛运动演变的，"Paso Doble"是西班牙文，意思是"两步"，斗牛舞是一种两步舞，男士象征斗牛士，女士象征斗牛士用以激怒公牛的红色斗篷，所以女士有相当大的跳跃、旋转动作；男女动作都相当舒展、激烈，并与音乐配合非常一致。伴奏音乐为2/4拍，一小节两拍，重音在第一拍上，舞蹈是从音乐小节的第一拍上开始起步的。斗牛舞和桑巴舞一样，也是一种行进型的舞蹈其舞蹈风格特点是舞姿刚劲威猛，舞步干净利落。

19.3.10 牛仔舞

牛仔舞(Jive，或 The Cowboy Dance)，又称为捷舞。牛仔源于美国黑人舞蹈，是一种节奏快、耗体力的舞种。原是美国西部牛仔跳的一种踢踏舞，50年代爵士乐的流行，加速和完善了牛仔舞，但其风格还保持美国西部牛仔刚健、浪漫、豪爽的气派。第二次世界大战由美国水兵传播开来。牛仔舞舞曲旋律欢快、强烈跳跃，音乐节奏为4/4拍，每分钟42～44小节、六拍跳八步。牛仔舞的基本舞步有踏步、并合步，结合跳跃、旋转等。舞动时要求脚掌踏地，腰和胯部做钟摆式摆动。其风格特点是舞步自由多变，敏捷、跳跃，舞姿轻松、热情、欢快。

第 20 章 轮滑运动

20.1 轮滑运动概述

轮滑(Roller Skating)又称滚轴溜冰、滑旱冰,是穿着带滚轮的特制鞋在坚硬的场地上滑行的运动。

轮滑是一项休闲运动,但同时也是竞技项目,随着轮滑运动的不断完善,目前已形成多项轮滑竞技项目,目前的奥运会已出现轮滑的身影了。现代轮滑运动分为速度轮滑、花样轮滑和轮滑球 3 大项。另外还有极限轮滑:利用 U 形台、滑杆等做各种各样的惊险、复杂的技巧表演动作。极限轮滑,其分为街道赛和半管赛。极限轮滑是轮滑竞技项目中最吸引人的一项。下面简要介绍下速度轮滑、花样轮滑、轮滑球、休闲轮滑和自由式轮滑。

1. 速度轮滑

速度轮滑是以单排、双排轮滑鞋为比赛工具的竞赛项目,分场地跑道比赛和公路比赛两种。世界锦标赛场地跑道正式比赛距离为男子 1000 米、5000 米、10 000 米、20 000 米 4 项;女子 500 米、3000 米、5000 米 3 项;公路比赛包括女子 21 千米半程马拉松赛、男子 42 千米马拉松赛。场地跑道像自行车场一样呈盆形。

2. 花样轮滑

花样轮滑分为规定图形滑、自由滑、双人滑和双人舞 4 个项目。比赛在不小于 50 米长、25 米宽的场地上进行。参赛各队每项比赛可以参加 3 人,男女总计 12 人。根据动作的难易程度、舞姿的优美程度打分确定胜方。

3. 轮滑球

轮滑球看上去像是冰球和曲棍球的结合体,同冰球打法相似,比赛两队各上场 5 人,其中 1 名为守门员。运动员脚穿轮滑鞋,手执长 91～114 厘米的木制球杆,在一块长 22 米、宽 12.35 米的长方形水泥质或花岗石制成的硬质地面球场上进行比赛。运动员可以传球、运球,通过配合把球攻入对方球门为得 1 分,得分多者为优胜队。球门高 1.05 米、宽 1.54

米,分置于球场两端线的中间。比赛用球形如棒球,重量为 155.925 克。每场比赛分两局进行,每局 20 分钟。

4. 休闲轮滑

休闲轮滑以休闲健身为目的,穿着单排轮滑鞋,在各种场地、环境中无拘无束进行各种滑法。其最主要的活动是"刷街",在慢慢滑行的过程中欣赏着街景,沐浴着阳光,呼吸着新鲜空气,放松身心。

5. 自由式轮滑

自由式轮滑最有代表性的就是过桩的平地花式。不同于花样轮滑(一般是指双排轮滑),平地花式讲究过桩的足部花式技巧,同时也要有全身性的节奏感,具有非常高的观赏性。

20.2　轮滑运动基本技术

轮滑是一项在运动中灵活变换重心、维持动态平衡的运动。因此,在练习时应认识到大胆、灵活、及时地移动重心对掌握技术的重要性,并通过多种练习方法提高移动重心的灵活性和掌握平衡的能力。轮滑运动具有侧蹬用力的特点。由于轮滑鞋的轮子前后移动,人体在滑行中无法在身体后面找到有效的支点,而只能在体侧找到合理稳固的支点。只有通过向侧蹬,才能产生前进的动力。因此,学习轮滑必须克服在走或跑时向后用力的习惯,养成向侧用力的习惯。轮滑滑行时一般都采用蹲或半蹲的姿势,因此要求初学者时刻想着腿的蹲姿,培养良好的习惯。

20.2.1　基础练习

基础练习是学习轮滑的第一步,初学者应按照循序渐进、由易到难的原则,先扶物或扶人进行练习,待初步掌握身体平衡后再进行徒手练习。基础练习的步骤为原地站立练习、移动身体重心练习、滑动练习。

1. 原地站立练习

1)"丁"字步站立练习

脚穿轮滑鞋,扶物成"丁"字步站立,前脚跟卡住后脚的脚弓,上体稍前倾,双膝自然弯曲。身体重心落在后脚上。然后两脚交换位置,再呈"丁"字步站立,直到站稳为止。

2) 外"八"字站立练习

站立时两脚跟靠近，脚尖自然分开，上体稍前倾，双膝自然弯曲，身体重心落在两脚之间。重心平衡后双脚换成平行站立，上体仍前倾，使重心落在两脚之间。

3) 平行站立练习

两脚平行分开，与肩同宽，脚尖稍内扣，膝部微屈，重心落在两脚之间。

2. 移动身体重心练习

1) 原地移动重心练习

(1) 原地左右移动练习。两脚平行站立，上体稍向一侧倾移，逐渐将重心完全转移至一条腿上支撑，待稳定后再向另一侧移动。

(2) 原地抬腿练习。两脚平行站立，上体稍前倾，重心移至左腿，右腿稍抬起、放下；然后以同样方法练习左腿。要注意放腿时应保持脚下的轮子同时着地。

(3) 原地蹲起练习。两脚平行站立，做下蹲并站起的动作。可先做半蹲，逐渐加大下蹲的幅度，直至快速深蹲并做短时间的静蹲后再站起。要注意在屈伸踝、膝、髋三个关节时的协调配合。

2) 外"八"字脚移动重心练习

两脚成外"八"字脚站立，重心移至左脚，右脚向前迈一小步，重心随之移至右脚上，然后左脚向前迈进一步，重心随之移至左腿上。反复进行练习，逐渐加快迈步频率和加大迈步距离。注意收脚时应尽量保持脚下的轮子同时着地。

3) 侧向移动重心练习

两脚平行站立，重心向右侧移动，随之左脚向左侧横跨一步，右脚迅速靠拢，待稳定后再进行向右侧的下一步。如此反复数次后再向左侧做相同练习。

4) 横向交叉步练习

两脚平行站立，重心移至左腿上并继续向左移动稍超出左腿支撑点时，收右腿，右腿向左腿前外侧迈步成双腿交叉姿势，重心随之移至右腿上，成右腿支撑重心，接着收左腿向侧跨一步，成开始姿势。如此反复数次后再向右侧做相同练习。

3. 滑动练习

1) 单蹬双滑练习

双脚平行站立，稍窄于肩。右脚内刃蹬地，将身体重心送至向前滑行的左腿上，右脚本蹬地后迅速收腿，与左腿并拢成双脚平行滑行；当速度减慢时，再用左脚内刃蹬地，将身体重心送至向前滑行的右腿上，左脚蹬地后迅速收腿与右腿并拢。

2) 单蹬单滑练习

双脚平行站立，身体前倾，两臂自然下垂，两腿弯曲。左脚用内侧蹬地，随着蹬地动作结束向前收左腿，把身体重心移向右腿，并成半蹲支撑，右脚先用平刃向前滑出，然后再用内刃蹬地，把身体重心移向左腿，成半蹲支撑，左脚用平刃向前惯性滑行，双脚交替进行。

3) 弯道练习

根据滑行速度和圆弧的半径，向圆心内倾斜，下肢用交叉步滑行，左脚要用外刃，右脚要用内刃。要求两腿半蹲，上体前倾，当左脚用外刃获得稳定平衡时，右脚向左脚的左侧前方迈出大半步，当右脚落地用内刃蹬地时，身体重心从左腿移到右腿，然后左脚迅速从右腿的后方收回，向左侧迈出大半步，用外刃支撑身体重心。反复练习。

20.2.2 滑行技巧

经过基础练习，在初步掌握轮滑基本技术后，再学习直道滑行、弯道滑行、向后滑行和急停技巧。

1. 直道滑行

1) 滑行姿势

采用蹲屈的滑行姿势，上体前倾与地面夹角为25度左右，背部稍凸起，膝关节弯曲120度左右。速度轮滑与冰上速滑有很大的差别，身体姿势不能过低，否则蹬地角度太小，会使轮滑鞋的轮子向外侧打滑，影响轮子的蹬地效果。因此，速度轮滑是以高姿势、快频率为基本特征。

2) 蹬地动作

蹬地技术是决定滑行速度的关键，主要取决于轮子蹬地力量的大小和蹬地时间的长短。轮滑过程中不要过分地减少自由滑行时间，身体重心一般是在前后两轮之间，否则将会影响滑行的惯性，过多地消耗体力。

3) 全身配合

全身配合是完成滑行技术和快速滑行的重要因素。首先是两腿之间的配合，当左腿惯性滑行时收右腿，左腿蹬地时右轮开始着地；其次是上体和臀部与腿的配合，即上体和臀部随着两腿交替移动而不断地转移重心；最后是两臂与两腿的配合，滑行时两臂的摆动速度要稍快于两腿的动作速度，以增强轮子的蹬地力量，提高滑行频率。

2. 弯道滑行

1) 滑行姿势

采用身体向左侧倾斜，至弯道滑行时，利用交叉步使身体重心落在左脚外侧和右脚内侧，滑行姿势比直道滑行稍低，重心保持平衡，蹬地腿应尽量与身体倾斜面相一致。

2) 蹬地动作

蹬地采用交叉步。沿着圆弧的切线滑行，步幅不能过长，惯性滑行时间比直道短。当左脚拉收到右支撑腿时，右脚开始蹬地；右腿"压收"超过左脚时，左腿则开始蹬地。

3) 全身配合

弯道滑行技术的关键是摆臂动作与蹬地动作的配合。弯道摆臂动作可以维持平衡，增加轮子的蹬地力量,提高滑行频率。弯道摆臂的幅度要比直道小,左臂摆动的幅度要比右臂小,手臂摆动的方向是偏向左侧。

3. 向后滑行

1) 向后葫芦滑行

两脚平行站立,脚尖稍向内,两腿弯曲、双膝内扣,重心后移,上体前倾。滑行时用两脚内刃向前蹬地,两脚跟外展,当两脚向外滑至最大弧度时,两脚用力内收,双膝逐渐撑直,恢复成开始姿势。

2) 向后直线滑行

准备姿势同上,注意重心在后,上体前倾。滑行时左脚内刃蹬地,身体重心向右侧移动,右脚向后滑行,左脚蹬地后放在右脚内侧,然后用右脚内刃蹬地,重心移到左侧,左脚向后滑行。

4. 制动

1) 脚跟制动法

在慢速滑行时,将带有制动块的脚前伸,脚尖抬起使后跟上的制动块着地,前腿用适当力量压地,使制动块与地面摩擦,逐渐减速而停止。

2) "T"形制动法

当左脚支撑滑行时,上体抬起直立,右脚外翻并横放在左脚后面,左脚成"T"字形,使右脚的轮子横向与地面摩擦。两腿弯曲,重心下降并逐渐移向右脚,以及加大摩擦,使之减速而停止。

3) 双脚平行制动法

在快速滑行时,双脚略靠近,身体迅速转体90度,同时带动两脚转体90度,重心快速降低,腿弯曲,用双脚的轮子与地面摩擦使之减速停止。

20.3 轮滑球运动

20.3.1 轮滑球运动的发展

轮滑球融合了冰球和曲棍球两种运动项目的特点,以个人技巧和团体协作为基础,比赛规则宽松,具有很强的对抗性。尽管轮滑球起源英格兰,但这项运动在西班牙、葡萄牙和阿根廷更加流行。这些国家都有职业俱乐部,如巴塞罗那、波尔图和拉科鲁尼亚。超过5000名的职业球员从事这项运动。轮滑球运动的国际组织——国际轮滑球委员会,是国际轮滑联合会下设的三个项目国际委员会之一,主管轮滑球的有关事务。

轮滑球在场地上不受限制,不论是木质,还是水泥,柏油或是塑料底面,一般学校的操场、篮球场、公园都可以使用,是一项适合室内外一年四季都能进行的全民健身运动项目。

轮滑球这项运动受到国家体育总局、国家教委的重视,2003年正式列入国家体育竞赛项目,国家教委也将轮滑课程列入各大、中小学校的体育教育大纲项目中,规定参加比赛的球队选手也将有资格参与运动员等级证书考核。我国轮滑球运动开展得比较晚,还不够普及。但由于和冰球有着相似的技术和战术要求,所以轮滑球在我国东北三省和北京、天津等北方地区开展得较好。许多队伍都是俱乐部的形式,许多成员以前都是冰球运动员,退役后从事轮滑球运动,把冰球运动中一些技战术、组织管理模式融入俱乐部中,吸引了越来越多人参与进来。据一些参赛选手介绍,相较北方,其实轮滑球这项活动更适合在南方开展,不像冰球那样受气候因素影响,只要有一双直排轮鞋、一支球杆、一颗球,就可以开展,一人自得其乐,两人可以玩斗牛,三人、四人也有不同的变化玩法,而五对五是比较正规的比赛方式。在比赛中进攻防守的战术均可由传球、接球、运球与攻门组合而成。一般利用二至三人的配合组队进攻得分,也可利用熟练的个人技术通过两人的平行传球过人发动进攻。

20.3.2 轮滑球运动基本技术与实战攻略指导

轮滑运动的基本技术有射门准确度、起拍位置、射门手法、起拍速度和球速。

1. 射门准确度

选择合适的射门点会提高射门的准确度,优秀的射手通常会瞄准守门员防守移动中露出的5个空隙:球门的左上角,右上角,球门的左下角,右下角和守门员两腿之间的空隙。要控制射门的准确度,注意力还需要集中于两点:眼睛和球杆的跟进动作。当靠近球门准备射门的时候,眼睛应该望着球门找空当,然后瞄准目标射门。这样可以提高射门准确度。

提高射门准确度的练习方法有下面三种。

(1) 用模拟守门员板或标靶。将仿真守门员板放在球门在线挡住球门,只留下上述所说的5个空隙,射手练习向这5个空隙射门。

(2) 练习从不同的距离和角度射门,熟悉在每个位置上对守门员位置和露出空隙大小的射门直觉,熟悉在球杆侧、手套侧方向、沿着场地方向、球门上角和5个射门空隙的射门直觉。

(3) 将第(1)、(2)结合起来练习。先练习由模拟守门员防守时,射手的射门准确度,再练习由真守门员防守时,射手的射门准确度。这样循序渐进,有利于射门技术的掌握,并且在与真正守门员的攻防练习中,会出现一些新的射门角度,以此提高射门准确度增加实战经验。

2. 起拍位置

起拍位置指的是射手根据对方守门员和球门的位置决定射门的地点。绝大多数的位置距离球门5～15步,方向为直接面对球门(其中10～15步的射门占多数)。起拍位置根据对方守门员的位置及其防守技术、射手的技术及其射门速度的不同而不同。起拍时间点是在射手距离防守守门员足够远而不会被封死角度,同时足够近却不会被破坏的时候。许多射手习惯在射门前尽可能靠近球门,他们认为这样做更有把握。这个习惯是浪费许多射门机会的主要原因,因为这样守门员会有足够的时间做出反应。在距离守门员足够远的距离起拍可以提高射门得分率。

为了提高得分数,在射门前要进入高得分率区。如果不能进入高得分率区,观察周围是否有队友处在更好的位置。如果你看不到任何队友接应也无法进入高得分率区,就需采用朝防守守门员的脚底射门然后跟进抢回弹球或捡漏的战术。高得分率区(如图20-1)的相关数据分析显示了射门位置和该位置射门得分占总得分的百分比:大约60%的得分是从正面获得的,30%(各边15%)的得分是从争球点圆圈区域获得;而10%(各边5%)的得分从争球点圆圈切线到球门线这样的极端角度获得的。

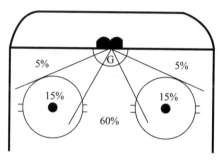

图20-1　高得分率区

3. 射门手法

射门手法有腕射、弹射、推射、击射和反拍射门。

如果明确守门员的位置和射门的距离,可以运用腕射和弹射。这两种射门方法不需要后摆助动,对方守门员不能准确判断射手的射门方向,有利于射手把握得分机会。无论射手是处在运动还是静止状态,腕射都是最准确的射门选择。在狭窄区域,腕射、弹射和推射都比击射好,这不仅仅因为前三种射门动作节省动作时间、能顺利躲避射门区域的队员阻挡,还因为这三种射门手法有比较好的射门准确度。

如果距离球门比较远,击射会更加有效。如果队员有足够的时间后摆起拍,通常采用击射的射门手法,这是因为击射比其他射门方式能使球飞行得更快。

反拍射门是有效而简单的射门手法。反拍射门通常会起到出其不意的效果,因为它极具欺骗性,而且许多守门员不习惯应付这样的射门。练习反拍射门的准确度和培养射门信心可以提高得分率。

4. 起拍速度

有两种方法可以使球更快出拍:第一种方法是触球第一时间射门,这样对方守门员很难直接面对射门队员并且做出防守准备。第二个方法是在高速运球中完成射门，这会令守门员放松警惕，因为他可能在想持球队员会继续运球。

5. 球速

防守守门员通常被球速击败，这是因为人的反应速度是有限的。控好球，在高得分率区域内以足够的速度射门是无法防守的。在每次练习中，射手应该努力练习使球飞行得更快，因为球越快，防守守门员的反应时间越少。

球员可以通过场上和场下练习来提高球速。在场下时，可以通过练习加强前臂和手腕的力量来提高球速。在场上时，可以通过每次射门时拼命地用力击球来练习身体在射门时做出有力和持续的动作的能力。

20.4 我国轮滑运动的现状

轮滑运动作为我国体育项目的新成员，已越来越成为广大群众特别是青少年所推崇、青睐和积极参与的社会活动，其社会认可度越来越高，其主体产业和相关产业也不断发展，而相关科学研究却严重滞后。现阶段迫切需要对我国轮滑运动加以研究，以准确地把握其现状，科学地谋划其发展。持续扩大轮滑运动的影响进而在全国范围内广泛地开展和普及轮滑运动，不断提高我国轮滑运动的竞技水平，努力在国际大赛中取得优异成绩，为国争光。大力发展轮滑产业，形成良性循环态势的轮滑市场，使我国轮滑运动在其客观发展规律、从业者主观能动性和社会公众广泛参与的良性互动中，稳步实现全面、协调、可持续发展。

第 21 章 慢投垒球运动

21.1 慢投垒球运动概述

21.1.1 慢投垒球运动的起源与发展

"慢投垒球(Slow-Pitch Softball)"(也称为"慢速垒球")运动是棒垒球系列的球类运动之一。20世纪后期,棒垒球运动技战术不断向专业化、竞技化、高水平化方向发展,而没有棒垒球基础的普通大众群体难以驾驭其技术,一些追求休闲性、娱乐性运动的人们便简化了复杂的棒垒球相关规则,从而衍生慢投垒球(以下简称"慢垒")这个新兴体育运动项目。

慢垒运动在棒垒球发达国家和地区开展得十分普及,有雄厚的群众基础。在美国有3个慢投垒球协会,上万支慢投垒球队伍,其中包括职业、半职业、业余以及青少年等各级别的慢投垒球队伍。我国台湾地区的慢垒运动规模也十分发达,仅台北市就有500支以上的慢投垒球队伍,台湾地区有1500~2000支慢投垒球队。在我国大陆地区慢投垒球运动更是开展得如火如荼,全国各省份都有一定规模数量、不同年龄层次的慢投垒球球队。该项目也深受大学生群体的广泛喜爱,各高校均有社团或校代表队等形式的球队,北京市大学生体育协会每年定期举办全北京市高校大学生慢投垒球比赛。慢投垒球项目在全世界范围内开展势头强劲,俨然已成为新世纪的一项崭新的全民参与休闲运动项目。

21.1.2 慢投垒球运动的特点及锻炼价值

慢投垒球除了在场地和上场球员数量、器材规格等方面与棒垒球项目略有不同外,其区别主要体现在规则上。慢投垒球要求投手高抛投球,以限制球速,降低击球者的击球难度。其技术难度、剧烈程度不及棒垒球,但是突出了棒垒球运动的游戏性、休闲性;此外,慢投垒球运动具有简单易学、运动量适中、不同年龄层次可以同场竞技等鲜明的运动特色。

由于慢垒运动需要参与者进行传球、接球、挥棒击球以及跑垒,这对人体的力量、速度、灵敏和反应等能力起到全面的促进作用。慢垒运动延续了棒垒球运动中个人英雄主义与集体主义完美结合的特点：击球员独自站在击球区面对对方 10 名防守队员是其责任担当的良好体现，而防守球员之间传接球配合、相互补位等行为更是其团队协作默契、集体协同大局观的体现。

21.2　慢投垒球比赛中的位置介绍

21.2.1　防守位置及职责

慢投垒球规则规定上场比赛防守人数为 10 人，分别为：投手、接手(或称捕手)、一垒手、二垒手、三垒手、游击手、左外野手、中外野手、右外野手、自由人。慢投垒球球场及队员分布如图 21-1 所示。

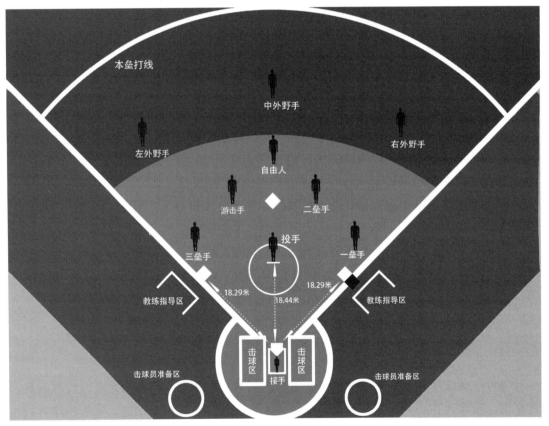

图 21-1　慢投垒球球场及队员分布示意图

1. 投手

投手站位于圆形的投手区内，除负责正常投球职责之外，还需要为各垒进行补位，防止队友漏球。

2. 接手

接手站位于好球区后方，除负责接投手投到本垒区域的来球外，还负责接传向本垒垒位来球，以及调整投手投球点变化和场上防守位置的阵型的变化。

3. 一垒手

一垒手站位于一、二垒之间，靠近一垒一侧，除负责该区域范围来球的防守以外，还负责接传向一垒的来球以及外野手传向内场地区的来球打截职责。

4. 二垒手

二垒手站位于一、二垒之间，靠近二垒一侧，除负责该区域范围来球的防守以外，还负责接传向二垒的来球以及外野手传向内场地区的来球打截和为一垒手补位等职责。

5. 三垒手

三垒手站位于二、三垒之间，靠近三垒一侧，除负责该区域范围来球的防守以外，还负责接传向三垒的来球以及外野手传向内场地区的来球打截职责。

6. 游击手

游击手站位于二、三垒之间，靠近三垒一侧，除负责该区域范围来球的防守以外，还负责接传向二垒的来球以及外野手传向内场地区的来球打截和为二垒补位等职责。

7. 左外野手

左外野手站位于三垒手、游击手身后的外野区域，主要负责该方向区域来球的防守以及与中外野手或自由人之间的补位及三垒的补位。

8. 中外野手

中外野手站位于游击手和二垒手身后的外野区域，主要负责该方向区域来球的防守以及与左外野手、右外野手、自由人之间的补位和二垒的补位。

9. 右外野手

右外野手站位于一、二垒手身后的外野区域，主要负责该方向的区域来球的防守以及与中外野手、自由人之间的补位以及一垒的补位。

10. 自由人

自由人一般站位于内野手和外野手前后之间的区域或与其他外野手平行站位，具体位置不固定，根据场上局面相应调整站位。主要负责外野和内野手衔接及各垒的补位工作。

21.2.2 进攻位置及职责

1. 击球员

击球员进入击球区协助本队得分的进攻发起队员。击球员可根据自身击球习惯自行选择左右打击区站位。

2. 跑垒员

跑垒员指已经攻占在垒包上的进攻队员。跑垒员在进垒过程中按一垒、二垒、三垒、本垒的顺序逐一踏触垒后，才能得分。

21.3 慢投垒球基本技术

21.3.1 投球基本技术及练习方法

1. 投球基本技术

慢投垒球比赛中投手多采用持球手臂向后摆，再向前摆动至高处，然后将球抛出的"摆钟式"投球，其中一只脚必须踏在投手区内的投手板上。投手投球时，应当将球向前上方投，使球产生一定的弧度。投球过程中投球手臂及手腕需同时前送，根据所要投出球的落点及高度选择出手时机、位置及发力大小。

2. 练习方法

1) 加强肩关节柔韧性的练习

① 肩部和上肢的各种主动性和被动性伸展练习。

② 徒手摆臂向后上方伸展或由同伴在身后帮助向后牵拉。

2) 加强上肢、下肢力量与灵活性练习

① 用手指支撑身体作俯卧撑。

② 手持哑铃，作屈腕练习。

③ 曲臂拉橡皮带、引体向上等上肢力量练习。

④ 负重半蹲、深蹲练习。

3) 加强起跑速度、耐力和灵敏性练习

① 起动、急停、弯道跑和变向跑练习。

② 俯身捡球，转体向各个垒位传球。

③ 长跑、越野跑。

4) 投球练习

① 多球练习。

② 增加投球距离的投球练习。

③ 在不同垒位安置跑垒员进行投球练习。

④ 结合比赛进行投球练习。

5) 投手、接手配合练习

① 接手以手套作暗示，投手按其指定投点投球。

② 可预先规定具体的投球数量，分组练习并作记录，检查分析投球效果。

21.3.2 传球、接球基本技术及练习方法

慢投垒球运动中的传球与接球属于防守技术，比赛中全部的防守配合都是通过传球和接球来完成的。传、接球是限制对方进攻，阻止对方上垒、进垒和得分的重要手段，是防守战术配合的基础。掌握正确的传球和接球技术是遏制对手得分必要技术之一。

1. 传、接球的特点和重要性

在防守时，遏制对方进攻的第一道防线是投球，第二道防线就是传、接球。防守队员在比赛中首先要把击球员击出的球接牢，再以迅速、准确的传球作纽带，把场上的防守位置和防守队员的全部活动联系起来，利用封杀、触杀或夹杀进攻，完成防守任务。慢投垒球比赛是时间与距离的拼搏，它要求在任何情况下都要传接好来球，做到速度、力量恰到好处，到达目标准确及时。快和准是传球的基本要求，要在"准"的基础上发挥大胆传快球的风格。而传得"快"和传得"准"的关键，在于充分发挥手臂、手腕、手指的爆发力和掌握好出手的时间、位置和方向。在比赛中还必须熟悉规则，了解战术的要求，这样才能当机立断，运用自如，以最快的速度将球传准，完成防守任务。

慢垒比赛场上的防守队员不是徒手接球，而是在非优势手上戴上一只专用的接球手套，这只手称为接球手，另一只传球的优势手称为传球手。慢垒比赛中的接球主要有两个方面，一是接对方击球员击出的球；二是接同队队员传出的球。每个防守队员首先要力争把对方击球员击出的腾空球在未落地前接住，这样该击球员就会被判出局而失去继续进攻的机会。如果击球员击出的球在落地后被接住，防守队就得依靠队员之间的传接配合，来阻止跑垒员继续跑垒或使跑垒员出局。"稳"是接球的基本要求，而接球前及时准确地判断和快速地移动是"稳"的保证。

2. 接球基本技术

1) 戴手套和使用手套方法(见图 21-2)

接球的作用就是用手把正在运动着的球停住。要把速度快的球接住，需要两手对球施

加阻力，使球速减到接近于零，这就要借助于特制的器具。棒、垒球手套不但可以保护手，把来球的冲击力减小，而且增大了接球范围，可以取得好的接球效果。手套戴得正确，才能使手移动时不累赘，接球牢而且稳，传球手取球方便。手套不要戴得过深或过浅，过深影响动作的灵活，过浅容易脱落或被球打掉。

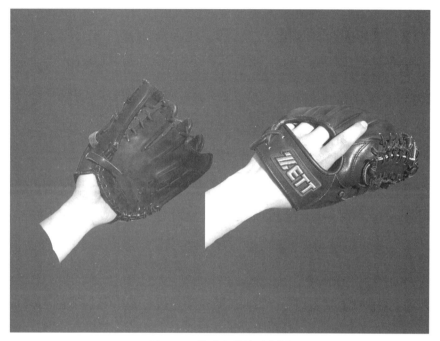

图 21-2　戴手套戴法示意图

一般来说，手掌根部与手套的下沿齐平比较合适，食指可以放在手套背层的外面。接球时手指自然张开，拇指与中指相对，无名指和小指贴近中指，虎口、拇指、食指和中指及相连的手掌就形成了一个凹兜，它就是接球的部位。接球时用这个部位对准来球，两臂及手要放松并保持正确的手形和身体姿势。根据来球的高低或左右，接球者要移动接球的位置，变换手指和手套的方向，使人和手套的接球部位对准来球。

2) 接球方法

慢投垒球的接球方法有正手接球和反手接球两种，如图 21-3 所示。

接球时身体以腰部为高低分界线，以人体中轴线为左右分界线，接球的方法有所不同。

如果在接球手这一侧接球，通常称为"正手接球"。接腰部以上的来球时，两手拇指相并靠，手指向上，戴手套的手对准来球的线路，传球手在手套的侧后，手指自然伸展或屈指半握。接低于腰部的球时，两手应以小指并靠，手指向下，但传球手不要半握拳。

图 21-3　正手接球和反手接球示意图

如果接传球手这一侧的球，通常称为"反手接球"。接球手必须先翻转手套使接球部位对准来球的路线，往往脚也要先移动到接球的恰当位置。反手接球时，球分别在腰部以上或以下部位。不论接高低左右的球，都要尽可能双手接球，以便迅速传球。决不能使手指对着来球接球。

3) 接球的准备姿势

准备接球时两膝微屈稍内扣，收腹，上体自然前倾，身体重心置于两脚之间，两手置于体前或膝上，面对来球方向，两眼向前平视。当击球员开始挥棒击球或传球队员挥臂传球时，接球者身体重心前倾，做好起动或接球准备。接球前的准备姿势是为了便于迅速移动，能及时地移动是扩大防守范围的重要因素。

4) 动作要领

(1) 接平直球(见图 21-4)。

面对来球的方向，两脚平行开立约与肩同宽，脚尖稍内扣，两膝稍弯曲，上体稍前倾，重心放在两脚前脚掌上，两眼平视来球方向或传球人，两臂放松弯曲，两手拇指靠近并使传球手的拇指轻贴在手套大拇指的背侧部位。球即将接触手套时，两手应顺势后引——两肘轻柔而短快地后收，同时翻起手套用手套的凹处接住来球，并立即将手套向右肩(传球手)转腕，推送。传球手放松，手指弯曲护球，随接球手套的推送动作将球握住，撤臂后引，转入传球的准备动作。只要有可能，应尽最大努力用双手接球。因为双手接球必须让身体正面对着来球，这个接球姿势的重心稳，伸展幅度大，接球后转入传球最便捷。这种接球方法对于初学者或高水平运动员都同样重要，也是最基本、最常用的接球方法。这与比赛时情况紧急，只能用单手才可能把球接住的具体需要并不矛盾。

图 21-4　接平直球示意图

(2) 接地滚球(见图 21-5)。

图 21-5　接地滚球示意图

地滚球是较平直球、高空球最难接的球。究其原因，一是因为击出的地滚球在速度、旋转、方向、弹跳等方面各种各样；二是比赛场地的平整度、软硬度、水分等都影响地滚球的弹跳或方向。必须掌握地滚球的旋转、弹跳规律，熟练掌握接地滚球的技术，在接球前认真判明球路，迅速抢占落地点，就能接好地滚球。接地滚球时，应首先判断球的方向、球速、弹跳和落点，并立即起步迎球接球。迎球接球是为了调整好脚步与球的关系，抢占落点，使身体正面对球，也是为了赢得防守时间。起动迎球的跑动应先快后慢，约到距球2～3米处，轴心脚制动，伸踏脚顺势上步停稳。双手配合脚步动作放松伸向来球，手套张开，对准球的前进路线和预定的接球点。必须双手接球，球接触手套时，双手顺势后引，准备垫步传球。在实战中，绝大多数地滚球都是在左右两侧前方而不是在正前方，这就需要迅速地提前跑到预计与球前进路线的交点处，将身体调整成正面对着球的前进路线接球。如果地滚球在身体的右侧时，应该用反手接球。手套要插到底，几乎与地面垂直，掌心对准球的前进路线，臂与手放松保持接球手形。无论向前、向侧或其他方向跑动迎球，两手应自然随跑摆动，在接近接球点时，随身体降低重心和上体前弯动作向前伸向来球。接球时，专注于球的运动，两眼一直注视球进入到手套里面。

(3) 接高空球(见图21-6)。高空球有多种，但都呈抛物线飞行。按其下落的路线分为直线下落和抛物线下落两种。下落的线路是决定用上举接球还是前伸接球。

图21-6　接高空球示意图

接高空球的关键是能迅速准确地判断出球的路线和落点，早于球到达落点处接球。在准备接球时，面对来球方向，两脚开立稍比肩宽，左脚稍前于右脚，两膝微屈，上体前倾，双手放松置于胸腹前，两眼注视来球。

当高空球呈抛物线下落时，两脚分开站稳在落点稍后方1～2米处，正对来球，眼睛注视球的运动。随着球的下落，两手拇指靠近，指尖向上，放松上举到面部的前上方，用手套凹兜对球，两肘弯曲，球即将接触手套时，两臂及手放松后撤，右手顺势内转护球。

当高空球呈直线下落时,两手小指靠近,掌心向上向前伸出约在胸腹之间的高度。肘及腕要保持接球的正确姿势并放松,眼睛注视球直到球进入手套接稳。

呈弧线在空中飞行的高飞球,受风向和风力的直接影响会改变路线和落点,阳光也影响对高飞球的观察和判断。接球过程中还要兼顾落点处周围的情况,在跑动中大声喊叫,避免接球时只顾看球而与同队队员相撞,或者以为别的队员会接球而漏接。当高空球落向自己所站位置的后方时,应迅速判明球的落点和距离,并起步跑向落点。在追接的过程中不要看着球跑,可以转头确认球的飞行和距离,此时不要停,要尽可能早几步到达落点处,转身正面对球,用双手接球。

3. 传球基本技术

一般常用的传球技术有肩上传球、体侧传球、低手传球和下手传球。其中肩上传球是最主要、最基本的传球技术。肩上传球传得较远且传得准,适用于中远距离传球,其余3种传球技术适合在跑动中或俯身接低球时采用,也适合在接球后保持原来的身体姿势很快地传近距离或两侧的球时采用。

1) 握球方法(见图21-7)

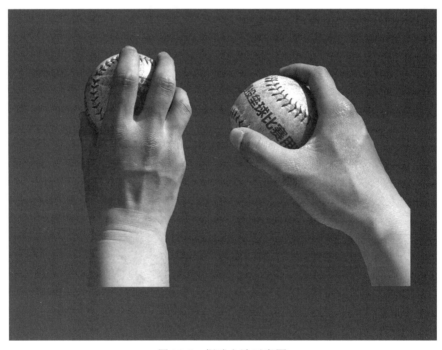

图21-7 握球方法示意图

与投球握球方法基本相同。慢垒一般采用三指握法,三指握法是食指和中指自然分开紧贴球的上面,大拇指第一关节扶球的左下侧,无名指微屈,以指侧托球的右下侧。拇指压在球下方的缝线上并对着球上方稍微分开的食指和中指之间,在手掌与球之间以及虎口、手心都不要接触球。握球不要过松或过紧,过紧则手腕僵硬,过松则在摆臂时球易脱落或滑出,这都影响传球的速度和准确性。垒球也可采用四指握法,食指与中指的间隔应小一些,以保证力量集中。两指在球体中心线两侧,如偏握一侧,投出的球就会走偏,力量也分散。

2) 动作要领

肩上传球(见图21-8)的特点是从肩上出球,以肩部用力为主,动作符合人体的生理结构,肩部不易受伤。肩上传球动作有力,传球准确,球路平直,是棒球运动中最基本、使用最多的传球方法。这种方法多用于内场手之间的中距离传球和内、外场手之间的中、远距离传球。传球前的准备姿势:面对传球目标,两脚开立约与肩同宽,膝部微屈,两手持球于胸前,两眼注视传球目标。传球时,传球臂从胸前握球姿势放松下落至提肘屈腕后引,肘关节弯曲,手腕放松提球。上体以轴心脚为轴支撑身体重心向传球方向侧转,伸踏脚也向侧前方踏出一小步(2.5~3.5个脚长)。完成引臂、伸踏、转体时的姿势应是侧对传球目标,两臂前后分展,头部保持正视目标。随着伸踏脚落地,完成引臂动作,身体重心从轴心脚前移,并借轴心脚蹬地前送转腰,带动上体向左转。传球臂提球,肘与肩平,球高于耳。借转体转肩带动传球臂加速前挥,身体重心继续前移到前腿上并支撑住。传球臂约在右耳前上方,以鞭打动作向传球目标屈腕、拨指、出球。在整个传球过程中,头部应始终保持正视目标。出手后的球应当向自己(由下向上)旋转,使球平稳前进。远距离的传球应采用幅度较大的摆臂动作。球一离手就应放松,手臂随身体惯性送出自然落下,上体前倾左转,轴心脚自然前移到与伸踏脚平行成开立姿势,准备迎接新情况。两眼应始终注视场上局面。

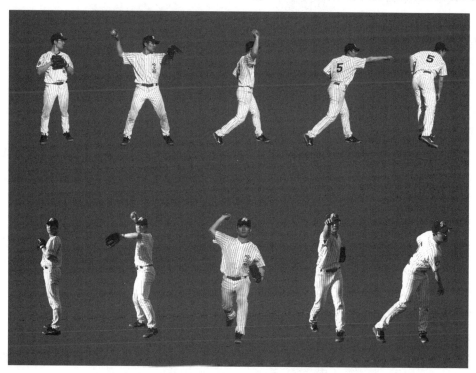

图 21-8　肩上传球侧面和正面示意图

4. 传接球的练习方法

1) 初学者的练习方法

① 自抛自接，熟悉手套的性能。单手向上抛球，由低到高，当球落下时，在胸前或腹前用双手接球，接球时检查手套的位置和手型。

② 右手持球向自己左手手套用甩腕、拨指的方法传球，距离由近到远，由轻传到逐渐加大传球力量。通过这个练习可以逐渐熟悉用手套接球的手形和传球出手的动作以及传球时甩腕出指的方法。

③ 两人近距离用下手抛掷接球，掌握接球时手套的正确位置。

④ 跑动中接教师抛出的球。

⑤ 单手持球在体前，向地面抛反弹球，球弹起后，用手套接球，体会接反弹球的时间感觉和动作。

2) 专项辅助练习

① 原地半蹲或全蹲作近距离的传接球，也可以单膝或双膝跪在地面传接球。主要体会运用上肢、肩带、手臂和手腕传球力量的协调感。

② 挥臂以手掌鞭打吊在空中的物体(如树叶等)。

③ 在行进间或跑动中，单手向前抛出地滚球 2～3 米，向前跑并转体下蹲接地滚球，体会接地滚球时降低身体重心的接球姿势和动作要点。

④ 在 10 米距离内练习对墙的用力传球。

⑤ 对墙传球掷准练习：距墙 15～20 米左右，在墙上划出固定的传球目标，向墙上的目标传球。传球后根据球的反弹，快速移动将球接住。

⑥ 教师以教练棒击出各种不同类型的球，要求接球者逐个准确的判断、快速的起动和用正确的接球方法去接球。接球后把球快速传回。

3) 两人或多人的传接球练习

① 两人对传练习。相距 10～20 米，要求传球距离由近到远，速度由慢到快。

② 移动接球练习。两人面对面相距 8～10 米，1 人传球，将球传向接球人的左右两侧，接球人根据来球的位置左右移动接球。此练习的传球方式可采用地滚球、平直球或腾空球等不同方法轮流进行，传球的速度和力量，以及传向接球人左右两边的距离可以根据练习者的技术水平逐渐增加难度。

③ 三角传球、四角传球、对角传球练习。4 人站成三角形或正方形，按照顺时针、逆时针或对角线等方向传球。这种联系形式由于传球方向不一致，要求面对来球方向接球，传球时左肩和左脚对准传球方向，转体和左脚伸踏动作要协调。

④ 转体传球练习。3 人一组，分别站在前、中、后的位置，要求中间的队员接球后向左或向右转体把球传出。

⑤ 跑动中传接球练习。练习者分为甲、乙两组，各成一路纵队对面而立，两队的排头相距 10～15 米。甲组的排头在跑动中将球传向乙组排头，传球后快速跑向乙组的队尾；乙

组排头在跑动中接球后，传球给甲组的第 2 人，依次练习。此练习可以采用计时或计数的方法进行强化练习，要求动作准确、迅速。

⑥ 边跑边传练习。队员接教练员击出的地滚球后，向前或向两侧跑几步，并在跑动中把球传回给教练员。

⑦ 接力传球练习。要求外场手接腾空球后快速传给上前接应的队员。接应队员接球后，转体回传给教练员。接球后两人交换位置。

⑧ 长传球与接球练习。练习者排成一路纵队，面对传球的教练员(或指定的传球者)，相距 30 米左右，每人持一球，练习时依次向教练员传出平直球，传球后及时跑动，接教练员传回的地滚球或腾空球，接球后回到队尾。练习时要求起动要快，传球要准，接球要稳。

⑨ 捡球传球练习。场内放几个球，队员捡球后听教练员指挥传向各垒位。

21.3.3 击球基本技术及练习方法

慢垒运动与棒、垒球运动虽然有所区别，但大同小异，其击球技术要点基本相同，只是比赛时在技术的运用方法上稍有不同。

击球是一项难度大而又极其重要的进攻技术，也是进攻时首先用以对抗对方投手投球的手段。

1. 球棒的选择方法

选择球棒时主要从重量、长度、直径来考虑。球棒的重量根据自身力量状况进行选择：由于人与人之间有身体条件等的区别，因此在选择球棒时，要注意选择与自己力量相适应的，或是外形合适的球棒。球棒的长度、粗细可随个人喜好：一般来说，长握棒，挥棒用力时可选择稍细些的球棒；短握挥棒时可选择稍粗些的球棒。另外，在挑选球棒时，要挥棒试几下，选择容易挥动的球棒，因为球击出的远近，不是靠球棒的重量，而是靠迅猛的挥棒，合适的球棒会让球员得心应手。

2. 握棒方法

握棒时用小指、无名指、中指紧握，不要使球棒贴虎口太紧，主要用手指握住，如同拿雨伞一样，轻轻地握在手里。

在迅猛有力的挥棒时，注意肩部和手臂不可用力过大，但是两手的小指、无名指和中指要紧握住球棒。

3. 站立姿势

站立姿势的要点有以下 3 点：既能保持平衡又要放松的姿势；两脚的间隔与肩同宽或稍宽于肩；两眼正视投手。在练习中，经常看到的这样的错误站姿：由于身体的僵硬而造成身体过于向前伸，或者腰部过于向后扭，或者肩部斜向某一侧等。

站姿是击球动作的基础，没有好的站立姿势，就不可能成为好的击球员。如果站姿自然正确，挥棒时就能用上身体和手臂的力量，就能做出好的击球动作来。把体重平均分在两脚，膝关节和腰部保持放松，这是打出好球的基本要素。

"站法"是指击球员两脚所处位置的站立方法，一般有3种形式：平行式站立、开立式站立、封闭式站立。这3种站法各有其特点，再加上击球员的习惯不同，很难说必须采取什么样的站法，只能根据个人的具体情况来选择适合自己特点的站法。

1) 平行式站立

平行式站立是指两脚与本垒平行的站立方法。平行式站立时，通过两脚尖的线，与联结投手和本垒的线平行。从投手的方向来看，击球员采取这种姿势后，从腋部到腰部的线像一块平板。这样对方投手投球时，难以发现其漏洞，有利于打出各个方向的投球。与另外两种站法相比，由于这种站法身体没有偏向哪一侧，因此没有特别的缺点，是一种比较理想的站法。

2) 开放式站立

开放式站立是指靠投手一侧的脚向后撤或只是其脚尖向外展开的站立方法。开放式站立时身体的一半是向投手展开的，击球员可以更好地注视来球，对打内角球很有利。但是，由于腰部从一开始就有了稍许展开，在击球时几乎没有腰部的转动力量，因此，这种站法很难能打出远球。此外，这种站法打外角球时力量也很弱。对于腰部力量较弱的人，这种站法是较适合的。

3) 封闭式站立

封闭式站立是指靠捕手一侧的脚向后撤的站立方法。封闭式站立时，靠投手一侧的脚踏出，采取这种站法能对投手产生一种威慑感，对善于打外角球的击球员有利。由于较靠近本垒，右打者对右投手抛来的膝下方向的自然曲线球或对左投手抛来的曲线球处理起来较困难，即使能击中球，也多是内场的地滚球。

4. 挥棒击球

1) 向后引棒

向后引棒时，以后脚(右打者为右脚，下同)支撑体重；腰部向右转(右打者)，以积蓄力量；握棒不要过紧；头部保持不动。

向后引棒的时机可因个人的情况而有所不同，但是以后脚支撑体重时向右转腰必须做得充分。重要的是保持从向后引棒开始的动作的流畅。

2) 伸踏

伸踏动作要点：前脚(右打者为左脚)的伸踏为横向迈出；伸踏的幅度在15厘米左右；伸踏出的脚尖与本垒成直角；即使在伸踏后，重心也仍放在后脚上。

采用前脚抬起、仅以后脚站立支撑向后引棒的人，由于是在伸踏的同时将球棒挥出，因此可以将重心移于前脚。

3) 挥棒

挥棒动作要点：利用腰部的转动进行挥棒；挥棒时球棒不要远离身体；挥棒的轨迹不要有波动；腋部不要张开；以左臂用力挥击，右臂在球与球棒相撞的中心位置上；眼睛要盯住来球。

击球就是正确地用球棒击中球，并利用有力的爆发力将球击出。为此，在挥棒时，要利用腰部以及肩部的旋转力量，最后以手腕抛出球棒那样将球棒挥出。球棒从上向下约45度角挥出，在触球时左手臂(右打者)向前方伸展，并由此开始水平地挥棒。就触球瞬间来说，要水平地挥棒；而就整个动作来说，也可以认为是以左前臂为主导的向下挥棒。

4) 击球

击球时，手臂力量、腰部的转动等都要自然地进入到随挥中；要注意保持身体的平衡；掌握好击球点和球棒中球的部位。

5) 随挥

随挥动作要点：不要翻腕，两臂继续向前伸展；挥棒至右脚后跟抬起时止；脸部继续面向前方。

挥棒后，身体的自然回转动作即为随挥动作。充分的随挥动作，可有利于球的飞行，也有助于向一垒的跑动。

5. 击球的练习方法

1) 挥棒技术动作分解练习

初学者可采用分解练习法，先练握棒、挥棒动作，再练脚步动作，然后再练习完整的挥棒动作。

2) 专项辅助练习

利用各种不同重量的棍棒，按击球的准备姿势站立，用短握或中握法握棒，进行下述挥棒辅助练习。

① 左手持短棒，作单臂肘部领先向左下侧引棒、收腕、挥棒的练习；右手持棒，做向左侧前送推棒、收腕、挥棒的练习。

② 做下肢转髋发力，带动肩、臂、甩摆手腕的出棒动作的练习。体会击球时全身动作的协调配合。

③ 双手持棒，以肩部发力，上臂带动前臂向左侧前收腕，连续挥棒。体会用上肢力量挥棒时前臂和上臂的配合动作。

④ 右手持棒接近1/2处，掌心向上，腋部轻夹棒柄，棒头向前横于体前，利用前臂、手腕的力量轻微向上连续颠击球。可以在原地或行进间进行练习，尽量使球不落地，并记出颠击次数，练习击球判断的准确性。

3) 挥空棒练习

按照击球的动作要领，从击球准备动作开始，用长握法或短握法反复练习挥空棒，以纠正不正确的动作，巩固正确技术要领。挥空棒的练习形式可采用下述方法：挥重棒与挥轻棒交替进行；由同伴手持一细软树枝在本垒上空作为目标，击球员挥棒击树枝；柱子上按"好球"高度作一标记，练习人挥棒轻触标记；挥棒击吊起的沙袋或实心球；1 人在离 5～6 米处伸拳表示来球位置，击球员对准位置挥空棒作击球练习；面对镜子做不同高度的挥棒击球练习。挥空棒可以采用分组练习，每组 15～25 棒。

4) 击打固定球

利用击球座进行练习。在挡网前安装击球座，挥棒击打放在击球座或立柱架上的球，要求击球时必须盯住球，这是练习击球力量和准确性的有效方法。

5) 击抛球练习

① 击直抛球。两人一组，1 人侧向蹲、坐或跪在挡网前 2～3 米处，把球集中在身前，单手拿球向上抛起 0.60～0.80 米的高度。击球员面向抛球者约 1 米的距离，按照完整的击球动作，连续将球击向挡网。击球时眼睛注意看球并体会击球力量的协调。两人交换抛击练习。

② 击斜抛球。两人一组，抛球者距挡网 3 米左右侧向站立，向击球员连续投中速球。击球员在挡网斜前方 8～9 米处，将投来的球击向挡网。击球时注意眼睛盯球，一边体会击球动作的协调，一边观察并分析击球效果。两人轮流投击球。

6) 轻击练习

1 人击球，3 人站成一列横排进行防守，防守人距击球点 10～15 米。投手在击球员的正面投出中速好球，要求击球员用 20%～30%的力量轻击，击出直线球或地滚球。这种练习方法常用于正规击球练习前或比赛前的击球练习。

7) 击投手投球的练习

4～5 人为一组，每组 2～3 个球。可以固定投手或轮换投手，投球距离 9～10 米，投手投出快、慢高低球，击球员要判断是好球还是坏球，并迎击好球，检查击球效果。也可以 4 人按照击球员、投手、接手和外场手轮换位置，轮流击球，每人击中 8～10 次后轮换。

8) 自抛自击练习

2～4 人为一组，每组 1～2 个球。击球员自抛自击，将球击成平直球、地滚球或腾空球。其他 2～3 名接球者距击球员 15～20 米，做好接球准备，主动截接击出的球，然后传向接手。接手在击球员的侧后方，接传来的球，给击球员供球。

击球教学和训练时的注意事项有以下两点。

(1) 练习挥空棒或击球时，教师要随时观察每个学生的击球技术动作，抓住主要问题，及时纠正。

(2) 练习击球时，特别是在作挥空棒练习时，教师要经常向学生进行安全教育，并进行合理组织，防止发生伤害事故。

21.4 慢投垒球好球区、竞赛规则

21.4.1 好球区范围

好球区(见图 21-9)是由本垒板和好球板共同组成，投手站在投手区以下手抛球的方式，根据规则要求的高度把球抛到本垒板或好球板的任意位置，即判为"好球"，反之则判为"坏球"。

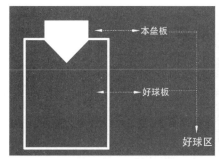
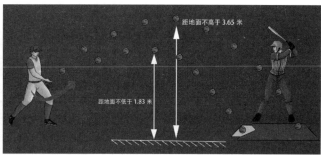

图 21-9　慢垒好球区

21.4.2 竞赛规则

(1) 击球员进入击球区，球数从 1 好 1 坏开始计算。

(2) 两好球后，击球员击出界外球，击球员自动出局，跑垒员回垒。

(3) 击球员击球瞬间，脚踩出击球箱或踩到本垒垫，击球员出局，场面继续。若上述情况中，打者为第 3 个出局，则得分无效。

(4) 击球员击出本垒后方擦棒球，视球高度而定。若球的高度超过击球员头部以上，接杀有效，否则视为好球。

(5) 击球员挥棒结束后甩棒，第 1 次警告，第 2 次以后直接出局，由主审裁定。

(6) 投手投球过程中，轴心脚必须踏在投手板上，允许伸踏 1 次。

(7) 投手投出的球，飞行的最高点不得高于 3.65m，不得低于 1.83m。

(8) 投手球速适当，球速由裁判判断。对超速者，裁判要提出警告。被警告后仍如此，则判其调离投手位置。

(9) 一垒设双垒包。跑垒员冲刺应踏外侧垒包，否则视为无效踏垒。防守队员应踏内侧垒包，否则视为无效踏垒。安打球，跑垒员连续进垒时，踏内侧垒包即可。跑垒员从一垒向二垒方向进垒前，需踏内侧垒包。

(10) 跑垒员冲过一垒后，若从一垒沿线内侧回垒，触杀出局有效；若从一垒沿线外侧回垒，则触杀无效，安全上垒。

(11) 慢投垒球比赛设活动垒包，跑垒者触及垒垫或垒位任意一个，即可视为有效。若跑垒员两者都未触及，则触杀出局有效。

(12) 本垒为封杀局面，跑垒员进入3米线后，不得往三垒方向跑，否则自动出局。

(13) 内场腾空球由主审裁定为死球局面。两人出局以前，击球员自动出局，跑垒员回原垒位。

(14) 击球员不得触击，否则自动出局，跑垒员回原垒位。

(15) 跑垒员不得偷垒，在后续击球员击出球前，身体任意部位要接触到垒包，否则自动出局。由该投球而产生的一切后果均无效。击球员击中球以后，跑垒员方可进垒。

第 22 章 街 舞

22.1 街舞概述

22.1.1 街舞的起源与发展

街舞,原是美国黑人的舞蹈,于 20 世纪 60 年代末在美国东海岸城市纽约和西海岸的加利福尼亚州同时诞生并独立发展,最后相互影响并合二为一。由于这种舞蹈出现在街头,不拘于场地器材,而又基于不同的街头文化或音乐风格而产生的多个不同种类的舞蹈,所以统称为街舞。街舞具有极强的参与性、表演性和竞技性。在一批天才舞者,如亨利·林克(Henry Link)、布达·斯特雷齐(Buddha Stretch)的改编和创造下,一种用嘻哈节奏、爵士等各种音乐伴奏、混合各种风格舞蹈动作的新的舞蹈风格诞生了,为了区分 70 年代的黑人舞蹈,人们给它命名为新派嘻哈舞蹈(New School Hip-Hop Dance)或者干脆简称为嘻哈舞(Hip-Hop)。嘻哈舞继承了纽约黑人舞蹈一贯的摇摆(Rock)传统,以身体上下起伏、左右摆动为特色,但律动更为舒缓、轻盈。它没有标准化的舞蹈动作,舞者可以加入任何成分,只要切合音乐就好。嘻哈舞是街舞的重要组成部分,随着嘻哈文化在世界的普及,街舞也迅速传遍世界。

22.1.2 街舞在中国的发展

街舞 20 世纪 80 年代传入中国,并逐渐作为健身活动传播开来。随着全民健身活动的兴起,街舞作为一种健身运动也进入各大城市的健身中心。许多舞蹈、戏曲、杂技的专业从业者也开始练习街舞,街舞在各个艺术院校中广为传播。在大学校园中,许多舞蹈社团也组织起来练习街舞;中学生利用课余时间从事街舞活动则更为普遍,各大城市的居民社区形成了以青少年为主体的特有的社区文化。作为一种为青少年所喜爱的文化体育活动,街舞在全国各地广泛传播。

街舞正式成为健身方式的一个体系是由北京体育大学的孟宪军于 1995 年引入的。为了达到健身的效果,孟宪军有取舍地改编了原始的街舞,取潇洒舍颓废,去掉了街舞表演中难度较大、比较危险的地面动作,不求发泄情绪,只求拥有健康。

在国内规范的管理体制下，北京街舞的代表——北舞堂迅速发展，成为"以舞艺论英雄"的中国街舞圈中最知名的团队。其街舞风格全面，霹雳舞、疯克舞、新派街舞的水平都是全国一流的。疯克舞是20世纪60年代末70年代初产生于美国西海岸的一系列舞蹈的总称，它包括机器人舞、锁舞、机械舞、布加洛舞、动画舞等许多舞蹈风格。锁舞和机械舞是疯克舞最主要的两类舞蹈。另外，随着几项全国街舞大赛在北京的举办，街舞在全国范围内迅速发展起来。

22.1.3 街舞的基本特征

1. 动作张弛有度

街舞的动作由各种走、跑、跳组合而成，并通过头、颈、肩、上肢、躯干等关节的屈伸、转动、绕环、摆振、波浪形扭动等连贯组合而成，各个动作都有其特定的健身效果，既注重上肢与下肢、腹部与背部、头部与躯干动作的协调，又注重组成各个环节的各部分独立运动的技能。

2. 塑造优美体态

跳街舞不仅具有改善心肺功能、减少脂肪、增强肌肉弹性、增强韧带柔韧性的功效，还具有协调人体各部位肌肉群、塑造优美体态、提高人体协调能力、陶冶美感的功效。街舞的瘦身功效非常显著，因为街舞是一种中低强度的有氧运动，运动能消耗500卡左右的热量，同时街舞是一种小肌肉运动，经常练习会让你的身材比例更趋向标准。

3. 具有感染力

街舞的特色是爆发力强，在舞动时，肢体所做的动作也较其他舞蹈夸张，具有活力，具有感染力，带给人热情澎湃的感觉。

4. 具有创造力

自由的思想和丰富的创造力是赢得街舞比赛的有利条件。竞争与自由的特性在街舞比赛中被统一起来。

5. 彰显个性

街舞的动作彰显个性，能表达自我。勇于接受挑战，创造人所不能，是街舞的精神内涵。这也符合青少年群体的心理和生理特点，因此得到全世界青少年的欢迎。

以动作为标准，街舞分两大类：流行街舞和健身街舞。

22.2 街舞基本技术

22.2.1 流行街舞基本技术

流行街舞又分技巧型(Breaking)街舞和嘻哈型(Hip-Hop)街舞。

1. 技巧型(Breaking)街舞

"Breaking"这个词中文译作地板霹雳舞，也可译作技巧型街舞。技巧型街舞要求舞者具有较高的力量、柔韧性和协调性，属于技巧性较高的体育舞蹈，所以最先为国内青少年所喜爱，跳这种类型舞蹈的青少年叫作 B-Boy 或 B-Girl。此类街舞的翻滚、倒立、弹跳等动作，都是高技巧的个人街舞表演。技巧型街舞的动作特点是：突破人体极限，创造人所不能。对于传统舞蹈而言，街舞的动作是非常奇怪的，许多动作是不可思议的、违反人体生理运动形态的，许多人认为这些大量反关节的动作是不和谐的，无从判定它的审美取向在哪里。但是，街舞者正是通过这样的"不和谐"动作来表达个性，传递"我能，你不能"的信息，彰显个人价值。不和谐的单一动作经过街舞者的连接，在音乐的节拍中流畅地表现出来，也会变得和谐。舞者尽可能地做出不可思议的动作，但要让人感到非常自然，并非刻意而为之。

下面简要介绍技巧型街舞的具体动作及其基本技术。

(1) Wind Mill(风车)：动作要领是以一侧肩膀到后背到另一侧肩膀再到体前双手依次为支点支撑，双脚轮番扫动以此带动身体持续在空中旋转的动作。

(2) Kip-up(俗称鲤鱼打挺)：动作要领是平躺在地上，两脚经上向后和身体折叠，抬高臀部和背部，然后经小腿伸展，用力向后下方做鞭甩下压动作，同时背部用力推地，上体用力上抬在主动前压，成蹲立姿势。

(2) Hand Spin(手转)：动作要领是用一只手推动身体，另一只手帮忙推着旋转的动作，通常也被称为"直升机"。

(3) Elbow-glide(肘转)：动作要领是右腿跪地准备，身体以右膝为支点向右旋转，右手在身体右侧撑地，左腿随身体转动向侧上步，重心移至左腿，左臂屈肘于体前撑地同时左脚蹬地，右腿上摆起肘倒立，身体借助起到立的旋转和向上伸腿转胯的力量带动身体以肘关节为支点，沿垂直轴进一步转动。

(4) 1990(手倒立单手转)：第一步：右脚向身体后方侧一步成前后开立姿势同时身体向右强力旋转，左手内旋在靠近右脚处撑地；第二步：左脚蹬地，右腿上摆时右手依次撑地呈倒立；第三步：左手推离地面，使身体重心移至右手，并获得使身体沿垂直轴顺时针旋转的动力。

(5) 2000(手倒立双手转)：左脚向前上步脚尖稍内扣，随着重心向左脚移动，身体向右快速转动，左手在靠近右脚的地方撑地，右手按压在左手手背上，左脚蹬地，右脚向上摆动起倒立同时左脚蹬地后快速上抬跟上右腿,要顶肩、推手、向上主动伸脚,带动身体继续旋转。

(6) Barrel(双手环抱在前的风车):动作要领是左脚后撤,身体左转,右手在靠近左脚的地方撑地;左腿抬起,右腿蹬地使身体腾空,左臂随即屈肘撑地,空中两腿尽量伸直分大;左腿沿逆时针向头的方向扫出,左臂从肩至背依次着地,使身体沿逆时针方向螺旋转动,后背着地时,抬高臀部、头部、肩部。

(7) Head Spin(头转):在倒立的姿势下,用头部做支撑,沿人体垂直轴转动的动作。腿的动作可以随意组合。

2. 嘻哈型(Hip-Hop)街舞

"Hip-Hop"这个词中文译作嘻哈,是舞蹈型街舞。Hip-Hop 嘻哈舞是人们最常接触的一种舞蹈,旋律轻快,节奏感强。它是一种出神入化的舞步,它将各种类型的舞蹈混合在一起,随心所欲地表现,没有舞蹈风格的限定,脱离了一般舞蹈的规范,可以说是一种个性化的街舞。它用幅度大而简单的舞步表现出复杂的舞感,它要求舞者的动作具有协调性以及肢体灵活性和控制力。此类街舞跳起来相当好看,所以很受大学生的喜爱。Hip-Hop 嘻哈舞包括 Popping(机械舞)、Locking(锁舞)、JAZZ(爵士舞)、House Breaking(霹雳舞步)、Wave(电流)等多种风格。

(1) Popping(机械舞):这种舞蹈的力量在于身体肌肉的震动,局部收放突然且猛厉。

(2) Locking(锁舞):这种舞种是 20 世纪 70 年代初由洛杉矶黑人青年唐·康佩尔(Don Compell)发明,它与机械舞风格相似,舞者飞快地展现锁的动作,并且伴着手拍与臂的技巧来诠释自己独特的风格。这种舞蹈以手腕和手臂的快速翻转移动并在突然间停顿为特色,停顿的一刹那身体就像被锁住一样,因而得名。

(3) JAZZ(爵士舞):这种舞蹈的主要力量在于胸、腰、臀、跨的动作,它是随着音乐而运用的复杂和神奇的步伐表现出的一种舞步,跳起来既可以十分优雅也可以相当狂野。

(4) House Breaking(霹雳舞):霹雳舞是舞蹈的一种形式。霹雳舞是个专用名词,是随着音乐跳动那些贴近地面,以头、肩、背、膝为重心,迅速旋转、翻滚的动作的一种舞蹈。"霹雳舞"动感和节奏感非常强烈,跳起来可以尽情尽兴,青年人对跳这种舞简直到了如醉如痴的程度。

(5) Wave(电流舞):这种舞蹈的力量在于每一个关节的律动局部收放突然且猛厉,呈现出似有一道电流通过身体一般的视觉效果,有超强的街舞视觉。

(6) Girls Hip-Hop:是一种女孩的舞蹈风格。

22.2.2 健身街舞基本技术

健身街舞是在具有嘻哈风格的音乐伴奏下,通过不同类型的肢体小关节动作和舞步的自由协调配合,达到健身、健心的目的,是融健美操、音乐、舞蹈于一体的一种新兴的娱乐型、观赏型身体练习。健身街舞在中国以全民健身的锻炼方式和高校课程方式出现，推动了街舞项目的迅速发展，让街舞从街头走向大雅之堂。它在街舞风格的音乐伴奏下，以街舞的基本动作为表现形式，以健身为主要目的。它不同于美国黑人那种原始的街舞，健身街舞舍弃了街舞中的颓废与叛逆，去掉了难度较大及比较危险的地面动作，提倡安全性、健身性、身体全面发展的均衡性。健身街舞的外在表现时尚、风格独特、锻炼部位全面、运动强度适中、练习形式轻松随意，独特的音乐和极酷的行头让练习者在消耗脂肪的同时也缓解了精神压力，因此这个充满活力和自由精神的运动项目吸引了越来越多的健身爱好者，受到更多人的喜爱。

健身街舞的基本步伐有以下 27 个。

(1) 滚动步：双脚依次压动，跟掌转换(脚跟和脚掌交替转换)。

(2) 太空步：双脚依次后滑。大腿内侧收紧，脚跟过渡脚掌。

(3) 膝步：提膝侧滑拖拽。收腿时支撑腿微屈膝，侧滑时重心随滑步移动。

(4) 恰恰步：两只脚依次交替做左右步伐。左右腿重心要转换。

(5) 快滑步：并腿站立，迈出一步同时小跳换腿。向侧滑步移动时重心跟上。

(6) 海豚式波浪：开腿立，身体依次发力传递做全身波浪。

(7) 疯克踏步：行进时重心起伏，膝踝弹动。

(8) 疯克提膝步：结合重心起伏提膝。胸腔下沉收腹，重心起伏牵拉腿部上提。

(9) 爵士十字交叉步：前踢腿，接十字交叉步。

(10) 侧交叉步：一脚向侧迈出一步，另一脚在其后交叉，随之再向侧迈步，另一只脚并拢。要求左右交叉换脚时重心移动。

(11) 开合步：跳成两腿分开、合并、再分开步伐。要求重心在身体中间，收腹，大腿内侧用力。

(12) 珍妮特碾转步：双脚平行开立，平行转动双脚脚掌、脚跟。要求腰腹发力，身体带动脚跟脚掌平行转动，屈膝，身体松弛。

(13) 踢点步：左腿小踢腿，右腿侧点地。要求后移重心前踢腿，重心前移侧点地。

(14) 上下波浪：两臂之间分 9 个部位的扭曲而完成的水平波浪、头到脚的垂直波浪、一侧手指到另一侧脚步的交叉波浪、双腿和肩臂之间众多身体部位波浪。要求身体部位或手臂依次发力传递。

(15) 转膝踢步：双膝向左向右扭转，向侧踢腿。要求脚掌发力碾动双膝，屈膝，腰髋配合带动腿侧踢。

(16) 并步：一脚迈出，另一脚随之并拢，同时双膝微屈向上小弹动。要保持双膝弹动。

(17) 侧弓步滑步：一脚迈出成弓步，另一脚随之并拢，同时双腿微屈向上小弹动。要求重心随滑步移动，双膝微屈，身体重心起伏。

(18) 弓步后蹬：像跑步一样，腿向后蹬。要求身体前倾，身体先收再展，腿微屈向后蹬。

(19) 机器人步：一脚向侧跳出，另一脚跟上并拢。要求收腹，向上小跳，重心左右移动。

(20) 轴转步：一脚向侧迈一步，另一脚后插转体。要求重心平稳，转体手臂带动。

(21) 踢跳接脚跟碾转：左脚前踢，落地成外八字，再转成双脚内八字。要求勾脚屈膝前踢，中心在最高点，落地屈双膝，降低重心，成内八字时重心最低。

(22) 跳接脚跟碾转：双腿小跳起，落地接脚跟碾转。要求重心在腰腹，转髋转膝带动脚掌跟转换。

(23) 漫步：一脚向前迈出，屈膝，重心随之前移，另一脚原地踏一步，再上一脚迈出，并脚。要求两脚依次交替落地，重心随转动而移动。

(24) 蝴蝶步：站立，两腿分开，膝关节上提并向内向外，同时支撑腿向内向外碾转。要求中心在支撑腿上，收腹，膝关节发力内外转动。

(25) 蹲：站立，跳成两腿并拢全蹲或分腿半蹲。要求屈膝缓冲，降低重心。

(26) 小跳垫步：小跳，重心提起下落，右脚后插，左脚斜前落地，两腿并拢下蹲。要求提高重心，双脚依次落地屈膝，身体随重心后倾。

(27) 斜跨步：斜前顶髋跨步，一脚斜前迈一步，同时顶髋收髋再顶髋。要求顶髋时髋部水平移动，同时结合身体的上下律动，身体重心在髋后，膝关节屈。

总之，流行街舞和健身街舞混杂了许多传统舞蹈元素，舞动时柔美而灵活，表演者若把身体的各种扭曲、变形、折叠的把握控制到位，街舞表演会很有观赏性，街舞的许多动作都来自模仿，是舞者对自然、对动物、对人的各种社会活动和工作状态的模仿。最优秀的舞者是以思想跳舞，而不是以动作跳舞，他的动作是在完成他头脑中的某个想法。街舞表演的最高境界，也是所有舞蹈的最高境界。

第 23 章　健美运动

23.1　健美运动概述

23.1.1　健美运动发展简介

健美运动起源古希腊，但作为体育锻炼项目，兴起于近代欧洲。19 世纪德国的体育家、表演家、艺术家欧琴·山道是健美运动的创始人。他经过 3 年的筹备，于 1901 年 9 月 14 日在英国伦敦皇家剧院举行有史以来的第一次"世界健美比赛"。

在 20 世纪中期，国际健美联合会(IFBB)，在加拿大成立，其创始人是乔·韦德和他的胞弟本·韦德先生。两人经过几十年的苦心研究，不断探索和研究科学的健美训练方式和方法，创建了现代健美运动，现如今健美运动已经成为人们生活中必不可少的一项休闲运动方式。

23.1.2　健美运动的作用

健美运动主要具有以下几方面作用：增加心肺功能，以长期的眼光来看，可以减少心脏血管疾病的危险性，改善心脏和血液循环系统；是控制体重最有效的方式，同时可以控制热量的摄取量，消除多余的脂肪和热量，加快新陈代谢。健身健美运动有助于改善体型，因为运动可以调节松弛的肌肤，并减低脂肪含量，使人们拥有健康的体魄；有助于改善睡眠质量，帮助减轻精神压力及缓和烦躁的情绪；对高血压(这是导致心脏疾病的重要因素)、糖尿病与骨骼疏松症(对于中老年人而言，其骨骼较为疏松而易于折断)等疾病预防作用。

23.2　健美基本练习动作

23.2.1　杠铃平板卧推

杠铃平板卧推(见图 23-1)是锻炼胸部及手臂肌肉的方法。

图 23-1　杠铃平板卧推

杠铃平板卧推的动作要领如下所述。

(1) 采用宽握距，使胸大肌获得充分伸展和彻底收缩；要求躯干和胸部向上挺起成桥形，两肩下沉，横杠放在胸上置乳头上 1 厘米处；当杠铃推起至两臂伸直时，必须使胸大肌处于"顶峰收缩"状态，稍停。

(2) 上推时用鼻子呼气，还原时用口吸气。注意，此时不要把臀部和腰抬离凳子。

(3) 双脚的位置：两腿分开成 45 度角，平放在地上，这样可以有力支撑。如果把脚踩到板凳上，稳定性会比较差，需要分担一部分力量控制核心肌群的稳定，这样就不能发挥最大的力量锻炼胸肌。当然在史密斯机上就没有这一顾虑，可以把脚放在凳子上，史密斯机能有效阻止腰腹协助发力，更孤立锻炼胸大肌。

23.2.2　杠铃划船

杠铃划船(见图 23-2)是锻炼背部肌肉的方法。

目标锻炼部位：主要是锻炼上背部最大的肌肉群——背阔肌，其次是锻炼斜方肌、冈下肌、三角肌后束、肱二头肌和前臂部肌肉。

杠铃划船的动作要领如下所述。

(1) 从上面握紧杠铃与肩稍宽，略微弯曲大腿并将腰部弯曲使身体前倾，倾斜度应该较大，身子与地面几乎平行以便使背阔肌运动得更剧烈。

图 23-2　杠铃划船

(2) 均匀的吸气呼气将杠铃抓到腹部下部,肩膀和肘部尽量向后拉,使肌肉得到更大的锻炼。

(3) 呼气时将杠铃拉至小腹下边,吸气时将杠铃平稳地放至小腿前下端,整个过程能感受到背部肌肉的收缩。

做杠铃划船训练时,要注意保持身体的平衡,以免在身体前倾的状态下身体倾倒。

23.2.3　杠铃直立划船

杠铃直立划船(见图 23-3)是锻炼肩部肌肉的方法。

图 23-3　杠铃直立划船

目标锻炼部位：是偏向锻炼大肌肉的综合性练习，主要是锻炼三角肌前束，对三角肌的中束和斜方肌也有效。

杠铃直立划船的动作要领如下所述。

(1) 自然站立，手背向前握住横杠中间，握距比两肩稍窄，两臂在下垂于腿前。

(2) 持铃慢慢贴身提起，两肘上提始终处于握手上方；直到上拉至接近颈前水平位，稍停；然后，循原路慢慢贴身放下至下垂于腿前；重复练习。

做杠铃直立划船训练时，每次放下杠铃要慢些，上提时要比放下时还要慢些，这样训练效果会更好；起杠铃至下巴，注意整个过程手肘要比双手高；注意只用你能承受的重量，切勿借身力和摇摆的方法来做。

23.2.4 立姿直杠弯举

立姿直杠弯举(见图 23-4)是锻炼肱二头肌的方法。

图 23-4　二头弯举器运动

目标锻炼部位：重点锻炼肱二头肌内侧头。

立姿直杠弯举的动作要领如下所述。

(1) 身体直立，中握距(同肩宽)正握杠铃，垂于体前。两上臂贴紧身体两侧、向上弯举，注意力集中在整个肱二头肌上，至肱二头肌完全收紧稍停。

(2) 借肱二头肌的力量缓慢控制杠铃还原到起始位置，以使肘部得到完全的伸展，如果屈臂则难于刺激到嵌入肘弯的肱二头肌下端。标准次数组(8～12 次/组)应刻意伸直胳膊；但 8 次以下(承重较大)为避免肘关节和肌腱无谓受伤，应保持胳膊自然的屈伸度。

在整个立姿直杠弯举的过程中，保持身体的挺直，不要前后晃动，不要借助惯性力。太重的杠铃即使有意借力，幅度也不能太大，容易分散二头肌受力，导致肌肉紧张度下降和增加下背部受伤的可能。为使这一动作更加精确可控，可以背靠墙，使肩胛骨紧贴在墙壁上。

23.2.5　杠铃深蹲

杠铃深蹲(见图 23-5)是锻炼大腿肌肉的方法。

图 23-5　杠铃深蹲

杠铃深蹲的动作要领如下所述。

(1) 肩负杠铃，挺胸立腰，双眼平视，两脚开立与肩同宽，脚尖稍向外分开(站位呈外八字)。屈膝下蹲至大腿低于膝盖，大腿肌用力起立还原。

(2) 杠铃运动轨迹要与人体的垂直轴相符(保持直上直下)，屈膝时膝盖的方向朝着脚尖的方向，不要向内收。呼吸节奏要与动作节奏相吻合。意念集中在主动肌(主要发力的肌群)上。

(3) 站立时膝关节最好保持微屈，目的是让大腿保持持续张力，使更多的肌纤维参与工作，并可减轻膝关节受力，防止膝关节损伤。

做杠铃深蹲训练时，不要低头、含胸、弓腰，否则，造成杠铃重心偏前，腰背部会分散腿部受力，使腿部受力减弱，锻炼效果欠佳，并且腰背部容易受伤或出现驼背；不要盲目加重，造成负荷过大，超出身体承受的重量导致技术变形，会使下蹲或站立时膝关节有意无意地内收，引起臀部后移，造成上体过于前倾，致使杠铃重心偏离身体的垂直轴，受力没有完全集中在主动肌上，对腿部肌群的刺激不深、不强烈，降低训练效果。

23.2.6 杠铃站姿负重提踵

杠铃站姿负重提踵(见图 23-6)是锻炼小腿肌肉的方法。

目标锻炼部位：腓肠肌、比目鱼肌。

图 23-6　杠铃站姿负重提踵

杠铃站姿负重提踵动作要领如下所述。

(1) 史密斯机上，双手掌心朝前握杠宽于肩，杠铃置于肩后，收腹、紧腰、挺胸，身体直立，膝关节伸直。

(2) 接着吸气，尽可能高地向上提起脚跟，稍停 3～4 秒钟。然后呼气，缓慢还原，重复练习。

做杠铃站姿负重提踵训练时，注意不要屈膝、屈体；控制重心，不要有意前移，否则效果极差，可在前脚掌下垫一块铃片防止重心前移。

各种提踵动作因站法不同，所锻炼的部位也有所差异。脚尖向内扣站法侧重于锻炼腓肠肌的内侧头，而普通练法内外侧腓肠肌都能练到。提踵动作主要是以腓肠肌的收缩来完成的。提起脚跟时，应感到小腿肌群充分收缩，稍停顿后再缓慢还原，使小腿肌得到充分伸展。

23.2.7 下斜卷腹

下斜卷腹(见图 23-7)是锻炼腹部肌肉的方法。

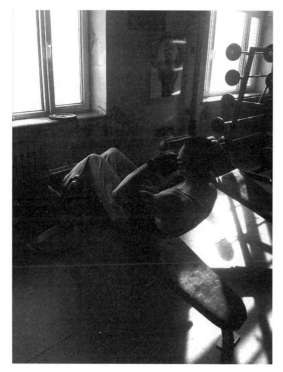

图 23-7 下斜卷腹

下斜卷腹的动作要领如下所述。

(1) 呼气、收腹。用腹肌把身体向上拉起，这样可确保处于腹部较深层的肌肉同时参与工作。

(2) 把身体升起离地 10～20 厘米后，应收紧腹部肌肉并稍作停顿，形成坐姿。然后慢慢把身体下降回原位。当背部着地的时候，便可以开始下一个循环的动作。

做下斜卷腹训练时，宜采用较缓慢的速度，就如慢动作回放一般，可以有效增加腹肌韧性。

23.3 健美明星与比赛常识

23.3.1 健美名将介绍

1. 阿诺·施瓦辛格

阿诺·施瓦辛格是全球公认的划时代的伟大运动员,他那完美的体格早已成为众多健美爱好者所追求的榜样,他的训练方法也为其后的众多冠军使用和借鉴。

阿诺·施瓦辛格主要成绩:

1975 奥林匹亚先生(IFBB Mr.Olympia)

1980 奥林匹亚先生(IFBB Mr.Olympia)

2. 罗尼·库尔曼

罗尼·库尔曼于 1964 年 5 月 13 日出生在美国路易斯安那州的门罗,目前居住在美国德克萨斯州,毕业于路易斯安那 Grambling State College 大学的会计系,1989 年,罗尼在德克萨斯州的 Arlington 成为一名警察。参加的第一场比赛是于 1990 年举行德克萨斯先生(Mr. Texas)。

罗尼·库尔曼主要成绩:1998—2005 年连续 8 届奥林匹亚先生大赛冠军。

23.3.2 比赛常识

1. 竞赛类别

(1) 健美锦标赛

(2) 健美邀请赛

(3) 健美俱乐部赛

(4) 健身先生、小姐赛

2. 男子个人竞赛 7 个规定动作

前展肱二头肌:面向裁判员自然站立,吸腹成空腔,抬起两臂,弯曲肘部略高于肩,两手握拳,屈腕,用力收缩肱二头肌及全身肌肉。

前展背阔肌:面向裁判员自然站立,吸腹成空腔两手握拳于腰部,用力收缩背阔肌及全身肌肉。

侧展胸部:侧向裁判员自然站立,右腿屈膝,前脚掌着地,吸腹挺胸,左手握住右手腕,屈肘,用力收缩肱二头肌及全身肌肉。

后展肱二头肌:背向裁判员自然站立,一腿后移,屈膝,前脚掌着地,抬起两臂,弯屈肘部略高于肩，两手握拳，屈膝，用力收缩肱二头肌及全身肌肉。

后展背阔肌：背向裁判员自然站立，一腿后移，屈膝，前脚掌着地，吸腹含胸，两手握拳至于腰部，用力收缩背阔肌及全身肌肉。

侧展肱三头肌：侧向裁判员自然站立，左腿后移，屈膝，前脚掌着地，右臂垂于体侧，左手经体后握住右手腕，用力收缩肱三头肌及全身肌肉。

前展腹部和腿部：面向裁判员自然站立，一腿前伸，身体重心于后退，屈膝，双手置于头后，用力收缩腹部、腿部及全身肌肉。

第 24 章 户外运动

24.1 户外运动概念

在日常生活中，人们常把户外理解为离开所居住的房屋、建筑的露天，这与我们开展的户外运动中所指的户外是有区别的。户外运动中的"户外"应为开展户外运动所专门选择开辟或建造的活动区域，主要指自然环境，也包括与自然环境相关的区域。

由于户外运动本身的复杂性及注重的角度不同，使得户外运动定义的界定具有多重的观点，目前尚没有任何定义能将户外运动的本质属性完全的表述。国外对户外运动均有不同的理解，在国外相关的词汇有：Outdoor Recreation、Outdoor Education、Outdoor Pursuit、Adventure Recreation，等等。"户外运动"在我国被译成英文"Outdoor Sports"，国外很少用这个词作为专有名词使用。根据中国登山协会马欣祥博士对国外户外运动的理解，认为最接近中文概念的"户外运动"的英文名称应该是 Outdoor Recreation，中文翻译为"户外休闲"。

本章我们主要介绍拓展训练和定向运动两种户外运动。

24.2 拓展训练

24.2.1 拓展训练概念

拓展训练是以团队的组织形式，利用崇山峻岭、瀚海大川等自然环境，通过特意设计的活动项目，以团队合作来完成一项项的挑战任务，达到锻炼人的勇气、挖掘潜能、重新认识自己、锻炼意志、加强团队精神、增强团队合作意识的活动。

24.2.2 拓展训练的起源

拓展训练英文为 Outward Development，意为 艘小船驶离平静的港湾，义无反顾地投向未知的旅程，去迎接一次次挑战，去战胜一个个困难。

拓展训练源自第二次世界大战。当时，盟军在大西洋的船队屡遭德国纳粹潜艇的袭击。在船只被击沉后，大部分水手葬身海底，只有极少数人得以生还。英国的救生专家对生还者进行了统计和分析研究，他们惊奇地发现，生还者并不是他们想象中的那些年轻力壮的水手，而是意志坚定懂得互相支持的中年人。经过一段时间的调查研究、了解情况，专家们终于找到了这个问题的答案：这些人之所以能活下来，关键在于这些人有良好的心理素质。于是，提出"成功并非依靠充沛的体能，而是强大的意志力"这一理念。

针对这一发现，德国人库尔特·汉恩提议，利用一些自然条件和人工设施，让那些年轻的海员做一些具有心理挑战的活动和项目，以训练和提高他们的心理素质。1942年，库尔特·汉恩与好友劳伦斯成立了一所阿德伯威海上训练学校，以年轻海员为训练对象，这是最早的拓展训练的雏形。

第二次世界大战以后，在英国出现了一种叫作Outward-bound的管理培训，这种训练利用户外活动的形式，模拟真实管理情境，对管理者和企业家进行心理和管理两方面的培训。

由于新颖的培训形式和良好的培训效果，这种拓展训练很快风靡了整个欧洲的教育培训领域，并在其后的半个世纪扩展到全世界。训练对象也由最初的海员扩大到军人、学生、工商业人员等各类群体；训练目标也由单纯的体能、生存训练扩展到心理训练、人格训练、管理训练等。

目前中国已有多所高校开展了拓展训练课程，学生对此评价非常高，如北京大学、体育大学、北京科技大学、北京地质大学等都成功的开设了拓展训练课程。

24.2.3 拓展课程开展的意义

拓展训练是体验式的学习过程但并非体育加娱乐，它是对传统教育的一次全面提炼和综合补充。大多数人认为，提高素质的手段就是通过各种课堂式的培训来掌握新的知识和技能。其实，知识和技能作为可衡量的资本固然重要，而人的意志和精神作为一种无形的力量，往往更能起到决定性作用。在何种情况下能使有限的知识和技能释放出最大的能量？如何开发出那些一直潜伏在你身上，而你自己从未真正了解的力量？以体验、分享为教学形式的拓展训练的出现，打破了传统的培训模式，它并不灌输你某种知识或训练某种技巧，而是设定一个特殊的环境，让你直接参与整个教学过程。拓展课程吸收了国外先进的经验，在参与、训练中通过设计富有挑战性与思想性的户外活动，培养人们积极的生活态度与团队合作精神。在活动中，教师充分调动学员的积极性，让学员投入到每个项目中，体验各种不同的环境及挑战，提高解决问题的能力。

拓展训练通过看、听、行动、体验、分享交流与总结相结合的"立体式"培训，以小组讨论、角色的模仿、团体互动、脑力激荡等方式让学员切身的感受、体会、领悟，从而整合团队、发掘每个人的最大潜力。

24.2.4 拓展训练课程的分类

1. 按照场地选择分类

拓展训练课程按照场地选择，可分为高山课程、水上课程、原野课程、极地课程、基地课程、雪上课程、室内课程。

2. 按照学习目的分类

拓展训练课程按照学习目的，可分为沟通课程、激励课程、团队课程、创新课程、解压课程、大型会议增效课程、企业文化植入课程、军事体验训练课程。

3. 按照学员特点分类

拓展训练课程按照学员特点，可分为学生拓展课程、新员工融入拓展课程、儒商拓展课程、销售人员课程、公务员拓展课程、家庭亲子课程、中层管理拓展课程。

4. 按照拓展重点分类

拓展训练课程按照拓展重点，可分为心理拓展训练课程和身体拓展训练课程。

5. 按照项目空间位置高低分类

拓展训练课程按照项目空间位置高低，可分为低空拓展课程、中空拓展课程、高空拓展课程。

6. 按照器械使用情况分类

拓展训练课程按照器械使用情况，可分为不需要器械课程、简单器械课程、复杂器械课程、专业基地课程。

7. 按照开展人数分类

拓展训练课程按照开展人数，可分为单人课程、双人课程、团队课程。

24.2.5 拓展训练的相关项目

1. 穿越电网

1) 项目介绍

穿越电网是一项在40分钟内，所有队员经网洞从这一边到达另一边的团队项目。实施时通常设置这样的情景：我们这个团队是一支侦查特种兵，执行一项非常严密的任务，在返回的路上遇到敌人设置的电网，所有队员必须通过电网才能返回安全地带，后面的追兵在40分钟后会追赶到我们，我们必须在40分钟内通过电网。由于我们每个人掌握的情报不同,所以在规定的时间内必须全体通过才能顺利完成任务。

2) 场地和器材

网:设置网洞时根据需根据人数设置,洞孔的数量比人数多一个,且大小不一。

记号绳:过一个人在网上挂一个。

3) 项目规则

(1) 通过网洞时,禁止队员身体任何部位和身体上附带的任何物品触碰网线,一旦触网即刻原路返回。

(2) 每个网洞只能允许一个人使用,队员通过后,网洞立即封闭,不允许其他人再次使用。

(3) 通过网洞的队员禁止回到另一侧,没有通过的队员也不允许到网洞的另一侧。

(4) 训练时,培训教师监控所有队员,严禁队员做鱼跃、空翻以及做各种危险动作。

(5) 训练前,队员把手机、眼镜、手表、钥匙、女生的发卡等物品收起,避免磕碰自己或他人。

2. 信任背摔

1) 项目介绍

信任背摔是一项个人和团队共同配合才能完成的项目。每一名队员需要站在同一处高台,背对着大家向后笔直地倒下,与此同时下面的队员用手臂稳稳地接住倒下的队员。

2) 场地和器材

1.5米的背摔台一个、绑手带一条和绑腿带一条。

3) 项目布置

(1) 背摔学员的动作要领:①先双手平举,体前交叉,掌心相对,十指交叉相握,由下往上翻转至胸前,两肘夹紧,微低头,再用绑手带和绑腿带将背摔的队员手脚绑住。同时培训教师向大家解释为什么这样做。②再双脚并拢,脚跟略探出台面一点,大腿绷紧,收复挺胸,略低头。③准备好后,背摔者大声问大家:"准备好了吗?"下面人要回答:"准备好了,请相信我们!"这时背摔者大声高喊:"一、二、三!"数完后,直立倒下。④最后,由队长将绑手带和绑腿带解下,背摔者依次于保护队员击掌以表示感谢。

(2) 保护队员的动作要领:①找个头相仿者做队友,两人面面相对,右腿在前呈弓步站立,两人膝盖内侧顶紧。②双手掌心向上,十指并拢,和对面队友交叉平举(两臂夹一膀)、手臂略弯曲。③腰部挺直,头后仰,注视背摔者的背部,根据情况适当调整位置。④整个保护网由10~12人组成(可随时调整),整个队伍肩于肩靠紧。⑤保护队员接住背摔者后,先放开背摔者的腿,再将其慢慢扶正。

4) 充电鼓励

每位队员上背摔台前,由队长带领大家给他鼓励:背摔者站中间,其他人把手放在他的背上,一边拍打一边高喊他的名字和队训。这是为了将全体的力量传给他,增加他的信心。

5) 备注

第一组离背摔台20厘米,第一组最好是女生;二、三、四组的队员一定是力量大的人;训练之前要逐个测试他们的手臂力量。

3. 盲人建房

1) 项目介绍

盲人建房是一项团队项目,要求所有队员在带上眼罩后的40分钟内完成"建造房子"的工作。这里的"建造房子"是指将场地内的两根绳子按照房子的形状,摆出一个四边相等的正方形和一个三边相等的三角形,三角形的一边与正方形的一边相互重合,整个过程所有队员蒙上眼睛,由队长给大家平均分配任务并集体完成。

2) 场地和器材

(1) 眼罩(数量与人数相等)。

(2) 两根长18米绳子。(项目进行时,不让学员看见绳子具体位置)

(3) 尽量开阔的场地。

3) 项目控制

(1) 戴上眼罩后,检查是否有人看得见,严禁有人偷摘眼罩,违者解除活动资格。

(2) 是否有绊脚的地方(安全考虑)。

(3) 训练结束后,摘下眼罩时,注意先闭一会儿眼睛。

4. 驿站传书

1) 项目介绍

驿站传书是多组竞赛项目,每组队员在规则限制的条件下,从后面向前传递信息。每组最后一位学员将会得到一个3位以内的数字,队员只能依靠拍或捏的情况下将这个数字一一传递到最前面队员,然后由最前面的队员将这个数字记录下来,并签上队名,将该数字上交。一般规定时间为3分钟,超过3分钟不交答案者,无效。答案必须是所有位数都相同才算正确。中间会有3分钟的商量准备时间。

2) 场地和器材

一些数字信息和场地。

3) 项目布置

(1) 全体人员排成纵队,半臂间隔。

(2) 在传递信息的时候,后面人的手不能和前面人的手接触,手不能过前面人的肩膀。

(3) 项目开始后,所有人不能说话。

(4) 项目开始后,所有人不能回头,不能转身。

(5) 传递信息时不能使用高科技。

(6) 比赛进行3轮,最后计算总成绩。

4) 项目控制

(1) 逐渐加大数字的难度。

(2) 严格控制秩序。

(3) 每轮之间给学员 5 分钟讨论时间。

5. 无轨电车

1) 项目介绍

无轨电车是一个团队项目，9~11 人为一组，站在长板上，每个人分别拉动长板上的绳子共同前进到终点。(可以进行竞赛)

2) 场地和器材

(1) 一块平整且足够大的场地。

(2) 每组需要两条长 6 米、宽 20 厘米的长板，距板头 15 厘米开始打孔，每 60 厘米打 2 厘米的孔(打在板中间)，每个孔中都穿过长 120 厘米、粗 1.5~2.0 厘米的绳子，绳子在板上方打结，方便脚板进入。

3) 项目控制

(1) 不允许学员下地指挥。

(2) 在禁声时，不允许发出任何声音。

(3) 要安排转弯。

(4) 前进时注意保护：防止学员从板上摔下。

6. 车轮滚滚

1) 项目介绍

这是多组竞赛项目，9~11 人为一组，每组队员在规则限制的条件下将报纸连接成坦克履带的样子，所有队员站到报纸里面从 A 点到达 B 点。

2) 场地和器材

(1) 一块平整且足够大的场地。

(2) 每组报纸 50 张、透明胶带一卷。

3) 项目控制

(1) 全体队员都要进入履带中，头不能出来，鞋不能接触到地面，违反罚停 5 秒。

(2) 如果履带在行进中断开，原地修补，修好后可继续前进。

7. 雷阵

1) 项目介绍

雷阵是一项在 40 分钟内在雷阵图上从雷区入口到雷区出口探出一条安全通道的团队项目。通常设置这样的情景，如果我们这支军队在行进中遇到一片雷区挡住我们前行，上级命令我们必须在 40 分钟内通过这片雷区。

2) 场地和器材

(1) 雷阵图一大张。

(2) 雷阵规则说明书。

3) 项目布置

全体人员在阵前排队,从队长开始依次探雷,触雷者沿原路返回排在队尾。探雷方法:第一排任何一个格子都可以走,但进入雷区后需听口令。

(1) 若无雷,培训教师说:"OK!请继续!"

(2) 若有雷,培训教师说:"对不起!请原路返回!"

(3) 雷阵里只许有一人在探雷,只许走相邻的格子,不许试探、跨越、不得重复踏雷。

(4) 项目开始后,所有人不能越过起点延长线。

4) 扣分规则

在规定时间内完成任务为 100 分,如有下列违规情况每次扣 2 分:重复触雷(第一次触雷不扣分);未按原路返回;雷区内 1 人以上活动;踩线或试探。

24.3 定向运动

24.3.1 定向运动概述

定向运动是参赛者借助地图和指北针,在尽可能短的时间内到达若干被标注在地图上和实地中检查点的运动。定向运动的参赛者可以是个人,也可是团队。定向运动比赛在地图和指北针的导航下,从三角形的起点开始,按序号顺序寻找单圆圈的检查点,最后到圆双圈的终点。在定向运动中,到访的点是固定的,但两点之间的路线是不固定的,这就要求选手寻找两点之间最近、最顺畅、最省时省力、最适合自己体能和技能的路线,并在最短的时间内对路线做出决策。如果比赛中,运动员出现错打检查点或漏点,比赛成绩将视为无效。

定向运动是一项充满探险和刺激的大自然活动,它源自瑞典军军官学校,1840 年,瑞典陆军军官学校首次让学生学习距离计算、测量和绘制草图。1986 年,在斯德哥尔摩和奥斯陆的军官学校课程中,首次使用 Orienteering(瑞典语"定向")二字,表达了在借助地图和指北针的帮助下穿越未知地带的意思。1897 年,在挪威的首都奥斯陆的第尔弗运动俱乐部里首次举办定向比赛,这次比赛被认为是定向运动历史上第一座里程碑。1918 年,瑞典童子军领袖古兰特少校组织了一次叫"寻宝游戏"的活动,此次活动利用地图和指北针把自然环境与越野跑有机地结合在一起,取得了极大的成功。古兰特被人们视作"现代定向运动之父"。

定向运动成为一种体育运动项目始于 20 世纪的北欧。20 世纪 30 年代,定向运动在芬兰、挪威、瑞典、丹麦立足，并于1946年成立了世界上第1个北欧定向理事会，此次理事会的成立成为推动国际定向联合会成立的核心力量。1961年，由丹麦、瑞典、芬兰、挪威、瑞士、德意志民主共和国、德意志联邦共和国、捷克斯洛伐克、匈牙利、保加利亚10个国家的协会联合发起，在丹麦首都哥本哈根成立国际定向联合会(IOF)，该协会现有成员国63个。国际定联是世界定向运动的行政实体，是国际体育联合会总会之一。

24.3.2 定向运动的特点

1. 场地特点

定向运动通常利用天然的场地进行活动，例如深山密林、风景区等野外环境或城市公园、大学校园等环境。这是该项运动与体育场馆中进行的运动项目显著的区别。定向比赛没有固定的场地，各组别比赛路线也不同。即使相同场地不同季节，比赛路线相同，规定运动员也不能两次选择同一路线。

2. 比赛特点

定向运动比赛的出发顺序是按照竞赛软件随机排列的。每个人都有自己的出发时间，按照相同时间间隔，选手出发时间都不同。这项比赛可以认为是与自己的比赛，也可以认为是与竞争对手的比赛。参赛者要运用相关知识及技能，在有压力的环境下做出正确的判断，要求注意力集中、果断决策及快速应变。比赛中，要快速行进，超越自己，超越对手或不被后面的对手超越。定向运动比赛不仅是体力的抗争，还是智力及心理能力的竞争。它既是技术的较量，也是心理素质的较量。奔跑速度靠体力，路线选择靠智力，抗干扰靠心理能力。心理能力不稳定，失败的可能性很大，尤其是比赛前情绪波动是影响赛场上心理稳定性的重要因素之一。定向运动比赛时，心理稳定性影响着运动员竞技能力的正常发挥。

24.3.3 定向运动器材及场地

1. 定向运动地图

定向运动地图(见图24-1)是一种按一定比例尺表示地貌、地物平面位置和高程的正射投影的平面地形图形。定向运动竞赛地图一般由地图比例尺、地貌符号、地物符号、磁北方向线、地图地域颜色、地图图例注记、比赛路线和检查点符号说明表8大要素组成。

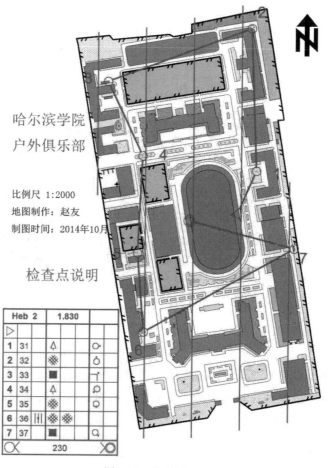

图 24-1 定向运动地图

定向运动地图是开展定向运动的重要器材,也是定向运动员在参加定向比赛中定向和寻找检查点的基本依据。它的质量好坏直接影响运动员比赛成绩的高低,直接关系比赛是否公正。因此,国际定联专门为国际定向越野比赛制定了《国际定向运动图制图规范》,对定向越野图的基本要求有以下几点:幅面的大小根据比赛区域的大小确定,赛区以外的情况不必表示;比例尺通常为 1:1.5 万,当需要时也可采用 1:1 万或 1:5 000;等高距通常为 5 米,当需要时也可采用 2~10 米,但在一幅图上不得使用两种等高距;精度至少要使以正常速度奔跑的运动员没有任何不准确的感觉;磁北线一般每隔 500 米标志一条,根据地幅大小也可以适当增加或减少;重点详细地表示与定向和越野跑直接相关的地物、地貌。要利用颜色、符号等,详细区分通行的难易程度。

2. 指北针

指北针(见图 24-2)多由组织者提供,如要求自备,则可能会对其性能、类型做出原则上的规定。当今世界上已出现的指北针类型主要有简单式、液池式、透明式、照准式、电子式。目前国际上的定向越野比赛常使用由透明有机玻璃材料制作的指北针。

定向运动指北针的结构主要由透明的基板、充液磁针盒及刻度盘组成。在基板上刻有前进方向箭头，用来指出目标检查点的方位，磁针盒底部刻有磁北标定线，用来方便指北针标定地图和确定前进方向。

图 24-2　指北针

3. 检查点标志

标查点标志(见图 24-3)是地图上的检查点在实地的标志，简称"点标"。检查点标志由三面正方形标志旗连接成的三棱体组成，每面正方形标志旗的尺寸为 30 厘米×30 厘米，并沿对角线分开，左上部为白色，右下部为橙红色，夜间定向检查点标志应有光源。

图 24-3　检查点标志

点标旗可以用硬纸壳、胶合板、金属板、布等材料制作。标志旗通常要编上代号(国际上过去曾使用数字做代号，现已规定使用英文字母)，以便于选手在比赛时根据旗上的代号来判断其是否找到了正确的检查点。悬挂标志旗的方法有两种：有桩式和无桩式。悬挂高度一般从标志旗上端计算，距地面 80~120 厘米。

与点标旗放在一起来配合使用的是点签器(没有电子打卡器时使用的)，它提供运动员一个到达位置的凭据。点签器的样式很多,常见的是印章式和钳式。印章式点签器上雕刻不同的图案或代码,自动上印油的印章为比赛首选,否则在比赛时,应另备印泥;钳式点签器是用弹性材料制成,顶端装有钢针,根据钢针的不同排列可以印出不同的图案印痕。

4. 电子打卡计时系统

在全国定向竞赛和大型正式定向竞赛,必须使用电子打卡计时系统,它不仅能证实是否按顺序正确到访,还能记录到访的时间。电子打卡系统由指卡、打卡器和终端打印系统组成。

指卡是电子检查卡片,编号是统一的,能贮存打卡器与打卡器之间的时间,也能贮存开始时间和结束时间。打卡器中包括起动器、终止器、清除器、核查器、成绩打印读卡器。当指卡插入到打卡器中,打卡器使自动将指卡号和到达时间输入到指卡中;终端打印系统可打印出各种所需成绩。所有电子打卡器的信息一旦被存贮(时间约 30 秒),电子打卡器便鸣响并有红灯闪烁(两者其中之一即可),打卡便完成。

在比赛中使用打卡器的顺序为:先打清除器,清除指卡中的原有信息,这一过程持续 3 秒,再打核查器,来确认原指卡信息是否已清除;再打起动器,此时,每当信号发出,开始时间被储存;再打点标打卡器,当发出信号时,到访时间被储存;再打终止器,当发出信号时,到达终点时间被储存;然后打成绩打印读卡器,打印出本人整个赛程的成绩;最后打红色打卡器,将指卡全部信息读入电脑进行成绩统计。

5. 定向运动服装及号码布

定向越野比赛对运动员的服装都没有特殊的要求。根据经验,运动员最好选择紧身而又不至影响呼吸与运动的衣裤,为防止被树枝刮伤和害虫侵袭,最好穿面料结实的长袖衣和长裤甚至使用护腿。选择轻便、柔软而又结实的鞋子,同时注意防滑,这样,便于上下陡坡、踩光滑的树叶或走泥泞地。

号码布主要用途是便于更好的组织比赛,运动员的号码布同其他比赛一样,其大小为 24 厘米×20 厘米,一般字形端正、字迹清晰的长方形布块。号码布上的阿拉伯数字一般不高于 12 厘米。比赛时要求定向运动员胸前和背后各佩戴一块号码布。

6. 竞赛场地

(1) 竞赛区域

① 竞赛区域应选择在地形比较复杂、植被较多的地区,应能为设计难度高的竞赛路线提供可能性。

② 竞赛区域应适合制订定向运动的竞赛路线。

③ 竞赛区域不应具有使本地运动员获益的自然特点。

④ 竞赛区域一旦确定应设置为禁区,除组织者外,任何人不得以任何理由进入竞赛区

域。如需通过竞赛区域，必须经组委会批准；如开赛前擅自进入赛区，应取消其竞赛资格。

⑤ 举办过定向运动竞赛的场地，在 3 年内不得再用于全国性竞赛以及大型的竞赛。

(2) 竞赛路线符号

起点用等边三角形，检查点用圆圈，终点用两个同心圆，一般最后一个检查点至终点为必经路线，必经路线用虚线表示；三角形或圆圈的中心点表示某地物的准确位置，但中心不绘出；检查点按规定顺序注记编号，编号数字要垂直于南图廓，编号数字应以不压盖图上重要目标为宜。

(3) 竞赛路线

起点、检查点、终点符号、检查点编号一律用红紫色套印或标绘。

第25章 体育机器人马球运动

25.1 体育机器人马球运动的起源

体育机器人马球运动是马球运动的创新。马球,又称马上曲棍球,其英文名 Polo 源于藏语 Pulu 的音译,意为骑在马上用球杆击球入门的活动。马球运动在我国古代叫"击鞠",其经过长期的演变和发展,成为中国古代球类运动中主要的运动形式之一,尤其兴盛于我国的唐朝,那时的马球经常是一场百人以上男女同场竞技,规模之大,可想而知。随着社会的发展,中华民族不断地改朝换代,马球运动也时兴时衰,再也没有唐朝时那种盛况了。

到 19 世纪初期,马球运动在中亚国家逐渐衰败了下来,除了印度南部的一些山区还进行这项运动以外,马球运动到了几近绝迹的边缘。1859 年,驻印度阿萨姆(Assam)的英国陆军中尉 Joseph Sherer 向上尉 Stewart 建议在军营组织此项运动,两人一拍即合。随后,两人和 7 个茶叶种植园主便组建了 Stewart 马球俱乐部,经常与当地的曼尼普尔人同场竞技。之后于 1861 年,Stewart 将马球引入加尔各答,并在第 2 年的圣诞节期间进行了第 1 次公开比赛。1863 年,他又和 Sherer 一起创建了加尔各答马球俱乐部,这也许是世界上最为古老的马球俱乐部了。自此,马球在印度风靡一时。

与此同时,马球被引入英国本土。1869 年,一名骑兵军官组织了一场即兴比赛,拐杖和台球被用于比赛,尽管操作不便,但主意不错,由此可见他们对马球的狂热。1869 年末,第十骑兵团的上尉 Edward Hartopp 将马球用具带回英国,并进行了首场正式比赛。那时的马球一般有 8 名球员,每队 4 人,规则较少。后来,第十三骑兵团上尉 John Watson 起草了第一份正式的比赛规则,这为 1886 年成立的英国马球总会指定标准的比赛规则奠定了基础。1876 年,美国的第 1 个正式俱乐部——西切斯特马球俱乐部在纽约诞生。随着更多俱乐部和相关结构的成立,马球的规则也逐步被标准化,由此,现代马球运动终于在欧美大陆诞生了。

25.2 体育机器人马球运动简介

体育机器人马球运动,是在参考马球规则的同时,有所创新。让"智能平衡车"替代"马",同时球员手持马球杆,与场上队友配合,同对方进行马球的争夺和进球的运动项目,将古代的竞技传统与现代机器人技术有机结合起来,既遵循传统,又体现时尚,充满现代感。此运动颠覆了传统马球运动的局限性,以设备先进简单易学、比赛精彩等特点开创了此项运动的先河,真正意义上将传统运动项目与现代科技完美相结合,将此项"贵族运动"带到每一个平常百姓的生活。据悉,目前体育机器人马球运动已在全国多个省市、高校、中小学开展。

体育机器人马球运动在国内流行的原因有以下几点:国家体育总局发文支持;运动与科技相结合,赢得了青少年群体喜爱;体育与素质教育相结合,得到了大、中、小学支持;比传统的马球运动的成本大大降低;场地条件放宽,室内室外均可,不需要动辄几个足球场大的马球场地;危险性大大降低;群众参与度高,部分社区老人开始体验机器人马球运动。

25.3 体育机器人马球运动的竞赛规则

25.3.1 体育机器人马球运动的比赛设置

1. 参赛分组及配置

1) 参赛组别

比赛分为 3 个年龄组,分别是少年组(7~12 岁)、青年组(13~17 岁)和成年组(18 岁以上,含老年组)。

2) 队伍配置

室内场地 4 人制比赛:4 人制比赛,每支参赛队伍至少由 8 名成员组成,其中 1 名领队、1 名教练员,场下替补至少 2 名,每队上场 4 人,包括前锋、中锋、后卫及守门员。

室外场地 7 人制比赛:7 人制比赛,每支参赛队伍至少由 11 名成员组成,其中 1 名领队、1 名教练员,场下替补至少 2 名,每队上场 7 人,包括前锋、中锋、后卫及守门员。

2. 比赛时间设置

比赛分为 4 节,上下半场各 2 节,每节为 8 分钟,特殊情况经裁判员和双方同意另定除外,但要符合竞赛规程;每节之间休息 3 分钟;中场休息 5 分钟;比赛进行中出现球员受伤、犯规或危险(意外)情况发生时,裁判员鸣哨暂停比赛,计时员暂停比赛计时。

3. 比赛开球

1) 预备开球

比赛开始前，参赛双方通过现场抽签的形式选定场区和开球权。比赛下半场，参赛双方将进行场地交换。

2) 开球方式

主裁持球立于开球区圆周外围的中线上，双方队员面向主裁各自排成一路纵队。双方的先头队员，均不得越过开球区与中线垂直的直径线。比赛以中线争球开始，主裁以手用力将球掷于两队之间的中线地面上，球着地，即比赛开始。

4. 计胜方法

1) 进球得分

当球的整体从球门柱间及横梁下越过球门线，而此前未违反竞赛规则，即为进球得分。一队胜一球后，应到开球区重新开球，继续比赛。

2) 竞赛规程

在比赛中进球数量多的队伍为胜者。如果两支参赛队伍在规定时间内完成比赛且得分数相同，则加赛 1 节。

5. 比赛结束

裁判员根据计时员比赛时间终了的提示，吹哨停止比赛；当哨声响起前球已击出，进入球门仍为有效；当哨声响起前球已击出，对方球员为了救球可以迎击或阻挡，只以一杆为限，此杆即该场最后一击。在此之后，双方任何球员均不得再与球接触。

25.3.2 体育机器人马球运动的基本规定

1. 球员规定

前锋，其职能是射门；中锋，其职能是组织进攻，在阻碍对方传球的同时，传球给己方前锋射门得分；后卫，其职能是干扰对方球员射门；守门员，其职能守卫球门，阻止马球进入球门。教练可按本队战术需求，调整前锋、中锋、后卫的人数比例，但守门员仅有 1 名，守门员在比赛中不得越过中线，且每名参赛球员在场上均不受位置限制，均可击球得分。

比赛开始后，任何球员不得以任何方式干扰裁判判罚；当场上球员累计犯规达到 3 次，则将被处罚下场；犯规情节严重者，立即下场；场上任何球员不得因任何方式将球杆离手。

2. 裁判员规定

所有裁判应严格遵守《裁判法》章程执法比赛；每场比赛设有 1 名主裁和 2 名边裁；比赛中，裁判主要依靠球行线和球员进攻权来进行处罚；当出现犯规、球员或马球机器人摔倒或者受伤、机器设备损坏、球员头盔撞落、马球滚出边界时，暂停比赛，以裁判员哨声为准；裁判员根据计时员比赛时间终了的提示，吹哨停止比赛；裁判员根据与比赛相关的事实所作出的决定是最终的决定。

3. 教练员规定

教练员负责战术制订和发号施令；教练员不可以参赛队员的身份上场比赛；只有球队的教练员才可以就比赛期间发生的问题与裁判交涉。

4. 器材更换规定

比赛期间，如需更换比赛器材或防护装备，应取得裁判员许可，方可退出场地更换。更换完毕后，应取得裁判许可，方可返场；球员更换马球机器人、球杆更换折断球杆时，比赛继续进行，不占用比赛时间。

5. 比赛队伍规定

一场比赛应有两支队伍参加；仅暂停比赛时方可换人，不限换人名额；若任意一方上场队员少于比赛规定人数，则判定另一方获胜。

6. 得球规定

球员在球行线上，或在球行线的最近角度上(最接近于右手方，同时又是近角小角度)的时候，即为"得球"；球员虽在球行线上，但距马球较对方为远，则不能认其为"得球"；双方球员均不在球行线上且与球行线均有一定角度，则以角度较小的球员为"得球"。

7. 马球定位球规定

(1) 界外球：当球由边线出界后，由对方球员在球出界位置待双方球员离开边线 5 米后，用马球杆击球传给己方球员，继续进行比赛。球员不得在出界位置直接击球射门；当球由进攻方球员击打出防守方端线出界后，则由防守方球员从禁区线弧顶处开球，继续比赛；当防守方球员在防守过程中将球击打出本方场地端线出界后，则由进攻方球员在防守方场地的边线与端线交集点出发；发界外球时，须等裁判吹哨后，该球员方可击球。

(2) 任意球：在禁区外，当球员利用故意或非故意犯规来阻止进球或阻止对方球员得分时，判对方任意球。发任意球时，须等裁判吹哨后，该球员方可击球。

(3) 点球：在禁区内，除守门员，防守球员利用故意或非故意犯规来阻止进球或阻止对方球员得分时，判对方点球，即将球放在中线弧顶罚球点上，除罚球球员以外的所有球员都应站在罚球区域的外边，在听到裁判员的哨声后，由罚球球员单独面对对方球门进行射门。其他球员不得干扰罚球球员射门。在裁判员的哨声吹响之前，罚球球员不能击球。

8. 犯规与有效合理行为规定

(1) 碰撞或冲撞犯规与有效合理行为规定：球员不可用球杆有意触击另一球员及其马球机器人。开球后，扬杆不可以超过膝盖。若超过视为扬杆过高，禁止球员在对方球员后方冲撞；得球球员为阻止对方接近球行线，或非得球球员为争夺球行线，均可将肘紧贴身体，用肩膀和上臂部位推抗对方球员；在双方球员进行一对一博弈时，其他球员只能旁边策应不能直接参与抢球。

(2) 球行线犯规与有效合理行为规定：在争球过程中，对方球员必须与领先抢球球员的跑动方向一致，并以相近的速度并行；对方球员不可在进攻球员前横穿球行线或由斜角度超越运球线路或作锯齿形穿越球行线，用以干预进攻或者将进攻球员撞离球行线，否则判为犯规；球员可以将对方球员挤出球行线，但是不能在超越45度的角度位置插入；在进攻球员没有被阻挡的前提下，并排侧面阻挡或使用球杆干扰是允许的；在对得球球员无相撞危险的距离以外(大于3米)，可以超越球行线。

(3) 截架阻扰犯规与有效合理行为规定：在对方击球员的一侧或后方，双方球杆中间没有间隔人或马球机器人时，可以用自己的球杆截架正要击球的对方击球员的球杆，进行阻扰；如果对方击球员是在挥大杆且处于下挥时，则不可以骑进对方的击球挥杆范围内；对未击球的球员，不得有截架阻扰行为；在比赛过程中，严禁在腰部以上的位置去勾架对方球杆。

(4) 得球犯规与有效合理行为规定：当双方球员由不同方向驰来争球而有相撞危险时，非得球球员必须避让得球球员；当球员进入球行线得球后，同方向驰来抢球的对方球员应自得球球员的左侧争夺球行线，待取得球权后再行击球。

(5) 射门犯规规定：控制球时可选择击打、推等一切动作，而射门必须采用击打动作，否则得分无效；比赛开始后，当球进入禁区后，除守门员外，任何运动员不得以任何方式触碰球。

(6) 触地犯规规定：比赛进行当中球员双脚均不能触碰地面，违规球员须立即离开场地，到中心球场的边线，经裁判员允许，方可重新返场。

(7) 触球犯规规定：在比赛进行中，球员不得用手持球或用臂、腿夹球，若球击在人或马球机器人上，必须使其立即落地；不可在对方球员的马球机器人的两轮中间或身体上方拖球，以致造成对方球员落"马"的危险。

(8) 坠"马"犯规规定：因个人操控失误，脚触落地面的被视为"坠马"，"坠马"者出局1分钟，在1分钟之后的第1个死球后可示意裁判自动归赛。

25.4　体育机器人马球运动国内发展大事记

2011 年，国家体育总局正式将素质体育机器人运动纳入社会体育范畴。

2013 年，中国机器人运动工作委员会吉林省竞委会成立，此后一年时间里便在吉林省内 20 多家中小学开展了一系列素质体育机器人活动。

2014 年 10 月，全国首个机器人马球运动基地落户宁波。

2014 年 11 月，哈尔滨学院机器人马球俱乐部授牌仪式在哈尔滨学院举行，这是黑龙江省成立的首个"平衡车机器人马球俱乐部"，并作为该省机器人马球训练基地面向社会开放。

2014 年 11 月，河北联合大学轻工学院体育部与神州通信集团唐山有限公司签署了《素质体育培训基地建设战略合作协议》，将开设《机器人马球运动》相关课程。

2014 年 12 月，天津市首家平衡车机器人马球俱乐部在天津现代职业学院落成，填补了天津地区素质体育机器人运动的空白，标志着素质体育机器人运动在天津地区全面深入地展开。

2014 年 12 月，山东省平衡车机器人马球赛济南站比赛山东省体育学院落幕。

2014 年，威海举行山东省平衡车机器人马球比赛。

2015 年，武汉大学校园开展机器人打马球表演。

2015 年，吉林机器人马球进社区活动开展，老年人体验新"时尚"。

2015 年，黑龙江省唯一有机器人教育的特色学校——朝鲜族中学积极推广机器人马球运动。

2015 年，南京晨报将和中国机器人运动工委江苏竞委会合作，成立机器人马球俱乐部，组织队伍开展"机器人马球联赛"。

第 26 章 击剑运动

26.1 击剑运动简介

击剑是从古代剑术决斗中发展起来的一项体育项目，它结合优雅的动作和灵活的战术，要求运动员精神的高度集中和身体的良好协调性，体现出运动员良好的动作和敏捷的反应。早期的击剑由于缺乏良好的护具，容易对运动员的身体造成创伤，引起流血、重伤，甚至死亡。自从现代击剑中引入了完善的保护衣具，并采用钝的剑尖，已经消除这项运动的危险性，也极大促进了这项运动在全世界范围内的传播。

运动员穿戴击剑服装和护具，在击剑场上以一手持剑互相刺击，被先击中身体有效部位的一方，为被击中方。有多种进攻技术和防守技术，并在规则许可的范围内运用各种战术取胜。击剑比赛项目男子女子均有花剑、重剑、佩剑，每项均有个人赛和团体赛。团体赛为每队 3 人的队际相遇赛。个人赛先采用分组循环赛，然后根据组内成绩指数排位，进行单败淘汰赛。循环组赛为 4 分钟内先击中 5 剑者为胜。单败淘汰赛为每局 3 分钟，击中剑数累计，先击中 15 剑者获胜，最多打 3 局，每局之间休息 1 分钟。团体赛则根据个人赛成绩，直接进行单败淘汰赛。

26.2 击剑的种类及介绍

击剑运动有三种武器：花剑、佩剑、重剑。

1. 花剑

花剑是完全的刺击武器。只有剑尖刺中才有效，剑杆横击无效。有效击中部位是上身，见图 26-1 黑色部位。击中有效部位由金属衣裹覆，这样，电子仪器便可以分出有效和无效击中。

花剑重量不超过 500 克，全长不超过 110 厘米。花剑比赛也讲究击中优先权。先攻击而击中者得分。被攻击者须先做出有效抵挡动作后再进攻击中才有效。双方同时击中均不得分。如有时剑触及手臂，在花剑中是无效部位。

图 26-1　花剑有效击中部位

2. 佩剑

佩剑是既劈又刺的武器。在实战中,以劈中得分为多。击中有效部位是上身,头盔及手臂,见图 26-2 黑色部位。

图 26-2　佩剑有效击中部位

3. 重剑

重剑是完全的刺击武器。只有剑尖击中有效,剑身横击无效。击中有效部位包括全身,即躯干,腿脚,手及臂以及头盔,见图 26-3 黑色部位。

图 26-3　重剑有效击中部位

与花剑及佩剑不同,重剑每次击中都有效。若双方在 1/4 秒内相互击中,双方各得一次击中数。最容易被击中的部位是手。重剑比赛需高度准确性,攻击对方的好机会常常是当对方开始攻击的时候。

26.3 击剑运动基本技术动作

26.3.1 击剑运动的基本站姿

持剑站立姿势为：两脚间的距离为一脚半到两脚的长度(见图 26-4)。也有人坚持两脚跟站在一条直线上(见图 26-5)。

图 26-4　第一种持剑站立姿势：俯视图和侧面图

图 26-5　第二种持剑站立姿势：正面图和侧面图

26.3.2 击剑运动的两大步法

步法是击剑基本技术之一，它是合理有效移动脚步的动作方法。实战中的一切攻防行动都要依靠步法的移动来寻找、创造有效的距离，并配合手上技术的发挥才能达到目的。在步法技术的训练中，必须重视保持快速起动、平稳移动以及步法之间的相互转换，同时还要根据技战术动作的需要，与不同身体姿势进行配合，合理的调整身体重心，从而达到手脚协调配合的目的。

1. 向前向后步法

1) 向前一步

向前一步是击剑向前移动步法中最基本、最简单的步法之一，主要用于接近、退对手或连接其他的步法。

动作要领：前脚尖略微伸起(脚背屈)，再贴地面随小腿向前迈出约一脚距离，然后脚跟先着地过渡到全脚落地；后脚随前脚向前迈出(起动)，并以前脚掌内侧蹬离地面前移，距离与前脚相同；躯干随前脚向前迈出而前移，身体重心保持在两脚之间。

2) 向后一步

向后一步是击剑向后移动步法中最基本、最简单的步法之一，主要用于拉开与对手的距离，或连接其他的步法。

动作要领：后脚稍提脚跟并贴地面后移一步，再全脚掌着地；随后脚后退时前脚以全脚掌向前蹬地，后移一脚，再全脚掌落地；身体重心同躯干随前脚的全脚掌蹬地后移而后移。

2. 弓步

弓步是击剑步法中最重要的攻击步法，实战中绝大多数有效的攻击都由弓步配合手上动作弓步是击剑步法中最重要的攻击步法，实战中绝大多数有效的攻击都由弓步配合手上动作的参与来完成，击剑任何步法都可与弓步配合运用。此外，弓步的深度取决于运动员的放松程度、体力情况(能自我控制和还原成实战姿势为准)、两腿的长度、大小腿的比例、做弓步的目的、战术的要求等。

动作要领：先伸出持剑臂，再伸前脚尖，同时以膝关节为轴，前脚跟紧擦地面，前小腿向前摆出。在前小腿向前摆出而膝关节尚未完全伸直时，大腿在小腿前摆的带动下积极前伸，重心随同前移。随着重心前移，后脚以全脚掌后蹬送髋，在前脚跟着地之前后腿充分伸展，以加大后蹬力量并获得加速度，但脚掌不得离开地面。前脚落地时以脚跟先着地，然后过渡到全脚掌着地，并随着身体重心的前移使小腿与地面垂直，同时不持剑臂在最后一刻自然向后下挥摆，以保持身体平衡，完成弓步姿势。

弓步还原成实战姿势：前脚全掌蹬地伸脚尖，过渡到脚跟用力前蹬并伸直膝关节，同时将身体向后上方推动。在前脚蹬地的同时，后腿膝关节迅速屈曲，同时使躯干后移，最后还原成实战姿势。

第 27 章 体 适 能

体适能是几十年来西方发达国家健康科学研究和运动健康促进的一个重要概念和标志性成果，围绕体适能所形成的一系列健康科学理论和健康促进模式，在改善人类健康水平、提高人类生活质量和增强国际竞争力等方面发挥了重要的作用。

27.1 体适能概述

27.1.1 体适能的起源与概念

20 世纪 90 年代，由于青少年身体活动率急剧下降，社会生活的紧张，使人们的心理产生紧张感、压抑感。运动不足导致肥胖病、心血管疾病、糖尿病发病率提高，国民医疗保健费用大幅增加，致使美国体育界的健康、体育、舞蹈组织(简称 AAHPERD)于 1987 年提出一项旨在建立一个能协助体育教师帮助青少年儿童理解终生体育活动的价值、意义并养成健康行为习惯的教育计划，即体适能健康教育计划。该计划的实施在美国、加拿大和我国的香港、台湾地区引起极大的反响，对引导学生积极参加体育活动，形成良好的生活方式，促进健康效果甚佳。在英文文献中，到 20 世纪 80 年代初，台湾、香港的运动生理学界率先将"Physical Fitness"这一名词翻译为"体适能"。欧美国家对"Physical Fitness"认识也存在不同的观点，如德国将其称为"工作能力"，法国称为"身体适应性"等。"Physical Fitness"中译文有：体质(中国内地)、体能、体力，都是健康概念的一种延伸。"Fitness"一词很早就出现在了中国大陆，只是近年来学术界才开始对这一名词进行讨论。由于"Fitness"一词的本意是"适当""适切性"的意思，因此，有人将它理解为"健康"的意思，即身体各方面均处于适当的状态。但在英文文献中，此词更侧重于表达身体对某种事物的适应能力。所以，将它翻译成"体适能"比较贴切。

1996 年，美国健康与人类服务部(Department of Health & Human Services，U.S)在总结以往研究的基础上，提出"体适能是人们所具有的或者获得的与其完成体力活动能力有关的一组身体形态和功能特征"。1997 年，美国体适能与竞技体育总统委员会(President's Council on Physical Fitness and Sports)进一步将现代社会普遍存在的代谢障碍与健康问题纳入体适能体系，提出"体适能是一种低健康风险和高体力活动能力的生命状态"，据此将原有的体适能"二分类体系"扩展为"三分类体系"，即健康体适能、运动体适能和生理体适能(Physiological Fitness)。以上体适能的定义和分类体系代表了欧美学者的主流学术观点，对国际社会体适能理论研究和实践产生了积极的影响。

综合各种观点，体适能是指能够有效且安全地应付日常生活中一般性及紧急的情况，并有余力从事休闲活动的能力。世界卫生组织(WHO)对体适能的定义为：个人在应付日常工作之余，身体不会感到过度疲倦，还有余力去享受休闲及应付突发事件的能力。体适能被认为是身体健康最重要的指标之一，并作为预测未来心血管疾病和其他疾病发病率和死亡率的最重要指标之一，也是衡量体质健康水平的指标之一，也是运动训练新思想的一个指导性的概念。"体适能"概念的提出，使得人们在追求健康、体育锻炼和运动训练效果的过程中能够站在更加科学、客观的角度去理解问题和处理问题，能够以人为本，顺应自然。体适能的提出最重要的是强调了机体适应生活，运动与环境(例如温度，气候变化，环境或病毒等因素)的综合能力，这种对生活的适应力，体现出体适能与健康之间的紧密联系。

27.1.2 我国体适能的发展现状

我国在 20 世纪 90 年代后期全面推广素质教育，强调树立"健康第一"的教育思想，健康体适能这一新观念开始受到推广。1984 年开始，我国定期开展了 4 次大规模的学生体质健康调研，建立了我国多民族学生体质健康状况的动态资料，初步建立了我国学生体质健康状况的调研制度。2000 年，全国范围内组织开展了一次大规模的全年龄段人群的体质监测工作。2003 年，由国家体育总局等 10 个部门共同会签的我国第 1 部《国民体质测定标准》正式颁布实施。2004 年 5 月，中国国民体质数据库正式建立。从目前国内外关于体质研究的范畴看，大规模群体体质研究的内容主要包括 3 个方面：体格发育水平、生理机能水平、身体素质和运动能力水平。尽管国内的体质研究取得了较多的成果，但对身体适应能力方面的研究迄今不多，尤其是缺乏科学的全面的定量化指标，故当前的体质测定仅局限在身体方面，对相关的促进健康方面干预较少。健康体适能是一个新兴的复合概念，它的测量与评定，相对于过去的体质测试更加科学地反映了体质对外界环境、生活、社会的一种适应能力，因此它是多学科交叉的一个具体应用，有着丰富的内容；包括的范围也很广泛，有运动生理学、运动解剖学、运动医学、测量学、统计学、物理学及计算机科学等许多学科。健康体适能测定在引用相关学科的基础上，应用各学科的基本理论，借助各学科先进科学技术，不断改进、创新测量评定方法，使人们对人体本质属性的认识从多学科、综合性的角度出发，对测定对象做较为深入与客观的价值判断。随着科学技术的迅猛发展，它的研究已经朝着多指标、综合性方向发展，其不仅在形态、身体机能和身体素质方面继续深入，还涉及人类精神、社会行为、个体性格等方面的内容。随着磁成像、分子生物学等尖端科学在体质研究领域中的运用，人类健康体质的研究必将出现新的飞跃。

27.1.3 体适能与生活方式的关系

进入 21 世纪后，人们虽然开始注意运动的重要性，也在无意识状态下希望能够拥有良好的健康体适能，但是对于健康体适能的认识却往往不够。健康体适能要素与人们的健康与疾病有着密切的关系，良好的体适能需要通过长时间科学地参与体育锻炼的方式来促成，并通过维持健康良好的生活方式来得到改善。同时，拥有良好体适能的人最大的好处就是能过着高质量的生活，也可以享受充实的生活，他们所遇到的健康问题会少于不运动的人。因此，可以说科学、文明、健康的生活方式是良好健康体适能的基础和保障。实践证明，即使仅拥有大多数成年人都可以达到的普通体适能水平，也可以大幅度降低过早死亡的概率。所以人们应该更多地了解有关发展和维持健康体适能的运动方式及有关知识，从而在进行体育锻炼时既能得到最大的好处，又能避免危险，跨入到科学、文明、健康的生活方式中。

27.2 体适能的分类

体适能按个体需求分健康体适能(Health Related Physical Fitness)、竞技体适能(Sport Related Physical Fitness)和代谢体适能(Metabolic Physical Fitness)。一个健康的个体需要这 3 个方面的体适能参数达到适当水平。不同的体适能之间相互关联，又相互区别。一个拥有良好健康相关体适能者并不一定具有优秀的竞技体适能，竞技体适能还需进行适当的训练，但要拥有优秀竞技体适能的前提是机体具有良好的健康体适能。

27.2.1 健康体适能

健康体适能是指与健康有密切关系的体适能，是指心血管、肺和肌肉发挥最理想效率的能力。健康体适能的标准是指能维持健康、降低慢性疾病的危险程度，以及减少肌肉骨骼伤害发生率等所需具备的最低适能标准。健康体适能是评价一个人生理能力的常用指标，是健康的基础。在一个人生长、发育和衰老过程中，随着生理机能的逐渐衰退，健康体适能也会随之下降。所以，健康体适能不仅直接反映了个体的健康状况，也是"全适能或幸福安宁"的重要决定因素之一。由于健康体适能与预防和对抗都市疾病(心脏病、高血压、糖尿病、肥胖等)有着密切关系，所以受到健康、体育、运动科学和医学界所重视。它包括心肺耐力适能、肌肉适能、身体成分、柔韧适能和神经肌肉松弛能力。

1. 心肺耐力适能

心肺耐力适能是指肌肉、神经、循环和呼吸等系统维持长时间活动的能力，也可以称为有氧耐力。有氧运动就是加强心脏、肺、血管能力的锻炼，其功能越强，走、跑、学习和工作就会越轻松,进行各种活动保持时间也会越长,即心肺耐力是一种测量人体工作效率的方法。心肺耐力被认为是健康体适能中最重要的要素,因为心血管耐力的提高可以改善人体心血管、肺的健康。2000年全国肿瘤学术会议上专家预言,肺癌将成我国人口第一死亡杀手。由此说明预防和保持肺部的健康是我们每一个人刻不容缓的任务。一般情况下,高水平的有氧耐力既可以保持机体在相对疲劳状态下持续工作的能力,又可以协助消除疲劳。经常参加有规律的有氧锻炼,将有助于降低许多与长时间坐位工作有关的健康危险。此外,有氧运动对于预防心血管疾病特别重要。可见,良好的心血管功能对人的健康显得更加重要。在某种程度上来说,健康的心血管系统意味着更长寿、更有活力。

2. 肌肉适能

肌肉适能包括肌肉力量和肌肉耐力两个方面。肌肉力量是指肌肉群在对抗阻力的条件下,全力完成一次最大收缩的能力。肌肉耐力是指大肌肉群发出的力量保持持续收缩的能力。良好的肌肉耐力可以确保机体在不疲劳的状态下,反复从事各种活动。强调加强肌肉的力量锻炼对各年龄层次都有重要作用。发展以肌肉力量为主的运动可以预防常见的退化性疾病,如骨质疏松、糖尿病、动脉硬化和心血管疾病、腰背颈部酸痛和骨关节的退化性变化。如果经常进行肌肉力量锻炼,可使肌肉强壮防止关节扭伤、肌肉疼痛和身体疲劳,并且完全可以抵御衰老的现象,使人精力充沛。无论是年轻人还是老人都会从肌肉力量锻炼中获益。可见,良好的肌肉适能可以避免肌肉萎缩松弛、维持较均匀的身材、防止肌肉流失、减少运动伤害发生几率、提高身体活动能力、提升生活质量等。

3. 身体成分

身体成分是指构成身体的各种物质及其比例,一般包括身体脂肪量和瘦体重(包括肌肉、骨、血液和其他非脂肪组织)。了解身体成分,有利于通过体育锻炼或调节饮食等方法来增加或减少体重,从而使体重控制在一定的合理范围内,保持身体内适宜的脂肪含量。人体的脂肪比重过大,机体做功能力就相对减少,血液中的胆固醇含量就高,容易导致人体内某些物质代谢的紊乱;脂肪过多、体重过大不仅会影响人体的健美,还会给健康带来一系列不良的影响。大量的流行病学调查显示:身体肥胖与冠心病、动脉粥样硬化、高血压、糖尿病、胆结石、关节炎及某些肿瘤的发生有关。肥胖还会显著缩短寿命,增加新陈代谢和心脏的负担。但体重过轻也并不好,体重过轻既是一种症状,又是一种疾病,它对人体健康有着多方面的危害。体重过轻的人,不但容易疲倦、体力差、兴趣低、学习和工作的效率不高以及常有"力不从心"的感觉而且其抵抗力低、免疫力差、耐寒能力弱,经不起疾病的折磨,对环境变化的适应能力不强。显然,体重过轻与肥胖一样,既不是健康的标准,也不是人体健美的象征,而是身心健康的大敌。可见,维持适宜的身体成分对人类健康极其重要。

4. 柔韧适能

柔韧适能是指在无疼痛的条件下，关节自如活动的范围。一般受到关节周围肌肉群和韧带伸展性的制约，它是避免关节僵硬、保持运动能力、降低受伤机率、防止运动意外伤害事故和腰腿疼痛的主要条件。随着社会生活的变化，许多人长期以久坐不动的方式生活。苏联生理学家研究，同 20 世纪 70 年代相比人们肌肉组织活动量减少 40%，尤以大腿后群肌为例，由于久坐使后群肌僵硬并使它变得比它应有的长度还要短，所以直立时引起腿部肌肉疼痛。经观察中国老年人心脏能力较强，但缺乏肌肉应具有的力量与柔韧，所以到了一定的年龄时，柔韧性降低，姿态变化，使得他们连最基本的能力都丧失了。可见，柔韧性可以防止人体受伤和运动器官老化，对预防和矫正人们不良体态有很大作用。

5. 神经肌肉松弛能力

神经肌肉松弛能力是指能减低或消除不必要的肌肉紧张或收缩的能力。肌肉不必要的紧张与精神或心理压力有关，例如，当下文职人士流行的颈脖或腰背酸痛(特别是经常紧张工作的情况下)，或多或少是因为个人肌肉本身长时间不自觉地收缩紧张而不松弛所致。

27.2.2 竞技体适能

竞技体适能是指与动作、舞蹈和体操等表现有关的运动技术能力，一般包括灵敏、平衡、协调、速度、爆发力和反应时间等。该要素一般受遗传的控制，是从事各种运动项目的基础。然而，目前还没有证据表明这些要素与增进健康和预防疾病有直接的关系，例如身体协调性好的人群并不比差的人群存活时间长或患病机会少。

27.2.3 代谢体适能

代谢体适能通过一系列体适能参数来反映，主要包括血糖、血脂、血胰岛素、骨密度等。代谢体适能反映的是一种机能状态，它同许多慢性疾病的发生或发展直接相关，也与运动锻炼的效果直接相关。

第 28 章 避险训练

28.1 突发自然灾害的应急与逃生

28.1.1 台风

当台风来临时,我们应该做到以下几点。

(1) 及时、实时地关注和了解台风动向、等级情况,并了解政府有关部门对台风的应对措施,相告知,让周围的人都做好防范台风的准备。

(2) 台风来临时的大风会将未关紧的门窗打坏,造成人员受伤或财产损失,所以我们应将门窗关紧;并将屋外、阳台的易移动物品移入室内,如花瓶和晾衣杆等;对临时建筑物、树木及广告牌等进行加固。

(3) 住在危旧房内和临时搭建物内的人们应及时转移至安全场所,直至台风 离去才能返回。

(4) 居住地势较低的人,应转移至地势较高处,避免受淹。

(5) 仔细检查家庭电路和煤气等设施的安全情况,检查通信设备是否可以正常使用。

(6) 校园师生应该避免户外活动,若台风等级较大,应该停课。

(7) 取消在台风入侵时进行户外活动以及大型的户内活动。

(8) 不要到海滩游泳及乘船出海,已出海的船只应该立即回港避风。若是来不及回港,应该立即与岸上的救援部门联系,请求救援。

(9) 备好家庭 2~3 天的供给食物,等待台风的离去。

(10) 准备好蜡烛、手电筒,以备停电后使用。使用时应注意安全,以免引起其他灾难。

(11) 若不得不出门,应该穿着雨衣,不可打伞;避免从不牢固的建筑物、大树底下经过;出行工具应该尽量选择汽车,而不是自行车及摩托车等代步工具;开车时,应集中注意力,缓慢行驶,不要将车辆停放在树和广告牌下。

(12) 若是强风过后,户外风和日丽、万里无云可能是该区域正处于台风眼区,不能放松警惕。要等台风彻底平静 段时间再外出。

28.1.2 泥石流

泥石流是山区沟谷中，由暴雨、冰雪融水等水源激发的，并含有大量的泥沙、石块的特殊洪流。其特征是往往突然爆发，浑浊的流体沿着陡峻的山沟前推后拥，奔腾咆哮而下，地面为之震动、山谷犹如雷鸣。在很短时间内，将大量泥沙、石块冲出沟外，在宽阔的堆积区横冲直撞、漫流堆积，常常给人类生命财产造成重大危害。

泥石流来临前，一般会有巨大的响声，出现沟槽断流和沟水变浑等现象。泥石流发生时，泥石流携带巨石撞击产生沉闷的声音，明显不同于机车、风雨、雷电、爆破等声音。沟槽内断流和沟水变浑，可能是上游有滑坡活动进入沟床或泥石流已发生并堵断沟槽，这是泥石流即将发生最明显的前兆。在这些现象发生时，一定要根据预先制定的防灾预案，及时撤离到安全地带。

在沟谷内逗留或活动时，一旦遭遇大雨、暴雨，要迅速转移到安全的高地，不要在低洼的谷底或陡峻的山坡下躲避、停留。留心周围环境，特别警惕远处传来的土石崩落、洪水咆哮等异常声响，这很可能是即将发生泥石流的征兆。发现泥石流袭来时，要马上向沟岸两侧高处跑，千万不要顺沟方向往上游或下游跑。暴雨停止后，不要急于返回沟内住地，应等待一段时间。野外扎营时，要选择平整的高地作为营址，尽量避开有滚石和大量堆积物的山坡或山谷、沟底。

28.1.3 地震

1. 地震逃生

破坏性地震，从感觉到破坏平均只有 12 秒，在这段时间内，应沉着冷静，根据所处环境做出安全选择。

如果在楼房内，要迅速远离门窗和阳台，选择厨房、卫生间、楼梯间等空间小而不易倒塌的空间避震；可躲在墙根、墙角、坚固家具旁等易于形成三角空间的地方避震；还可以躲在桌子下面，千万不要盲目跳楼、乱跑，也不能使用电梯。

如果在室外，要避开高大建筑物，避开高楼林立的街道，把书包等物顶在头上，防止被玻璃碎片、屋檐、装饰物砸伤，迅速跑到街心、空旷场地蹲下。尽量远离高压线及石油、化学、煤气等有毒工厂或设施，也不要急于跑进室内救人。正在行驶的汽车、火车等，要紧急刹车。

如果正在工作场地，要迅速关掉电源和气源闸门、开关，然后就近选择设备和办公家具下躲避，防止次生灾害发生。

如果正在车站、影剧院、商店、教室和地铁等公共场所，要保持镇静，就地选择桌、凳、架等地方躲避，听从指挥，有序撤离，千万不能乱跑，更不要卷到人流中，乱拥乱挤，涌向出口，以免挤伤踩死。

如果正在野外，要避开山脚、陡崖，以防山崩、滚石、滑坡和泥石流等。如遇山崩滑坡，要向垂直于滚石前进的方向跑。

如果遇到特殊危险，要根据不同情况采用避险措施：燃气泄漏时，要用毛巾捂住口鼻，不可用明火，之后设法转移；遇到火灾时，趴在地上，用湿毛巾捂住口鼻，匍匐逆风转移到安全地带；毒气泄漏时，用湿毛巾捂住口外，要绕到上风方向，之后及时转移。

2. 震后自救

捂住口鼻，挪开头部杂物；尽量保存体力，用石头敲击物体，发出求救信号；应尽量寻找食品和水，必要时，自己的尿液也可以起解渴作用。目前，地震是无法避免或控制的"自然灾害"，但只要掌握一些避难逃生的技巧，就有可能把伤害降低。

28.1.4　雷电

发生强对流天气时，如果在室外，应立即寻找庇护所，把装有避雷针、钢架或钢盘混凝土等的建筑物作为避雷场所，具有完整金属车厢的车辆也可以利用；若找不到合适的避雷场所时，应采用尽量降低重心和减少人体与地面的接触面积的方式避雷，可蹲下，双脚并拢，手放膝上，身向前屈，千万不要躺在地上、壕沟或土坑里；披上雨衣，防雷效果更好。

切记，如果在野外，千万不要靠近空旷地带或山顶上的孤树，这里最易受到雷击；不要待在开阔的水域和小船上；树林的边缘，电线、旗杆的周围和干草堆、帐篷等无避雷设备的高大物体附近也不能停留；铁轨、长金属栏杆和其他庞大的金属物体近旁，山顶、制高点等场所也不能停留。另外，在野外的人群，无论是运动的，还是静止的，都应拉开几米的距离，不要挤在一起，也可躲在较大的山洞里。

雷电期间，最好不要骑马、骑自行车和摩托车；不要携带金属物体在露天环境行走；不要靠近避雷设备的任何部分；不要接打手机。

当您头发竖起或皮肤发生颤动时，可能要发生雷击了，要立即倒在地上。受到雷击的人可能被烧伤或严重休克，但身上并不带电，可以安全地加以处理。

如有强雷鸣闪电时您正巧在家里，建议无特殊需要，不要冒险外出；将门窗关闭；尽量不要使用设有外接天线的收音机和电视机，不要接打电话。

28.2 常见灾害与事故的预防与避险

28.2.1 水灾

严重的水灾通常发生在河流、沿海以及低洼地带。住在这些地方人们，遇到风暴或暴雨，必须格外小心。许多地区有水灾报警系统，遇到危险时，应该迅速报警。遭洪水侵袭时，应按以下方法自救。

洪水到来之前，要关掉煤气阀和电源总开关，以防煤气泄漏和因电线浸水而漏电失火、伤人。时间允许的话，应赶紧收拾家中贵重物品将其放在阁楼。如果时间紧急，可把贵重物品放在较高处，如桌子、柜子和架子上，以免被水浸湿。在洪水到来之前，要采取必要的防范措施，首先要堵塞门的缝隙，旧地毯、旧毛毯都是理想的塞缝隙的材料；还要在门栏外堆放沙袋，以阻止洪水涌入。为防止洪水涌入屋内，要堵住大门下面所有的空隙，最好在门槛外侧放上沙袋。沙袋可以自制，以长30厘米、宽15厘米最好；也可以用塑料袋塞满沙子、泥或碎石，放入沙袋。如果预料洪水会涨得很高，那么底层窗台外也要堆上沙袋。

如果洪水不断上涨，在短时间内不会消退，应在楼上贮备一些食物及必要的生活用品，如饮水、炊具、衣物等，还要携带火柴或打火机，必要时用来生火。

洪水到来时，来不及转移的人员，要就近迅速向山坡、高地、楼房和避洪台等地转移，或者立即爬上屋顶、楼房高层、大树、高墙等地方暂避。此时要收集一切可用来发求救信号的物品，如手电筒、明子、旗帜、鲜艳的床单和沾油破布(用以焚烧)等。及时发求救信号，以争取被营救。用一些绳子或被单，使身体与烟囱相连，以免从屋顶滑下。

不到迫不得已不可乘木筏逃生。乘木筏逃生是有危险的，尤其是对于水性不好的人，一旦遇上汹涌洪水，很容易翻船。此外，爬上木筏之前一定要试验其浮力，并带上食物及船桨以及发信号的工具。

在开阔地带驾车遇到洪水时，应把车背着洪水开过去，并闭紧车窗。如果处在峡谷或山地，要迅速驶向高地。

当发洪水时涉水越过溪流是很危险的。如果非过河不可，应尽可能地从桥上通过。对于没有桥的河面，不要选择最狭窄地方通过河面，要找宽广的地方，溪面宽的地方通常都是最浅的地方。在瀑布或岩石上不可紧张，在涉水前，先选择一个好的落脚点，用一根竹竿或木棍先试探一下前面的路，在起步前先扶稳竹竿，并要逆水流方向前进。

发现高压线铁塔倾斜或者电线断头下垂时，一定要迅速远避，防止直接触电或因地面"跨步电压"触电。

28.2.2 火灾

1. 熟悉环境,暗记出口

当你处在陌生的环境时,为了自身安全,务必留意疏散通道、安全出口及楼梯方位等,以便关键时刻能尽快逃离现场。

2. 通道出口,畅通无阻

楼梯、楼道、安全出口等是火灾发生时最重要的逃生之路,应保证畅通无阻,切不可堆放杂物或设闸上锁,以便情况紧急时能安全迅速地通过。

3. 扑灭小火,惠及他人

当发生火灾时,如果发现火势并不大,且尚未对人造成很大的威胁时,当周围有足够的消防器材(如灭火器、消防栓等)时,应奋力将小火控制、扑灭;千万不要惊慌失措地乱叫乱窜,切勿置小火于不顾而酿成大灾。

4. 保持镇静,明辨方向,迅速撤离

突遇火灾时,面对浓烟和烈火,首先要保持镇静,迅速判断出危险地点和安全地点,决定逃生的办法,并尽快撤离险地。千万不要盲目地跟从人流,相互拥挤,乱冲乱窜。撤离时朝明亮处或外面空旷地跑出,要尽量往楼层下面跑,若通道已被烟火封阻,则应背向烟火方向离开,通过阳台、气窗、天台等往室外逃生。

5. 不入险地,不贪财物

身处险境,应尽快撤离,不要因害羞或顾及贵重物品,而把逃生时间浪费在寻找、搬离物品上。已经逃离险境的人员,切莫重返险地。

6. 简易防护,蒙鼻匍匐

逃生时经过充满烟雾的路线,要防止烟雾中毒、预防窒息。为了防止火场浓烟呛入,可采用湿毛巾、口罩蒙鼻,匍匐撤离的方法。烟气较空气轻而飘于上部,撤离时,贴近地面是避免烟气吸入、滤去毒气的最佳方法。穿过烟火封锁区,应佩戴防毒面具、头盔、阻燃隔热服等护具,如果没有这些护具,那么可向头部、身上浇冷水或用湿毛巾、湿棉被、湿毯子等将头、身裹好,再冲出去。

7. 善用通道,莫入电梯

按标准规范设计建造的建筑物,都会有两条以上逃生楼梯、通道或安全出口。发生火灾时,要根据情况选择进入相对较为安全的楼梯通道。除可以利用楼梯外,还可以利用建筑物的阳台、窗台等攀到周围的安全地点,沿着落水管、避雷线等建筑结构中凸出物滑下楼也可脱险。在高层建筑中，电梯的供电系统在火灾时随时会断电或因过热致电梯变形，而使人被困在电梯内；同时由于电梯井犹如贯通的烟囱般直通各楼层，有毒的烟雾直接威胁被困人员的生命。

8. 缓降逃生，滑绳自救

高层、多层公共建筑内一般都设有高空缓降器或救生绳，人员可以通过这些设施安全地离开危险的楼层。如果没有这些专门设施，而安全通道又已被堵，救援人员不能及时赶到的情况下，可以迅速利用身边的绳索或床单、窗帘、衣服等自制简易救生绳，用水打湿后固定，然后从窗台或阳台沿绳缓缓滑到下面楼层或地面，安全逃生。

9. 避难场所，固守待缓

假如用手摸房门已感到烫手，千万不要开门。此时一旦开门，火焰与浓烟势必迎面扑来。这时可采取创造避难场所、固守待援的办法。首先，应关紧迎火的门窗，打开背火的门窗；再用湿毛巾或湿布塞堵门缝或用水浸湿棉被蒙上门窗；不停地用水淋透房间，防止烟火渗入，固守在房间，直到救援人员到达。

10. 缓晃轻抛，寻求援助

被烟火围困无法逃离的人员，应尽量待在阳台、窗口等易于被人发现和能避免烟火近身的地方。在白天，可以向窗外晃动鲜艳衣物或向外抛轻型晃眼的东西；在晚上，即可以用手电筒不停地在窗口闪动或者敲击东西，及时发出有效的求救信号，引起救援者的注意。

11. 火已及身，切勿惊跑

火场上的人如果发现身上着了火，千万不可惊慌逃跑或用手拍打。当身上衣服着火时，应赶紧设法脱掉衣服或就地打滚，压灭火苗；能及时跳进水中或让人向身上浇水、喷灭火剂。

12. 跳楼有术，虽损能生

跳楼逃生，也是一个逃生办法，但应该注意的是：非跳楼即遇难的情况下，高楼层要求有消防队员准备好救生气垫并指挥跳楼或楼层不高(一般 4 层以下)时，才可采取跳楼的方法。跳楼时应尽量抱些棉被、沙发垫等松软物品或打开大雨伞跳下，以减缓冲击力。如果徒手跳楼一定要扒阳台或窗台使身体自然下垂跳下，以尽量降低垂直距离，落地前要双手抱紧头部身体弯曲卷成一团，以减少伤害。

28.2.3 煤气中毒

煤气中毒是指使用煤气、燃气热水器不当而造成过量吸入一氧化碳而中毒的事故。

1. 煤气中毒的主要症状

现代家庭发生有害气体中毒事件中，煤气中毒是最常见的一种。煤气是种混合气体，其中，大约含有30%无色、无味的一氧化碳。所谓煤气中毒，实质上是一氧化碳中毒。由于一氧化碳与血液中血红蛋白的结合力比氧气与血红蛋白的结合力高240倍，因此，当人吸入一氧化碳后，一氧化碳立即和血红蛋白结合，形成破氧血红蛋白，这不但破坏了血红蛋白和氧气的结合，而且破坏了血红蛋运输氧气的功能，从而使人体缺氧而发生中毒症状。

轻度中毒时病人意识尚清楚，主要症状有头晕、恶心、呕吐、心悸、皮肤苍白；重度中毒者并发神志不清，牙关紧闭，全身抽搐，大小便失禁，口唇、皮肤、指甲出现樱桃红色，呼吸困难，肢体瘫痪，癫痫等。

2. 煤气中毒应急处理

闻到浓烈的煤气、天然气异味，千万不能开关电器，不能接打电话和手机；应立即打开门窗通风，关掉煤气、天然气阀门；用湿毛巾掩住口鼻，尽快脱离中毒现场，到空气新鲜、通风良好的地方。

发现中毒病人，首先要尽快使其脱离中毒环境，不再吸入一氧化碳，可以迅速打开门窗或将病人移到温暖通风的房间里。中毒者应安静休息，避免活动，以免加重心、肺的负担，增加氧的消耗量。对中毒较重的病人，除了让他吸入新鲜空气外，还要让其吸入氧气，使血液中氧含量增高，有利于更快地驱赶一氧化碳。对意识消失者，检查患者呼吸道是否畅通，发现鼻、口中有呕吐物、分泌物时，应立即清除；对呼吸轻微或呼吸停止者，应立即进行人工心肺复苏，即体外心脏按压和口对口人工呼吸；对昏迷不醒者，可用手按人中、十宣等穴位；及时拨打120呼救，中毒程度重的病人，经上述处理后，应尽快送往医院进行治疗。

3. 煤气中毒应急注意事项

救护者不要慌张地冲进煤气浓度很高的室内，防止自己中毒；进入室内前，应安排好室外有人照应，保障好自身安全及其后紧急救援，以便把患者尽快送医院。

进入溢满煤气的室内抢救前，先吸一大口空气，然后用湿毛巾或手帕等捂着口鼻进入室内，必须先打开窗户通气，千万不能开灯、点火，谨防爆炸。

护送途中，要尽可能清除病人口中的呕吐物及痰液，有活动假牙的要取出，并将病人的头移向一侧，以免呕吐物阻塞呼吸道而引起窒息和吸入性肺炎。

28.2.4 踩踏

踩踏事件一般发生在那些空间有限、人群又相对集中的场所，如球场、商场、狭窄的街道、室内通道、楼梯、影院、酒吧、夜总会、宗教朝圣的仪式、彩票销售点、超载的车辆和航行中的轮船等都隐藏着潜在的危险，当身处这样的环境时，一定要提高安全防范意识。

发生踩踏事件大都会造成严重的人员伤亡，严重影响社会治安秩序，造成极坏的群众影响。踩踏事件的发生有一个共同点：在成千上万人的集会中，少数人发生异常情况，在真实情况不明时，各种流言引起了人们的恐慌，在无人主持秩序的情况下，最终酿成悲剧。

1. 踩踏事件的预防

(1) 举止文明，人多的时候不拥挤、不起哄、不制造紧张或恐慌气氛。

(2) 尽量避免到拥挤的人群中，若有需要，尽量走在人流的边缘。

(3) 发觉拥挤的人群向自己行走的方向走来时，应立即避到旁边，不要慌乱，不要奔跑，避免摔倒。

(4) 顺着人流走，切不可逆着人流前进，否则，很容易被人流推倒。

(5) 如果陷入拥挤的人流时，一定要先站稳，身体不要倾斜失去重心，即使鞋子被踩掉，也不要弯腰捡鞋子或系鞋带。有可能的话，可先尽快抓住坚固可靠的东西慢慢走动或停住，待人群过去后再迅速离开现场。

(6) 在人群中走动，遇到台阶或楼梯时，尽量抓住扶手，防止摔倒。

(7) 在人群骚动时，千万不能被绊倒，避免自己成为拥挤踩踏事件的诱发因素和受害者。

(8) 当发现自己前面有人突然摔倒了，马上要停下脚步，同时大声呼救，告知后面的人不要向前靠近。

2. 发生踩踏事件的脱险

(1) 在行进中，若发现慌乱人群向自己的方向涌来，应快速躲到一旁，或蹲在附近的墙角下，等人群过去后再离开。

(2) 在拥挤混乱的情况下，双脚站稳，抓住身边一件牢固物体(栏杆或柱子)，但要远离店铺和柜台的玻璃窗。

(3) 在人群拥挤中前进时，要用一只手紧握另一只手腕，手肘撑开，平放于胸前，微微向前弯腰，形成一定空间，以保持呼吸道通畅。

(4) 一旦被人挤倒在地，设法使身体蜷缩成球状，双手紧扣置于颈后，保护好头、颈、胸和腹部。

28.2.5 交通事故

1. 公交遇险的逃生与避险常识

在城市里，公共交通是最主要的出行方式，因此储备些安全常识非常必要。公交车上三大"逃生门"——车门、侧窗、天窗，在危机情况下要学会使用逃生法。

(1) 旋转应急开关。公交车车门一般都是驾驶员电动控制，一旦出现电动按钮损坏的情况，就需乘客选择另一种方式开门。公交车车门上方显眼处一般设有一个红色按钮，称为应急开关。如果车门无法正常开启，乘客可以根据箭头指示旋转应急开关，这时会听到一阵"嘶嘶"声，表示气阀内的气压已被放掉，然后用手就可推开车门。

(2) 用逃生锤砸开侧窗。每辆公交车上都安装有 4~5 个逃生锤，均设在驾驶员和车窗附近。在危急情况下，乘客可取下逃生锤，用锤尖用力锤击车窗玻璃的中心，击碎玻璃后，再清除车窗上的玻璃碎片，然后从车窗逃出。有些公交车车窗中间位置安装了以防乘客甩出车外的栏杆，乘客击碎玻璃逃离时可抓住栏杆跳出窗外。

(3) 推开车顶天窗。公交车车厢前后都有两个换气用的天窗，但遇到紧急情况时，乘客可以根据箭头指示旋动天窗一侧的按钮，然后用力向上推开天窗，就可以踩着座椅等爬上天窗，从而安全逃生。

2. 火车遇险逃生与避险常识

火车出轨的征兆，是紧急的刹车、剧烈的晃动，而且车厢向一边倾倒。在判断火车失事的瞬间，应根据不同的座位，采取如下几种措施。

(1) 脸朝行车方向坐的人，要马上抱头屈肘伏到前面的坐垫上，护住脸部，或者马上抱住头部朝侧面躺下；背朝行车方向坐的人，应该马上用双手护住后脑部同时屈身抬膝护住胸、腹部。

(2) 如果座位不靠近门窗，应留在原位，抓住牢固的物体或者靠坐在座椅上。低下头，下巴紧贴胸前，以防头部受伤。若座位紧贴门窗，就应尽快离开，迅速抓住车内的牢固物体。

(3) 在通道上坐着或站着的人，应该面朝着行车方向，两手护住后脑部，屈身下蹲，以防冲撞和落物击伤头。如果车内不拥挤，应该双脚朝着行车方向，两手护住后脑部，屈身躺在地板上，用膝盖护住腹部，用脚蹬住椅子或车壁。

(4) 在厕所里，如果有时间反应，赶快采取行动：背靠行车方向的车壁，坐到地板上，双手抱头，屈肘抬膝，护住腹部。

(5) 现在大多数火车都是新型的密封列车。车窗玻璃比较厚，即使翻车后也未必会破碎。如果车厢两端的出口堵塞了，就在其中一段的红色箱子中拿出锤子去砸玻璃。应注意，逃生时，用锤尖敲击车窗，敲击车窗四个角的任意一个近窗框位置，敲击钢化玻璃中间是没有用的，如果是带胶层的玻璃，一般情况下不会一次性砸碎，在砸碎第一层玻璃后，须向下拉一下，将夹膜拉破。确定火车停下来需要跳车避险时，应注意对面来车，并采取正确的跳车方法。跳下后，要迅速撤离，不可在火车周围徘徊。

3. 地铁事故逃生与避险常识

地铁设备故障或者追尾时，要远离门窗，趴下、低头、下巴紧贴胸前，以防颈部受伤，抓住或紧靠牢固物体。车停稳后观察周围环境自救。等到宣告已经截断电源才能下车，或紧贴安全疏散通道撤离。在疏散的过程中要注意脚下异物，严禁进入另一条隧道(地铁是双隧道)。

地铁撤离也要注意事故发生地点，列车若在站台附近发生事故，待司机把车开到最近站台并打开车门后，乘客在站台工作人员的协助下进行疏散；列车若在隧道中部发生事故，来不及驶往车站，乘客可立即进行疏散。如果车头发生灾难，乘客应从车尾下车后步行至后方车站；如果车尾发生灾难，乘客应从车头下车后步行至前方车站；如果列车中部发生灾难，乘客应从列车两端下车后步行至前、后方车站；列车若在车站站台发生事故，乘客和站台滞留人员应在工作人员的帮助下紧急疏散，站外乘客在听到广播后，不得进站；车站站台或站厅发生灾难时，车站工作人员可以通过广播系统对车站滞留的乘客进行疏散，乘客可利用车站楼梯、出入口迅速撤至地面。

参 考 文 献

[1] 孙庆杰．田径[M]．北京：高等教育出版社，2001．

[2] 李鸿江．田径[M]．北京：高等教育出版社，2011．

[3] 王政平．现代冰球运球过人技术的教学与训练[J]．哈尔滨：哈尔滨体育学院学报，1991．

[4] 邢登江，刘国庆．大学体育[M]．北京：北京航空航天大学出版社，2004．

[5] 裴海泓．体育[M]．北京：人民卫生出版社，2001．

[6] 彭杰，孙大明，项立敏．大学体育理论教程[M]．徐州：中国矿业大学出版社，2002．

[7] 丁英俊．大学生体育与健康[M]．开封：河南大学出版社，2002．

[8] 闵捷，高涵．大学体育与健康基础教程[M]．北京：北京体育大学出版社，2002．

[9] 傅辉沮，张恩光，等．体育与健康[M]．南京：河海大学出版社，2002．

[10] 体育保健学编写组．体育保健学[M]．北京：高等教育出版社，1997．

[11] 吕彦，达海．外国养生保健[M]．北京：人民体育出版社，1988．

[12] 杨锡让，等．实用运动生理学[M]．北京：北京体育大学出版社，1998．

[13] 曲绵域，等．实用运动医学[M]．北京：北京科技出版社，1966．

[14] 唐健．大学体育[M]．北京：北京体育大学出版社，1998．

[15] 大学体育与健康教程编写组．大学体育与健康教程[M]．北京：人民体育出版社，2002．